다중지능

Multiple Intelligences
Copyright © 2006 Howard Gardner
Korean Translation Copyright © 2007 by Woongjinthinkbig Co., Ltd.

First published in the United States by Basic Books,
a member of The Perseus Books Group.

Korean edition is published by arrangement
with Perseus Books Group
through Duran Kim Agency, Seoul.

하워드 가드너
Howard Gardner
Multiple Intelligences

다중지능

문용린 · 유경재 옮김

웅진 지식하우스

한국어판 서문

　다중지능이론의 창시자로서 나는 그간 다중지능이론이 세계 곳곳에서 채택되거나 채택되지 않는 경로를 보는 것이 흥미롭기만 했다. 아시아권을 예로 들면 중국에는 다중지능에 관한 책이 100권이 넘는데 반해, 일본에는 다중지능 협회에 단 몇 명의 회원들만 소속되어 있다. 문화에 따라 엄청난 차이가 있으리라는 것을 누가 예측할 수 있었겠는가?

　그런 점에서 해가 갈수록 다중지능이론에 뜨거운 관심을 보여주는 한국의 학자들과 교육자들에게 감사한다. 내 책들은 여러 번에 걸쳐 한국어로 번역되어 출간되었다. 그 와중에 중요한 연구 프로젝트가 진행되었고, 다중지능 아이디어들의 다양한 적용방법들이 검증되었다. 더욱이 교사들을 교육시키는 한국 학자들은 다중지능이론을 자주 활용했다. 그리고 마침내 영재 아동을 교육하는 사람들뿐 아니라 학습 문제를 가진 아동을 교육하는 사람들도 다중지능이론을 때로는 비판적으로, 때로는 열정적으로 논의하기에 이르렀다.

　물론 이론이 어느 나라에서는 채택되고, 어느 나라에서는 채택되지 않는 이유를 정확히 아는 사람은 없다. 그리고 이론의 어떠한 함의가 표적이 되고 어떤 부분이 무시될 것인지에 대해서도 마찬가지다. 다만 국외자인 나에게 분명한 것은 한국의 학부모들과 교육자들은 어린아이들의 교육에 매우 관심이 많다는 것이다. 두 집단 모두 어린아이들에게 좋은 교육만 제공할 수 있다면 무슨 일이라도 하려 한다.

　증명할 수는 없지만 다중지능이론이 한국에서 명성을 얻게 된 데에는 또 다른 이유가 있을 것이다. 혹시 한국의 교육은 획일적인 방식으로 이뤄지는 게 아닐까 하고 생각해보았다. 즉 모든 아동들이 같은 것을 같은 방식으로 배우는 것이다. 그리고 학생들은 그들이 배운 방식에 얼마나 길들여졌느냐에 따라 보상을 받거나 벌을 받는다. 물론 이런 접근은 학술적으로 재능이 있는 학생들에게는 효과적이다. 그러나 그들을 제외한 나머지 학생들에게는 그렇게 효과적이지 못하다.

다중지능이론은 심리학 이론이지 교육 프로그램이 아니다. 그러나 이 이론은 모든 아이들이 똑같지 않으며 모든 아이들이 똑같은 방식으로 배울 수 없다는 사실을 분명하게 일깨운다. 이 이론은 어린아이들의 개인차를 인정하고 다양한 학습 방식과 평가 방식을 제공하는 것이 중요하다는 사실을 일깨워준다. 이 이론은 특히 언어와 논리에서 강점을 보이지 않는 어린아이들에게 특히 유용한 접근법이다.

여러분이 손에 들고 있는 이 책은 다중지능이론에 관한 최신의 정보를 기록한 것이다. 여기서 나는 이론의 변화를 연대순으로 기록하고, 그것이 학교뿐 아니라 직장에서도 유용하게 활용될 수 있음을 보여주었다. 또한 이 책은 이론이 앞으로 어떻게 전개될 것인지도 예측해준다. 이런 전망이 앞으로 25년 안에 실현되는 모습을 보기를 희망한다.

마지막으로 다중지능이론에 각별한 애정을 보여주고 있는 한국의 연구자들, 특히 이번 책을 한국에 번역 소개하는 데 물심양면으로 힘써준 서울대학교 교육학과 문용린 교수에게 감사의 마음을 전한다.

2007년 8월 케임브리지에서
하워드 가드너

저자 서문

　발달 및 신경심리학에서 출발한 나의 연구는 1970년대 초반 다중지능이론으로 결실을 맺었다. 다중지능이론의 주요한 방향은 1980년에 완성되었고, 나의 책『마음의 틀(Frames of Mind, 1983)』은 1983년 가을에 발간되었다. 편집자와 출판사의 기대는 높았지만, 나는 이 새로운 이론에 교육학자들이 매력을 느낄 것이라고는 생각지 못했고 더군다나 25년 동안 세계 각지에서 지속적이고 높은 관심이 쏟아지리라고는 예상도 못했다.

　10여 년이 지나는 동안 나는 다중지능에 기반을 둔 다양한 교육 프로젝트에 참여했다. 당시에는 이론의 개요를 명시하거나 바꾸는 일을 피했다. 그러다 1993년『다중지능의 이론과 실재(Multiple Intelligences: The Theory in Practice, 1993)』을 출간하여 이론의 핵심을 개관하고 몇 가지 교육적 실험들에 대해 설명했다. 그리고 곧이어 이론에 대한 오해를 바로잡고 오용을 막기 위해 나섰다.『다중지능: 인간지능의 새로운 이해(Intelligence Reframed, 1999)』에서는 이론을 간단히 업데이트하고, 여러 질문들에 대한 답변을 싣고, 개념들을 소개하고, 비평들을 제시하는 한편 지도력, 창의성, 도덕성 등 내가 지속적으로 관심을 가져온 다른 개념들과 지능의 관계에 대해서도 탐색했다.

　다중지능에 대한 생각이 발표되고 25년이 흐른 21세기의 첫 10년, 나는 다중지능이론에 대한 최근까지의 연구를 모두 종합하여 이론을 개관하기로 했다. 그리고 그 결과가 바로 이 책이다.

　『다중지능(Multiple Intelligences: New Horizons, 2006)』은 3부로 구성된다. 1부 "다중지능이론"에서는 초기 이론에 대한 요약(1장), 이론이 변화되어 온 주요 방향에 대한 논의(2장), 지능과 더불어 영역과 지능의 구분 및 지능과 관련된 개념들 사이의 차이를 제시했다. 이어서 지능과 인간의 다른 인지 능력 즉, 창의성, 전문성, 천재성 사이의 관계를 기술했고(3장), 교육의 쟁점들과 제안들을 다루는 심리연구의 방향을 설명했고(4장), 지난 25년 동안 제기되어 온 주요 질문과 비판을 소개했다(5장).

2부 "다중지능 교육"은 구체적인 교육적 실험에 초점을 두고 있다. 이는 학령전기의 지능에 접근하기 위한 교육적 노력에서부터 청소년기의 예술교육에서 드러나는 특징(6~9장)은 물론 훈련된 사고방식을 가르치기 위한 시도에 이르기까지 다양한 실험들이 소개된다. 또한 교육의 주요 목적에 대한 논의(8장)와 평가의 새로운 형태에 대한 세부 제언(10장)을 추가했다.

3부 "새로운 전망"에서는 어린아이들을 둘러싸고 있는 사회·문화적 맥락을 고려하는, 지능의 새로운 관점으로 관심을 돌렸다(11장). 다음으로 다중지능이론이 어떻게 직업의 세계에서 응용될 수 있는지를 고려해보았다(12장). 마지막으로 미래의 다중지능 연구 방향, 지능에 대한 새로운 정보원, 다중지능이론에 대한 생각들의 변화, 이론이 적용되는 다양한 장소들, 점점 세계화되어가는 다중지능이론의 미래를 전망해보았다(13장).

이 책의 일부는 1993년에 출간되었던 책이나 다른 지면에 실렸던 글을 일부 수정한 것이다. 글의 내용에는 흐름이 있어서 처음부터 끝까지 읽어나가면 이론을 이해할 수 있을 것이다. 반복되는 내용은 그 부분을 지적해주는 것으로 대신했지만, 경우에 따라서는 어느 정도 반복을 감수함으로써 독자가 해당 부분을 찾아보지 않아도 되게 했다.

분명히 다중지능이론은 자체의 생명력을 지니고 발전해가고 있다. 이론에 대해서는 문자 그대로 수백 권의 책들과 수백 편의 박사학위 논문, 수천 편의 학술 논문들이 있다. 전 세계 수천 개, 적어도 수백 개의 학교에서 다중지능이론이 적용되고 있다. 나는 가장 중요하고 가장 흥미진진한 노력들에 관심을 쏟기는 했지만 직업의 세계에까지는 관심을 두지 않았었다. 하지만 이 책에서는 이와 관련된 가장 두드러진 활동들을 열거하고 최근 저서들을 부록에 제시했다.

다중지능에 대한 나의 연구는 인적, 물적 지원이 없었다면 불가능했을 것이다. 하버드 대학교를 비롯한 여러 대학교의 수많은 학생들과 동료들은 다중지능이론에 주목하여 나의 연구에 커다란 도움을 주었다. 또한 수많은 사설 재단과 개인들이 물적으로 많은 도움을 주었다. 모든 사람에게 일일이 감사하는 것은 불가능하지만 몇몇 사람들은 이 자리에서 언급해야 할 것 같다. 직업의 세계에서 다중지능이론이 어떻게 응용되는지에 대해 글을 쓸 수 있도록 큰 도움을 준 나의 뛰어난 제자 시애나 모런, 자료준비를 도와준 조교 린제이 페팅일, 항상 아낌없이 도움의 손길을 내미는 또 다른 조교 크리스천 해솔드, 베이직북스의 편집장인 조 앤 밀러, 담당 편집자인 존 J. 가디아노, 저작권 책임자 펠리시티 터커, 그리고 함께 쓴 글들을 출판하도록 허락해준 나의 동료 민디 콘하버, 마라 크레체프스키, 그리고 조지프 월터에게 감사한다.

역자 서문

하워드 가드너는 발달심리학을 전공하고 1971년에 하버드 대학교에서 박사학위를 받았다. 이때 그의 나이가 28세(1943년생)였다. 하버드 대학교와 보스턴 대학교에서 후기박사연수를 받으면서 그는 피아제의 인지발달이론과 두뇌기능연구에 몰두하게 되고 자연스럽게 그의 관심은 영재아동과 두뇌에 손상을 입은 사람들에게로 쏠리게 된다. 이런 관심을 바탕으로 그는 하버드 '프로젝트 제로(Project Zero)'라는 유아발달연구를 주도하게 되고 이 연구를 토대로 발달 심리학, 영재특성, 그리고 두뇌손상과 관련된 많은 논문을 발표하기에 이른다. 이 기간에 쓰인 대표적인 책 중 하나가 『부서진 마음(The Shattered Mind, 1974)』인데, 이 책을 보면 가드너의 관심이 주로 어디에 쏠려 있었는지를 충분히 짐작할 수 있다.

1983년 즉, 박사학위를 받은 지 12년 만에 그는 다중지능에 관한 최초의 책을 출간하게 되는데, 그것이 바로 『마음의 틀(Frames of Mind, 1983)』이다. 이 책에서 그는 기존의 지능개념인 IQ를 비판하면서, 새로운 지능의 개념을 창안한다. 이른바 일곱 가지 다중지능을 제안하고, 그것에 대한 소상한 설명을 덧붙인 것이다. 이 책은 가드너 자신도 미처 예상하지 못한 반응을 일으킨다. 그는 단지 당시의 발달심리학적인 연구결과와 일치하지 않는 지능의 개념을 비판하고, 가벼운 마음으로 새로운 지능개념을 제안했을 뿐인데, 그 책에 대한 독자들의 반응이 너무도 긍정적이고 수용적이라서 크게 놀랐다고 후일 회고한다.

이러한 뜨거운 독자들의 호응을 약 10년간 지켜보면서, 그는 다중지능 이론을 더 정교하게 다듬어 1993년에 『마음의 틀(Frames of Mind: The Theory of Multiple Intelligences, 1993)』 개정판을 내기에 이른다. 1983년

빛을 본 『마음의 틀』이 10년 만에 수정·보완되어 1993년에 새로운 『마음의 틀』로 출판된 것이다.

이 새로운 『마음의 틀』이 나오던 해에 그는 "다중지능의 실제"를 다룬 『다중지능(Multiple Intelligences: The Theory in Practice, 1993)』을 출간하게 되는데, 『마음의 틀』이 순수하게 다중지능을 이론적으로 설명한 책이라면, 이 책은 다중지능의 응용, 특히 교육적 응용을 염두에 둔 책이다. 그리고 이 책은 새롭게 쓰인, 일관된 내용을 담고 있다기보다는 그간 발표된 논문을 편집해놓은 것이다. 이 책에서 가드너는 자신이 제안한 다중지능이론이 다른 곳에서는 몰라도, 교육과 관련해서는 엄청난 파급효과를 가져올 것이라고 단언한다. 그는 『마음의 틀』을 읽은 독자들이 다중지능이론을 실제 교육에 적용하려는 시도를 하는 것을 보고 이 이론이 교육계에 공헌할 수 있으리라는 강한 자신감을 얻었는지도 모른다.

2006년 가드너는 "다중지능의 실제"를 다룬 1993년 책을 대대적으로 손질하기에 이른다. 13년 만의 수정보완인 셈이다. 그는 책의 제목도 『다중지능(Multiple Intelligences: New Horizons, 2006)』으로 바꾸었다. 이 책은 25년에 걸친 가드너의 다중지능 연구를 결산하고 있다. 아예 그는 한 장을 할애하여 지난 25년(1981~2006년)간 일어난 다중지능 연구의 역사를 비판적으로 성찰한다. 그래서 이 책이 더욱 의미가 있는 것이다.

이 책 『다중지능』은 『Multiple Intelligence: New Horizons(Basic Books, 2006)』를 한국어로 번역한 것이다. 앞서 말했듯이 1993년에 발간된 『Multiple Intelligences: The Theory in Practice, 1993)』의 2006년도 수정증보판이기도 하다. 그럼 이 책은 가드너가 다중지능에 관해 쓴 여러

권의 저서와 어떤 차별점과 유사점을 갖는가. 즉 이 책의 특징은 무엇인가?

아마도 가장 큰 특징은 25년간 계속된 다중지능연구에 대한 진지한 성찰이 가드너의 육성으로 담겨 있다는 점이다. 그리고 1993년의 책과는 달리 교육뿐 아니라 사회 여러 영역으로 그 세를 넓혀가고 있는 다중지능이론을 다룬 점도 두드러진 특징 중 하나다.

이 책은 크게 1, 2, 3부로 나뉜다. 1장부터 5장까지는 1부 다중지능이론 편으로, 6장부터 10장까지는 2부 다중지능 교육 편으로, 11장부터 13장까지는 3부 새로운 전망으로 편제되었다.

1장은 다중지능에 대한 일반적인 설명을 소개한다. 여기서 가드너는 자신의 주장을 일관되게 펼쳐 보인다. 지능이란 특정 문화나 사회 속에서 어떤 상징도구를 활용하여 중요한 문제를 해결하거나 업적을 산출하는 능력을 말하며, 여기에는 다양한 개인차가 수반되는데, 이는 종래의 IQ와는 아주 다른 능력이다.

이런 의미의 지능을 그는 '다중지능'이라고 부른다. 그는 음악지능, 신체운동지능, 논리수학지능, 언어지능, 공간지능, 인간친화지능, 자기성찰지능 등 일곱 개의 대표적인 다중지능을 설명한다. 그는 이 일곱 가지 지능을 초기집합이라 부르면서, 새로운 지능의 추가 가능성을 논하는데, 그중 가장 유망한 것이 자연친화지능이고, 그다음이 실존지능이라고 주장한다.

그렇다면 2006년 현재 가드너가 생각하는 다중지능은 몇 개인가? 초기집합 일곱 개에 자연친화지능까지 여덟 개를 지능으로 간주하고, 실존지능은 독립된 지능일 가능성은 매우 크지만 아직 경험적 증거를 더 **보완해**

야 하는 단계에 있으므로 0.5개 즉, 2분의 1개로 간주해서 총 8과 2분의 1개의 지능으로 볼 것을 제안한다.

2장에는 25년간의 연구에 대한 성찰이 담겨 있다. 여기에서 가드너는 『마음의 틀(1983)』에서 다중지능이론을 선보인 이래 25년간 제기되었던 여러 이슈를 통합적으로 다룬다. 다중지능이론이라는 개념을 좀더 공고히 하고 세련화시키기 위한 저자의 노력은 세 가지 방면으로 구체화되는데, 첫째는 지능이라는 의미의 세련화, 둘째는 지능과 영역의 관련성의 명확화, 셋째는 개인별 지능프로파일의 특징과 형식을 정교화하는 것이었다. 예컨대 괴테와 괴벨스는 둘 다 언어지능이 뛰어난 것으로 판단되지만 한 사람은 이 지능을 위대한 작품을 창작하는 데 활용한 반면, 다른 사람은 사람들 사이에 증오를 퍼뜨리는 데 사용했다. '이러한 차이를 다중지능관점에서 어떻게 효과적으로 설명할 수 있을까?'가 바로 저자의 관심사인 것이다.

3장에서는 영재성, 천재성, 창의성 등 다중지능과 관련되어 있지만 좀더 추가적인 설명이 필요한 능력에 대해 논의한다. 그리고 4장에서는 이런 능력들과 다중지능요소들이 교육과 어떻게 연계될 수 있을지를 고민한다. 현행의 교육체제가 다중지능 등 잠재된 능력을 계발하는 데 기여할 수 있을까? 가드너의 비관적 관점이 얼핏얼핏 드러난다. 5장은 이른바 Q & A 공간이다. 여기서 가드너는 다중지능에 대해 쏟아지는 각종 질문에 친절하게 답해주고 있다.

용어, 이론, 측정, 구조, 집단차이, 삶의 경로 등등에 대한 총 23개의 질문이 소개된다(예를 들면, "예술지능이 존재하나?" 같은 질문). 가드너는 여기 소개되지 못하는 질문들에 대한 독자들의 궁금증을 해결해주기 위해 웹사이트도 소개한다.

　2부는 다중지능이론의 교육적 응용을 다루고 있다. 유아교육과 관련된 6장에서는 주로 스펙트럼 접근이 소개된다. 7장은 초등학교에서의 다중지능접근을 다루며 프로젝트 비계(Project Scaffolding) 등이 소개된다. 가드너가 강조하는 이해(understanding)교육이 비교적 길게 설명되는 8장에서는 박물관을 통한 교육 등 다양한 이해증진 교육이 언급된다. 9장에서는 고등학교 수준의 다중지능교육이 다뤄진다. 특히 예술교육과 관련하여 아트 프로펠(Arts PROPEL)과 프로젝트 제로(Project Zero)가 깊이 있게 소개된다. 10장은 다중지능의 측정과 관련된다. IQ식의 지필평가를 철저하게 반대하는 가드너는 여기서 그 대안을 제시한다. 그가 고민한 흔적이 가장 많이 드러나는 부분이기도 하다.

　3부는 지난 25년의 연구 성과를 바탕으로 다중지능이론의 새로운 전망을 다루고 있다. 11장은 학교교육을 떠나 보다 넓은 사회에서 다중지능이 어떤 가능성을 지니는지를 다룬다. 가드너는 인간의 잠재된 역량인 다중지능이 현대 사회의 독특한 구조와 상황 속에서 어떤 의미를 갖게 될지를 자유롭게 전망하고 있다. 12장에서는 다중지능적인 접근이 직업의 세계에서 어떻게 활용될 수 있을지를 설명한다. 이와 관련 그가 하버드 대학교에서 10여 년간 추진해온 "굿 워크 프로젝트"가 소개된다. 마지막 장인 13장에서 저자는 다중지능연구의 미래와 응용과 적용에 대해 장밋빛 전망을 내놓으면서, 학교, 기업, 국가의 수준에서 일어날 변화들을 예측하고 있다. 예컨대 다중지능개념에 입각하여 도서관이 어떻게 바뀔 수 있는지, 또는 다중지능을 통해 기업의 인적자원 활용과 양성이 어떻게 효율화될 수 있는지 등이 다뤄지고 있는 것이다. 아울러 급속하게 변화하는 세계화의 물결 속에서 인류가 잠재된 지능을 활용하여 보다 나은 세계로 진보해 나갈 수 있는 방안도 소개된다.

이 책은 쉽게 읽히는 책이 아니다. 요즈음 흔히 볼 수 있는 즉답적인 자기계발서가 아니라 오히려 그런 자기계발의 이론적인 원천을 따지고 천착하는 본격적인 이론서이기 때문이다. 그래서 이 책의 번역은 쉽지 않았다.

지난 일년 간 이 책을 읽고, 토론하고, 문맥을 가다듬느라 애를 쓴 우리 도덕심리연구실의 MI(다중지능) 연구팀에게 고맙다는 인사를 전하고 싶다. 유경재 선생이 간사 역할을 맡아 궂은일을 묵묵히 해냈고, 엄채윤, 홍우림, 이지혜, 전종희, 백수현 선생 등이 바쁜 시간을 쪼개 많은 도움을 주었다. 이 자리를 빌려 그간의 노고에 위로를 보낸다. 그들이 이 작업을 통해 많은 것을 얻었기를 바란다.

아울러 한국어판 서문을 흔쾌히 써준 H. 가드너 교수께도 감사를 드린다. 한국을 다녀간 직후 드린 부탁이라 무척 마음이 바빴을 터인데도 좋은 글을 보내주셔서 정말 감사하게 생각한다. 웅진지식하우스의 편집진에게도 감사의 마음을 전한다. 좋은 책에 대한 탁월한 안목과 출판에 대한 열정에 찬사를 보내는 바이다.

2007년 8월
서울대 관악산 버들골 서재에서
이우(以愚) 문용린

차례

한국어판 서문 ………………………………………………………… 4
저자 서문 ……………………………………………………………… 6
역자 서문 ……………………………………………………………… 9

1 | 다중지능이론

Chapter 1 다중지능이론의 핵심 ……………………………………… 21
지능을 구성하는 것은 무엇인가? • 지능의 초기 집합 • 새롭게 확인된 지능들 • 이론의 고유한 공헌 • 인간에 대한 새로운 이해

Chapter 2 25년간의 연구 성과 ……………………………………… 47
추가 지능을 찾아서 • 다중지능이론의 과학적 기반 • 지능과 영역 • 지능의 세 가지 의미 • 지능의 프로파일

Chapter 3 영재성 행렬, 인간의 또 다른 능력들 ……………………… 63
분석의 틀 • 분석의 틀과 용어 • 영재성 행렬에 대한 전통심리학적 접근 • 지능에 대한 현대적 관점 • 영역과 분야에 무관심한 5세의 아이들 • 영역과 규칙에 숙달되는 10세의 아이들 • 갈림길에 선 청년기 • 영재성 행렬의 최종 위치 찾기 • 교육적 함의

Chapter 4 학교에서의 다중지능 ……………………………………… 79
로샤 검사 • 다중지능에 대한 오해와 진실 • 세 가지 교육적 의의 • 다중지능이 호소하는 지점

Chapter 5 다중지능 FAQ …………………………………………… 91
용어 관련 질문 • 이론 관련 질문 • 측정 관련 질문 • 지능 구조 관련 질문 • 집단 간 차이에 대해서 • 지능과 삶의 경로에 대해서 • 부가적인 주제와 관련된 질문 • 추가 자료들

2 | 다중지능 교육

Chapter 6   유아기의 지능 계발 ·················· 123

스펙트럼 프로젝트 • 스펙트럼 접근의 효과 • 초기의 연구 결과 • 작업 양식 • 부모, 교사 그리고 스펙트럼에서의 관점 비교 • 스펙트럼 검사와 스탠퍼드-비네 검사 • 스펙트럼 프로젝트의 강점과 약점 • 추후 자료에 대한 예비관찰 • 스펙트럼 프로젝트 접근의 확대

Chapter 7   초등학생을 위한 다중지능 교육 활동 ·················· 151

다중지능 학교 • 프로젝트 평가 • 프로젝트의 토대

Chapter 8   '훈련받은 이해'에 도달하는 방법 ·················· 161

교육의 최우선 목표, 이해 • 이해를 성취하는 방법과 이해를 증명하는 방법 • 교육과정에 적용하기 • 전문화된 지식과 종합적인 지식의 균형 • 이해의 발판이 되는 박물관 • '훈련받은 이해'를 위한 일곱 가지 도입방법 • 특수 집단에 대한 조언

Chapter 9   고등학교에서의 숙련된 탐구, 아트 프로펠 ·················· 186

예술지능은 있는가? • 예술 교육에서의 대안 • 예술 교육 현장 • 예술 교육에 대한 프로젝트 제로의 접근법 • 아트 프로펠 • 두 가지 교육적 수단

Chapter 10   표준화된 시험의 대안을 찾아서 ·················· 210

비네, 시험 중심 사회 그리고 획일화된 학교 교육 • 대안적인 평가를 위한 자료 • 새로운 평가 방식의 일반적인 특성 • 새로운 평가 사회를 꿈꾸며

3 | 새로운 전망

Chapter 11　사회적 맥락에서 본 인간 지능 ··· 239
사회적 관점에서 본 인간의 지능 • 지능에 대한 새로운 개념 • 현대사회에서의 다중지능 • 사회적 관심의 중요성 • 개인의 역량과 사회적 가치와의 관계

Chapter 12　교육의 세계가 직업의 세계와 만나다 ······································· 260
지능에 대한 전통적인 견해를 넘어 • 급변하는 직업의 세계에 적용되는 다중지능 • 다중지능들 사이의 상호작용 • 능력 있는 인재를 고르는 기준 • 네 가지 가설 • 인적 자원의 효과적 운용

Chapter 13　다중지능이론의 전망 ·· 283
지능 연구의 여덟 가지 국면 • 다중지능이론의 지지자들 • 다중지능의 세계화 • 미래의 다중지능 연구

주 ··· 307

부록 1 다중지능이론 관련 주요 자료 ··· 312
부록 2 참고문헌 ··· 328

Credits ··· 346
찾아보기 ··· 348

Multiple Intelligences

1

다중지능이론

The Theory

Chapter 1

다중지능이론의 핵심

나는 인간의 인지 능력이, 내가 지능이라 부르는 능력과 재능 또는 정신적인 기술의
조합을 통해 더 잘 기술된다고 믿는다. 정상적인 사람이라면 어느 정도 이런 기술들을
가지고 있고, 개인마다 기술 수준과 그에 따른 특성도 다르다. 나는 이 지능이론이
지능에 대한 다른 대안적인 견해보다 더 인간적이고 더 현실적이며,
인간의 '지적' 행동을 보다 적절하게 반영한다고 믿는다.

프랑스인들이 '아름다운 시대(La Belle Epoque)'라 부르는 1900년대, 파리의 시장과 시의회의원들은 뛰어난 심리학자인 알프레드 비네(Alfred Binet)에게 어떤 아이들이 성공적으로 학업을 수행할 수 있을지 예측해주는 도구를 만들어달라고 요청했다. 학습부진을 겪고 있는 아이들의 학부모도 파리로 모였다. 과연 비네는 파리의 초등학교 저학년생들 중 어떤 아이가 학업에서 성공하고 어떤 아이가 실패할지 예언해주는 측정 장치를 고안할 수 있었을까?

모든 사람들이 알고 있는 것처럼 비네는 그런 요청을 성공적으로 수행했다. 그가 고안한 측정 장치는 '지능검사'라 불리게 되었고, 여기서는 지능지수(intelligence quotient) 즉, IQ([정신연령÷생활연령]×100)가 산출되

었다. IQ는 곧 미국에 소개되어 미군 모병에 활용되었고, 이는 제1차 세계대전 이전까지 어느 정도 성공을 거두었다. 그 후 유용한 과학적 도구로 인정받은 IQ검사는 심리학의 가장 큰 성과로 대접받았다.

사람들이 IQ에 그토록 열광한 이유는 무엇인가? 그전까지는 다른 사람이 얼마나 영리한지는 직관적인 평가에 의해서 알 수 있었지만 IQ검사를 통해 지능을 수량화할 수 있게 되었다. 어떤 사람의 실제적 또는 잠재적 키를 측정할 수 있는 것처럼 이제 실제적 또는 잠재적 지능도 측정할 수 있게 된 것이다. 즉 정신 능력을 기준으로 모든 사람을 한 줄로 정렬시킬 수 있게 되었다.

지능측정에 대한 연구는 빠른 속도로 진행되었다. 그 검사의 선전 문구를 한 번 살펴보자.

> 세 가지 개별 검사에 4, 5분만 시간을 내면 안정적이고 신뢰할 만한 지능지수를 알 수 있습니다. 주관적인 채점에 의존하지 않는 본 검사는 '예'나 '아니오'만 표시할 수 있으면, 심각한 신체장애자(심지어 전신 마비자)에게도 활용될 수 있습니다. 그리고 동일한 문항과 동일한 형태로 두 살배기 아이와 지적 능력이 뛰어난 성인 모두 검사를 받을 수 있습니다. 검사비는 단 16달러!

모든 것을 알아낼 수 있다는 주장은 과장된 것이다. 미국의 심리학자인 아서 젠센(Arthur Jensen)은 지능을 평가하기 위해서는 반응시간을 보아야 한다고 주장한다. 그리고 한스 아이젠크(Hans Eysenck)는 직접 뇌파를 볼 것을 권한다. 그리고 유전자 칩(gene chip)의 출현과 함께 많은 사람들은 염색체의 유전자자리(gene locus)를 보면 IQ를 읽고 확실하게 그 사람의 인생을 예언할 수 있을 것이라 주장하며 꿈의 그 날을 기다린다.

물론 보다 정교한 IQ검사들이 있다. 그중 하나는 SAT다. 원래 SAT는 학업적성검사(Scholastic Aptitude Test)였지만, 시간이 지나면서 그 의미가 변화되어 학업평가검사(Scholastic Assessment Test)가 되었다. 만약 누군가의 언어점수와 수학점수를 합친다면, 이는 일종의 단일 지능으로 해석할 수 있다. 영재 대상 프로그램들이 종종 그런 종류의 측정치를 사용한다. 그래서 당신의 IQ가 130이 넘는다면 그 프로그램에 들어갈 수 있지만, 만약 130에서 1점이 부족한 129라면, "미안하지만, 들어올 자리가 없다"는 말을 듣게 된다.

사람의 마음을 평가하는 이러한 한 가지 차원의 관점은 학교의 '공식적인 견해'와 상응한다. 정규 교육은 모든 사람들이 알아야 하는 사실들을 조합한 핵심 교과과정과 극소수의 선택 과목을 특징으로 한다. 높은 IQ를 가진 우수한 학생들은 비판적 읽기, 계산, 사고 기능 등과 관련된 과정을 수강할 수 있을 것이다. 정규 교육에는 지필식의 IQ나 SAT 유형의 평가가 있다. 이런 평가는 신뢰도가 높아서 최고의 성적을 올린, 가장 뛰어나고 가장 똑똑한 학생들은 좋은 대학에 들어가고, 인생에서도 성공할 것이라는 가정이 성립할 수 있다. 이러한 가정은 사람들에게 많은 영향을 미친다(하버드 대학교와 스탠퍼드 대학교 등이 그 명백한 증거다). 이러한 측정과 선발 체계는 어떤 관점에서 볼 때 분명 기여하는 바가 있기 때문에 추천할 만하다.

정규 교육은 공정해 보인다. 결국 모든 사람들이 똑같은 대접을 받지 않는가. 그러나 몇 년 전, 나는 정규 교육이 내건 이론적 근거가 완전하게 불공정하다는 사실을 깨달았다. 정규 교육은 기계적으로 강의를 듣고 외우게 하고, 잠정적으로 IQ나 SAT에 적합한 마음에 초점을 맞춘다. 나는 그것을 '미래의 법학 교수의 마음'이라 부른다. 당신의 마음이 〈하버드 대학의 공부벌레들(The Paper Chase)〉에서 존 하우스만(John Houseman)이 연기했던 전설적인 법학 교수 찰스 킹스필드 주니어(Charles W. Kingsfield

Jr.)의 마음을 닮아갈수록 학교에서의 성취도는 올라갈 것이고, IQ와 SAT 같은 유형의 검사에 더 쉽게 적응할 것이다. 그러나 당신의 마음이 분명 다른 방식으로 작용하고, 우리 중 상당수의 사람들이 법학 교수가 되지 못한다는 사실을 고려하면 학교는 분명 공정하지 못하다.

여기서는 대안적인 시각을 제시하고 싶다. 내가 제시하려고 하는 것은 마음에 대해 근본적으로 다른 견해이고, 학교에 대한 전혀 다른 견해와 연계된다. 그것은 인지와 관련하여 분리된 측면을 인식하고, 사람들이 서로 다른 인지적 강점과 상반되는 인지 유형을 지닌다는 것을 인정하는, 마음에 대한 다원론적인 견해다. 이는 비네 시대에는 존재하지 않았던 인지과학(마음에 대한 연구)과 신경과학(뇌에 대한 연구)의 도움을 받은 것이다. 그런 다원론적 접근 중 하나가 바로 다중지능이론이다.

지능을 구성하는 것이 무엇인지에 대한 판단을 잠시 유보한 채 이러한 새로운 관점에 대해 알아보자. 이를 위해 훌륭한 체스 선수, 세계적인 바이올리니스트, 챔피언의 재능에 주의를 돌릴 수도 있다. 그들은 각 분야에서 일반인보다 뛰어난 능력을 발휘하는 사람들이다. 그렇다면, 왜 '지능' 검사는 그런 능력을 식별해내지 못하는가? 그들의, '지적(intelligent)'이라는 의미와는 다른 그런 뛰어난 능력은 무엇이란 말인가? 왜 오늘날의 지능 개념은 광범위한 영역을 고려하지 못하는가?

이런 질문에 접근하기 위해서 나는 1980년대 초반에 다중지능이론을 소개했다. 그 이름에서 알 수 있듯이 나는 인간의 인지 능력이, 내가 지능이라 부르는 능력과 재능 또는 정신적인 기술의 조합을 통해 더 잘 기술된다고 믿는다. 정상적인 사람이라면 어느 정도 이런 기술들을 가지고 있고, 개인마다 기술 수준과 그에 따른 특성도 다르다. 나는 다중지능이론이 지능에 대한 다른 대안적인 견해보다 더 인간적이고 더 현실적이며, 인간의 '지적' 행동을 보다 적절하게 반영한다고 믿는다. 그러한 이론은 교육적으로 중요한 함의를 지니고 있다.

지능을 구성하는 것은 무엇인가?

이 질문은 나의 연구에서 매우 중요한 역할을 한다. 다중지능이론이 전통적인 관점에서부터 갈라져서 나오는 지점이 바로 여기이기 때문이다. 고전적 심리측정의 관점에서 지능은 지능검사 문항에 응답하는 능력으로 정의된다. 잠재 능력을 검사 점수로 추론하는 것은 통계 기법에 의해 뒷받침된다. 이런 기법은 서로 다른 연령대의 반응을 비교할 수 있게 한다. 연령에 따른 검사 점수의 상관관계는 이른바 'g'라고 불리는 일반적 지능이 나이, 훈련, 경험에 의해 크게 변화하지 않는다는 생각을 증명해준다. 다시 말해 그것은 개인의 타고난 특성이나 재능이다.

이와 달리 다중지능이론은 전통적인 지능 개념을 복수화한다. 지능은 우선 인간 생물학과 인간 심리학에서 기원하는, 특정 종류의 정보를 처리하는 계산 능력(computational capacity)으로, 인간은 쥐, 새, 컴퓨터와는 다른 종류의 지능을 가지고 있다. 그리고 지능은 특정 문화권이나 사회에서 중요한 문제를 해결하거나 결과물을 만들어내는 능력을 뜻하기도 한다. 문제해결기술은 개인이 그 목표를 적절한 경로에 배치하고, 목표를 달성하는 상황에 접근하는 것을 가능하게 한다. 문화적 결과물을 만들어냄으로써 개인은 자신의 결론, 신념, 느낌을 표현하거나 지식을 획득하고 전승할 수 있게 된다. 하나의 이야기를 완성하는 것에서부터 체스에서 상대의 수를 읽는 것, 퀼트를 고치는 것에 이르기까지 해결되어야 할 문제는 다양하다. 결과물은 과학적인 이론에서부터 음악작품과 선거운동에 이르기까지 다양하다.

다중지능이론은 문제해결기술과 같은 보편적인 기술의 생물학적 기원이라는 관점에서 수립된 것이다. 우리는 쥐, 새, 컴퓨터와 다르다. 특정 문제를 해결하기 위해 필요한 생물학적 특징도 해당 영역의 문화적 환경과 관계된다. 예를 들어, 보편적 기술인 언어는 한 문화권에서는 쓰기, 다른 문화권에서는 연설, 또 다른 문화권에서는 철자 바꾸기[1]나 혀를 꼬이게 하는 어구(tougue twisters[2]) 등을 통해 습득된다.

생물학에 뿌리를 두고 하나 이상의 문화 속에서 가치 있게 여겨지는 지능을 선택해야 할 때, 어떻게 지능을 정확하게 구별해낼까? 나는 목록을 구성하기 위해 일반인의 발달 자료, 재능이 있는 개인의 발달 자료, 뇌의 손상이 인지적인 기술에 미치는 영향과 관련된 자료, 천재나 석학이나 자폐아에 대한 연구, 1000년에 걸친 인지의 진화에 관한 자료, 검사들 간의 상관관계 등 심리측정에 관한 연구, 심리학을 활용한 교육에 관한 연구, 과제에 따른 전이와 일반화의 측정 같은 다양한 자료로부터 증거를 찾아냈다. 그 결과 모든 준거를 다 만족시키거나 그중 다수의 준거를 만족시켰던 후보 지능들만이 적절한 지능으로 선택되었다. 초기에 확인된 이러한 준거들과 지능에 대한 보다 완결된 논의는 『마음의 틀(Frames of Mind, 1983b)』 4장에서 찾아볼 수 있다. 그 책에서 나는 그 이론이 어떻게 반증되고, 다른 경쟁 이론과 어떻게 비교될 수 있는지를 살펴보았다. 이러한 논의 중 일부 최신 정보는 『다중지능: 인간 지능의 새로운 이해(Intelligence Reframed, 1999a)』와 이 책의 다음 장에 제시되어 있다.

앞서 말한 준거를 만족시키는 것 외에도 각 지능은 확인 가능한 핵심 작용 또는 작용의 조합을 가지고 있어야 한다. 신경계에 기반을 둔 계산 체계로서 각 지능은 특정 정보에 의해 나타나거나 활성화된다. 예를 들면, 음악지능의 핵심 중에는 음조 관계에 대한 민감성이 포함되고, 언어지능의 핵심 중에는 언어의 음운론적인 특징에 대한 민감성이 포함된다.

또한 지능은 정보의 중요한 형태를 포착하거나 전달하는, 인위적인 의미체계인 상징체계 내의 부호화를 받아들여야 한다. 언어, 그림, 숫자는 인간 생존과 생산성에 필수적인 세 가지 상징체계다. 상징체계와 지능의 관계는 우연이 아니다. 사실 핵심 계산 능력의 존재는 그 능력과 연계된 상징체계의 실제적 혹은 잠재적 창조를 예언하는 것이다. 상징체계 없이 지능을 계발하는 것도 가능할 수 있지만, 인간 지능은 상징체계를 기반으로 구현되는 경향이 있다.

지능의 초기 집합

이제 지능의 특징과 준거를 기술하면서 1980년대 초반에 제안된 각 지능들을 간략하게 살펴보고자 한다. 그 지능과 관련된 비범한 능력을 보인 사람들의 일화를 통해 각 지능에 대한 간단한 밑그림을 그려보일 것이다. 이 일화들은 나의 오랜 동료인 조지프 월터스(Joseph Walters)가 주로 찾아낸 것이다. 그 일화들은 지능의 유연한 작동 능력 중 일부를 설명해준다. 각 일화는 특정 지능을 예증하지만 그렇다고 성인기에 지능들이 분리되어 작동한다는 의미는 아니다. 실제로 이상행동을 하는 사람들을 제외하면 지능은 언제나 협력하여 작동하고, 성인의 복잡한 역할은 여러 지능이 결합되어야 완수될 수 있다. 다음에 소개되는 일화들은 각 지능 후보들을 지지하는 다양한 자료를 조사한 것이다.

음악지능(Musical Intelligence)

예후디 메뉴인(Yehudi Menuhin)은 세 살 때 부모와 샌프란시스코 오케스트라의 콘서트에 갔다. 루이스 퍼싱어(Louis Persinger)의 바이올린 소리는 아이를 무아지경에 빠지게 했다. 아이는 부모에게 바이올린을 생일선물로 사달라고 하고, 퍼싱어에게서 배우게 해달라고 떼를 썼다. 결국 그는 자신의 소망을 이루었다. 그리고 열 살이 되었을 때, 메뉴인은 세계적인 연주자가 되었다(Menuhin, 1977).

메뉴인의 음악지능은 바이올린을 만지기 전에 이미 나타났다. 특정 소리에 대한 강력한 반응과 연주 실력의 급속한 진보는 그가 생물학적으로 음악 분야에 준비가 되어 있음을 암시한다. 메뉴인은 특정 지능과 관련된 생물학적인 고리가 있다는 주장을 지지해주는 어린 영재(child prodigies) 중 한 명이다. 악기를 아름답게 연주할 수 있지만 의사소통은 할 수 없는 자폐아는 음악지능의 독립성을 분명히 드러낸다.

관련 증거를 간략하게 살펴보면 음악적 기술이 하나의 지능으로 인정받을 수 있음을 알 수 있다. 예를 들면, 뇌의 특정 부분은 음악의 지각과 생산에서 중요한 역할을 담당한다. 음악적인 기술은 자연적인 언어만큼 뇌 속에 분명하게 위치하고 있지는 않지만 뇌의 우반구에서 담당하고 있는 것은 분명해 보인다. 뇌 손상으로 음악 능력이 어떤 영향을 받는지는 훈련의 정도와 각 개인의 특성에 달려 있지만, 음악 능력의 선택적인 상실이 일어난다는 명백한 증거가 있다.

음악은 명백하게 석기시대(구석기시대) 사회에서 중요한 역할을 담당했다. 다양한 문화로부터 나온 증거들은 음악이 보편적인 능력임을 반증한다. 유아의 발달에 관한 연구는 초기 아동기에 '계발되지 않은' 계산 능력이 존재한다는 사실을 제안한다. 마지막으로 음악 표기법은 접근하기 쉽고 융통성이 있는 상징체계를 제공한다. 요약하면, 음악지능을 하나의 지능으로 지지하는 증거는 다양하다. 비록 음악적 기술이 수학과 같은 지적인 기술로 받아들여지지는 않지만 우리의 준거에 따르면 그것은 지능으로서의 자격이 있다. 따라서 음악지능을 독립된 지능으로 인정하고, 지능에 포함시키는 것은 경험적으로도 정당화된다.

신체운동지능(Bodily-Kinesthetic Intelligence)

열다섯 살인 베이브 루스(Babe Ruth)는 포수로 경기에 임하고 있었다. 너무나 공을 못치는 팀 동료들을 보고 루스는 크게 웃으며 상대 투수에게 야유를 보냈다. 코치인 브라더 마티아즈(Brother Mathias)는 "좋아, 조지. 네가 투수를 해!"라고 외쳤다. 루스는 깜짝 놀랐다. "난 단 한 번도 던져본 적이 없어요. 던질 수 없어요." 자서전에서 베이브 루스는 그렇게 회상했다. 확실히 그 순간은 변화의 순간이었다. "그러나 그 자리를 받아들였다. 마운드에 오르니 마치 내가 원래부터 거기 있었던 것처럼 편안하게 느껴졌다." 스포츠 역사에 기록되었듯이, 그는 훌륭한 메이저 리그 투수가 되었고, 타자로서도 전설적인 이름을 남겼다(Ruth, 1948).

메뉴인처럼 베이브 루스도 어떤 형식적인 교육을 받기 이전에 자신이 해야 할 일을 즉시 인식했던 천재(prodigy)였다.

신체의 움직임을 통제하는 일은 대측(contralateral side)이나 각각의 반구에 자리 잡은 운동 피질이 담당한다. 오른손잡이의 경우 신체의 움직임을 지배하는 것은 보통 뇌의 좌반구다. 극단적인 예를 들면 뇌의 특정 부위가 손상되었을 경우 신체의 복합적인 움직임, 무의식적인 반사작용과 같은 것들을 할 수 없게 되기도 한다. 이를 운동 불능증이라고 하는데, 운동 불능증은 신체운동지능의 증거가 된다.

정교한 신체 움직임의 진화는 개별 종에게 이점을 주었고, 인간의 경우 이는 도구의 사용으로까지 확대되었다. 아동은 신체의 움직임과 관련하여 뚜렷한 발달 과정을 경험한다. 문화적인 차이는 거의 문제가 되지 않는다. 그러므로 신체의 움직임과 관련된 '지식'은 지능에 대한 많은 준거들을 만족시키는 것으로 보인다.

'문제해결'이라는 측면에서 신체운동을 인식하는 것은 직관적으로 받아들이기 힘들다. 확실히 마임을 하거나 테니스공을 치는 것은 수학 문제를 푸는 것과 다르다. 그러나 신체로 정서를 표현하고(무용), 게임을 하고(스포츠), 새로운 결과물을 만드는 것(발명)은 인지적인 신체 사용의 증거다. 테니스공을 치는 것과 같이 특정한 신체운동에 필요한 구체적인 계산이 어떻게 나타나는지에 대해서는 팀 갤웨이(Tim Gallwey)의 설명이 답이 될 것이다.

발을 어디로 어떻게 옮길지, 라켓을 포워드로 또는 백핸드로 휘두를 것인지 결정하기 위해서 뇌는 공이 상대의 라켓을 떠나면 순식간에 그것이 어디로 갈지, 그리고 라켓으로 그것을 칠 수 있을지를 계산해야 한다. 이것은 공의 복잡한 궤도는 말할 필요도 없고 바람과 스핀의 영향, 속력의 점진적인 감소 등을 감안한 공의 초기 속력으로 계산해야 하는 것이다. 이후 이러한 각각의 요인들은 공과 라켓의 접촉면이 어디일지를 예상하기 위해 공의 반동 후에 다시 계산되어야 한다. 동시에 근육의 명령은 업데이트된 정보에 의해 끊임없이 수정되어야 한다. 마지막으로 근육은 서로 협력하여 반응해야 한다. 접촉은 하나의 정확한 지점에서 이루어지는데, 그것은 공을 어디로 내려치라는 명령이 내려지느냐에 따라 달라진다. 하나의 명령은 상대방의 균형과 움직임에 대한 순간적인 분석을 거친 후에도 주어지지 않는다. 평균적인 선수의 서브를 받아친 후에도, 주어진 시간은 단 1초뿐이다. 공을 치는 것은 분명 뛰어난 기술이고, 일관성 있고 정확하게 공을 돌려 치는 것은 굉장한 성취다. 그러나 그것은 비일상적인 일은 아니다. 사실 모든 사람은 그와 같은 신체적 지능을 지니고 있다(Gallwey, 1976).

논리수학지능(Logical-Mathematical Intelligence)

1983년 바버라 매클린톡(Barbara McClintock)은 미생물학 분야의 업적을 인정받아 의학 및 생리학 분야에서 노벨상을 받았다. 그녀의 지적인 추론과 관찰의 힘은 흔히 '과학적 사고'로 명명되는 논리수학적 지능의 한 형태로 설명된다. 하나의 일화가 이것을 명백하게 해준다. 1920년대에 코넬 대학교에 연구자로 있을 때 매클린톡은 한 가지 문제에 직면하게 되었다. 이론에 따르면 옥수수는 50퍼센트의 꽃가루 부교합이 예측된 반면, 그녀의 연구보조자는 25~30퍼센트의 부교합만을 발견했다. 혼란스러워하며 옥수수밭을 떠난 매클린톡은 사무실에 앉아 30분 동안 생각에 잠겼다.

> 갑자기 나는 벌떡 일어나 옥수수밭으로 달려갔다. 밭둑에 서서(다른 사람들은 아래에 있었다) 나는 소리쳤다. "알았다(Eureka)! 알아냈어!" 그들은 나에게 증명을 요구했다. 나는 종이를 꺼낸 후 연필로 그림을 그리기 시작했다(연구소에서는 생각도 못했던 일이었다). 그림은 순식간에 완성되었다. 그것은 복잡한 단계의 연속으로 내 생각을 표현한 것이었다. 내가 그림을 그리자마자 그 문제는 해결되었다. 지금까지 왜 그림을 그려볼 생각을 안 했을까? 왜?(Keller, 1983)

이 일화는 논리수학지능의 두 가지 본질적인 특성을 설명해준다. 첫째, 타고난 영재들의 문제해결과정은 두드러지게 빠르다. 성공한 과학자는 수많은 변수에 즉시 대처하고, 평가를 거쳐 수용되거나 거부되는 수많은 가설을 차례로 만들어낸다. 또한 그 일화는 비언어적인 지능의 특성을 강조한다. 문제에 대한 해결책은 언어로 분명하게 표현되기 전에도 도출될 수 있다. 사실 문제해결과정은 심지어 문제해결자에게도 완전히 눈에 보이지 않을 수 있다. 그렇다고 이러한 과정이 신비스럽고, 직관적이고, 예측할 수 없는 것이어야 하는 것은 아니다. 노벨상 수상자 같은 일부 사람들에게서 이런 과정이 빈번하게 일어난다는 사실은 오히려 그 반대를 시사한다. 우리는 이러한 현상을 논리수학지능의 작용으로 해석한다.

논리수학적인 추론은 언어 능력과 함께 IQ 테스트의 주요한 기반이다. 이러한 형태의 지능은 전통적인 심리학자들에 의해 철저하게 연구되어, 영역을 초월하는 '초기 지능(raw intelligence)'이나 문제해결능력의 전형으로 자리 잡았다.

아이러니하게도 개인을 논리수학적 문제에 대한 하나의 해결책으로 이끄는 메커니즘은 아직 완전하게 해명되지 않은 상태고, 매클린톡이 기술한 '도약' 과정들은 여전히 수수께끼로 남아 있다.

논리수학지능은 경험적 준거에 의해 입증된다. 특정 뇌 영역은 다른 영역보다 수학적 계산에서 탁월한 것으로 나타난다. 실제로 최근 찾아낸 증거에 따르면 전두측두엽의 언어 영역은 논리적 연역에 중요한 역할을 하고, 두정엽의 시공간 영역은 수의 계산에 보다 중요한 역할을 한다(Houdé & Tzourio-Mazoyer, 2003). 다른 대부분의 영역들은 안타까울 정도로 결핍되어 있음에도 위대한 계산 능력을 타고난 사람들이 있다. 또한 수학 영재도 많다. 아동의 논리수학지능의 발달은 장 피아제(Jean Piaget) 등에 의해 연구되었다.

언어지능(Linguistic Intelligence)

열 살 때 T. S. 엘리엇(T. S. Eliot)은 「난롯가에서(Fireside)」라는 잡지를 만들었다. 겨울방학에 3일 동안, 그는 여덟 권의 잡지를 완성했다. 각각은 시, 모험담, 칼럼, 유머 기사를 싣고 있었다. 이러한 자료 중 일부는 아직 남아 시인의 재능을 엿볼 수 있게 한다(Soldo, 1982).

논리수학지능과 함께 언어지능을 하나의 지능으로 분류하는 것은 전통적인 심리학의 입장과 일치되는 것이다. 언어지능은 우리의 경험적 검증을 통과한다. 예를 들면, 브로카(Broca) 영역이라 불리는 뇌의 특정 영역은 문법적인 문장을 만들어내는 것과 관련이 있다. 이 영역이 손상된 사람은 단어와 문장은 이해하지만, 긴 문장을 만들 때 단어를 문법적으로 맞추는 것은 어려워한다(다른 사고 과정에는 아무 문제가 없는 경우에도 말이다).

대부분의 아동에게 언어지능은 보편적인 것으로 문화권과는 상관없이 일정한 발달과정을 거쳐 발현된다. 심지어 청각장애가 있지만 수화를 배우지 않은 아동은 자신만의 언어를 발명하여 사용할 것이다. 그리하여 우리는 지능이 어떻게 특정한 입력 방식이나 출력 경로를 독립적으로 작동시키는지를 볼 수 있다.

공간지능(Spatial Intelligence)

캐럴린 제도[3] 주변을 항해하는 원주민 선원들에게는 특별한 항해도구가 없다. 항해를 위한 주요 지침은 여러 섬에서 바라본 별의 위치, 날씨 패턴, 그리고 물의 색깔이 전부다. 바닷길은 여러 부분으로 나뉘고, 항해자는 그 속에서 별의 위치를 배운다. 항해하면서 특정 별 아래를 지나가게 되면 그는 관련 섬을 마음속에 그린다. 그런 연습을 통해 그 부분의 바닷길, 남아 있는 거리, 그리고 각종 수정사항을 추정한다. 항해자는 항해하는 동안 섬을 볼 수 없지만 머릿속으로 바닷길을 그림으로써 자신의 위치를 추정한다(Gladwin, 1970).

항해를 위해 지도를 사용하려면 공간적인 문제해결능력이 요구된다. 또한 공간적인 문제해결능력은 다른 각도에서 대상을 시각화하고, 체스 놀이를 하는 데에도 필요하다. 또한 미술에도 이용된다.

두뇌 연구 결과 좌측 대뇌피질의 중간 영역이 진화를 통해 오른손잡이의 언어 처리 과정을 담당하게 된 것처럼 우측 대뇌피질의 뒤쪽 영역이 공간 문제해결에 가장 중요한 역할을 하는 것으로 밝혀졌다. 따라서 이 부위가 손상되면 위치를 찾거나, 얼굴 또는 장면을 인지하거나, 세부를 식별하는 능력이 손상된다.

앞을 전혀 볼 수 없는 사람의 사례를 통해 공간지능과 시각 지각을 구분할 수 있다. 눈이 보이지 않는 사람은 비시각적인 방법으로 모양을 인식한다. 손이 물체의 윤곽을 따라감으로써 그 물체의 크기와 모양에 대한 정보를 얻는다. 그들에게 촉각은 정상인의 시각과 유사한 양식으로 작동한다. 앞을 전혀 보지 못하는 사람의 공간적 추리와 전혀 듣지 못하는 사람의 언어적 추리 간의 유사성은 주목할 만한 것이다.

화가 중에는 소수의 영재가 있지만, 특히 심각한 자폐증에도 불구하고 정확한 구상력과 탁월한 기교로 그림을 그려내는 어린 나디아(Nadia)의 사례가 두드러진다(Selfe, 1977).

인간친화지능(Interpersonal Intelligence)

특수교육 분야의 훈련을 거의 받지 않은 앤 설리번(Anne Sullivan)은 눈이 보이지 않고, 귀가 들리지 않는 일곱 살배기 헬렌 켈러(Helen Keller)를 가르치는 엄청난 일을 시작했다. 의사소통을 위한 설리번의 노력은 그 아이와의 정서적 투쟁에 의해 복잡해졌다. 그들의 첫 번째 식사 장면을 살펴보자.

헬렌이 자신의 가족들 앞에서 앤의 접시에 담긴 음식을 집어가려 하자 앤은 단호하게 대처했다. 헬렌이 앤의 접시로 손을 내밀면, 앤은 반복해서 헬렌의 손을 밀어냈다. 마치 의지력 테스트와 같았다. 당황한 헬렌의 가족이 식탁을 떠나자 앤은 문을 잠갔고, 헬렌은 바닥을 뒹굴며 발길질을 하고 소리를 지르면서 앤의 의자를 마구 밀어댔다. 그럼에도 앤은 굴하지 않고 계속 아침식사를 했다. 헬렌은 가족의 도움을 기대하며 식탁으로 다가갔다. 헬렌은 가족이 아무도 없다는 것을 알고 당황하기 시작했다. 마침내 그녀는 의자에 앉아서 자신의 손으로 아침식사를 하기 시작했다. 앤은 그녀에게 숟가락을 건네주었다. 헬렌은 숟가락을 바닥에 팽개쳤다. 다시 의지력 테스트가 시작된 것이다(Lash, 1980).

앤은 아이의 행동에 민감하게 반응했다. 그녀는 가족에게 보내는 편지에 이렇게 썼다. "내가 해결해야 하는 가장 큰 문제는 그 아이의 정신을 깨뜨리지 않고 훈련시키고 통제하는 것이다. 지금 당장은 서두르지 않을 것이다. 그녀의 사랑을 얻는 게 먼저니까." 사실 첫 번째 '기적'은 그 유명한 물 펌프 일화(헬렌 켈러와 앤 설리번이 만나고 2주 만에 벌어진 일이다)보다 훨씬 전에 일어났다. 앤은 헬렌의 집 근처에 있는 작은 집으로 헬렌을 데려갔다. 그곳에서 둘만의 시간을 보낸 지 7일 만에 헬렌의 성격은 변화를 겪었다. 앤의 교육이 효과가 있었던 것이다. "나의 마음은 오늘 아침 기쁨으로 충만하다. 기적이 일어났다. 2주 전의 사나운 어린 짐승은 온화한 아이로 변화했다(Lash, 1980)."

2주 만에 헬렌 켈러의 언어 습득에서 첫 번째 진보가 이루어졌고 그후 그녀는 믿을 수 없는 속도로 발전했다. 그와 같은 기적을 가능하게 한 것은 헬렌에 대한 앤의 통찰력이었다.

인간친화지능은 사람들 사이의 차이점에 주목하는 능력에 기반을 두고 있다. 특히 사람들의 기분, 기질, 동기, 의도의 차이를 간파하는 능력이 중요하다. 이 지능 덕분에 다른 사람이 숨기고 있는 의도와 욕구를 읽을 수 있으며, 이는 종교지도자, 정치인, 판매원, 마케터, 교사, 치료사, 부모에게서 매우 정교한 형태로 나타난다. 헬렌 켈러와 앤 설리번의 이야기는 인간친화지능이 언어와는 별관계가 없다는 것을 시사해준다. 두뇌 연구 결과 전두엽이 대인관계와 관련되어 중요한 역할을 한다는 사실이 드러나고 있다. 이 영역이 손상되면 다른 문제해결능력은 손상되지 않는 반면, 심각한 인성 변화가 초래된다. 그리하여 그는 이전과는 '같은 사람'이 아닐 때가 많다.

치매의 한 형태인 알츠하이머병[4]은 뇌의 뒷부분을 공격하여 공간 지각, 논리력, 언어 능력을 심각하게 손상시키는 것으로 보인다. 그러나 알츠하이머를 앓는 사람들은 흔히 옷차림이 단정하고, 예의바르며, 자신의 실수에 대해 반복적으로 사과하는 모습을 보인다. 반면 전두엽 피질을 손상시키는 피크병[5]은 순식간에 인격을 손상시킨다.

인간친화지능에 대한 생물학적 증거는 인간에게 고유한 것으로 간주되는 두 가지 추가 요인들을 포함한다. 첫 번째 요인은 엄마에 대한 애착을 포함한, 영장류의 연장된 아동기다. 엄마(또는 그 대리인)가 바빠서 아이와 시간을 보내지 못하는 경우 대인관계의 정상적인 발달이 위협받게 된다. 두 번째 요인은 사회적인 상호작용의 상대적 중요성이다. 선사시대에 추적, 사냥, 도살 등의 활동은 많은 사람들의 참여와 협동을 요구했다. 리더십, 조직, 결속은 여기에서 자연스럽게 유래된 것이다.

자기성찰지능(Intrapersonal Intelligence)

일기 형식에 가까운 에세이 「과거에 대한 스케치(A Sketch of the Past)」에서 버지니아 울프(Virginia Woolf)는 현실 세계에서 벌어지는 다양한 사건들에 대한 '존재의 솜털'에 관해 이야기한다. 그녀는 아동기 때 겪었던, 형제와의 싸움, 정원에서 본 특이한 꽃, 아는 사람의 자살 소식이라는 세 가지의 마음 아픈 기억들을 솜털에 대비시킨다.

세 번의 특별한 순간이 있었다. 나는 그것들에 대해 자주 말한다. 더 정확하게 말하면, 그것들은 예상하지 못한 순간에 갑자기 머릿속에 떠오른다. 그러나 이제 나는 그것들에 관해 썼고, 전에는 결코 깨닫지 못했던 것을 깨닫는다. 이러한 순간들 중 둘은 절망 상태로 끝났지만, 다른 하나는 만족 상태에서 끝났다. 공포감(자살 소식을 들었을 때)은 나를 무력하게 했다. 그러나 꽃을 보았을 때에는 무력감을 느끼지 않았다. 갑작스러운 충격에도 의연한 편이지만 온갖 충격들이 항상 기쁘게 맞이할 만한 것들은 아니다. 처음 충격을 받은 후에 나는 거기서 특별한 가치를 느꼈다. 그러한 특성 덕분에 작가가 된 것 같다. 나의 경우, 충격은 그것을 설명하고자 하는 욕구에서 나온 것이다. 나는 정신적인 충격을 일상의 솜털 뒤에 숨어 있는 적이 날린 한 차례의 타격 정도로 생각한 것은 아니었다. 어떤 상태가 드러났거나 앞으로 드러날 것이다. 그것은 겉모습 뒤에 숨겨져 있는 진정한 모습을 나타내고 나는 이름을 부여함으로써 그것을 현실의 것으로 만든다(Woolf, 1976).

이 인용문은 자신의 감정에 대한 접근, 감정들을 구별하는 능력, 마지막으로 감정에 이름을 붙이고 자신의 행동을 이해하고 안내하는 수단으로서 한 개인의 내적 지식인 자기성찰지능을 생생하게 예증한다. 자기성찰지능이 뛰어난 사람은 자기 자신에 대한 실용적이고 효과적인 모형을 가지고 있다(이 모형은 그 개인에 대한 자세하고 주의 깊은 관찰에 의해 추측될 수 있다). 이 지능은 모든 지능 중 가장 사적이기 때문에 관찰자가 이를 감지하기 위해서는 언어, 음악 등 보다 표현적인 지능의 형태를 띠고 드러나야 한다. 예를 들면, 위의 인용문에서 언어지능은 자기성찰지능을 관찰할 수 있게 하는 매개체로 기능한다.

우리는 자기성찰지능에서 친숙한 준거를 발견한다. 자기성찰지능과 관련하여 전두엽은 인성 변화에 중요한 역할을 담당한다. 전두엽의 아랫부분이 손상되면 짜증을 잘 내거나 다행증(euphoria)[6]을 야기하는 경향이 있다. 반면, 윗부분이 손상되면 무관심, 무기력, 둔함, 그리고 무감정증(우울한 기질을 드러낸다)을 야기할 가능성이 높다. 전두엽이 손상된 사람의 경우 다른 인지 기능들은 거의 그대로 유지된다. 자신의 경험을 기술할 수 있을 정도로 회복된 실어증(aphasics) 환자의 증언에서도 그런 사실이 드러난다. 실어증 환자의 경우 기민성이 떨어지고 그 상태에 대해 상당히 우울해 할 수는 있지만, 자신을 다른 사람으로 느끼지는 않았다. 실어증 환자는 자신의 필요, 욕구, 그리고 욕망을 인식했고, 그것들을 성취하기 위해 최선을 다했다.

자폐아는 자기성찰지능이 손상된 전형적인 예다. 실제로 자폐아는 스스로를 드러내지 않고도 음악, 계산, 공간, 기계 등 비인간적 영역에서 두드러진 능력을 보일 수 있다.

개인의 능력에 대한 진화론적 증거를 확보하는 것은 어렵지만, 우리는 이것이 본능적인 동인을 만족시키는 것 이상의 의미가 있다고 생각할 수 있다. 이러한 잠재 능력은 인간에게 점차 중요해질 것이고, 의식을 가능하게 하는 신경 구조는 자기 의식이 구성되는 기반을 형성할 것이다.

요약하면 인간친화능력과 자기성찰능력은 검증을 통과하여 하나의 지능으로 인정받을 수 있다. 그것들은 개인과 집단 모두에게 중요한 문제해결능력을 특징으로 한다. 인간친화지능은 개인이 타인을 이해하고 상호작용하는 것을 가능하게 한다. 자기성찰지능은 개인이 자기 자신을 이해할 수 있게 한다. 개인은 자아감을 통해 개인과 개인을 연결시키고 내면의 요소들을 서로 결합시키게 된다. 실제로, 자아감은 모든 개인이 자신을 위해 창조해내는 가장 경이로운 인간의 '발명품' 중 하나다.

새롭게 확인된 지능들

다중지능이론을 제안한 후 10년 동안 나는 그 이론에 쏟아지는 온갖 유혹에 저항해야 했다. 많은 사람들은 유머지능, 요리지능, 성적 지능과 같은 후보 지능들을 제안했다. 내 학생들 중 한 명은 그러한 지능들을 내가 지니고 있지 않기 때문에 지능으로 인정하지 않는 것이라고 농담을 했다.

내가 추가적인 지능들을 고려하게 된 것은 두 가지 사건 때문이었다. 한 번은 과학사가들의 모임에서 다중지능이론에 관해 설명한 적이 있었다. 내 이야기가 끝난 후 나이가 지긋한 남자가 다가와서 이렇게 말했다. "당신은 자신이 제안한 지능들을 찰스 다윈(Charles Darwin)의 이론으로 설명하지 못할 거요." 그는 다름 아닌 저명한 동물학자인 언스트 메이어(Ernst Mayr)였다.

또 다른 사건은 영성지능이 있다는 주장에서 불거진 것이었다. 영성지능을 주장하는 측은 한 걸음 더 나아가 내가 영성지능의 존재를 확인했다고까지 했다. 그 말은 사실이 아니었지만 내가 자연 또는 영성지능에 대해 생각해보도록 동기를 부여했다.

이러한 탐구는 매우 다른 결론으로 이어졌다. 첫 번째 경우, 자연친화지능(naturalist intelligence)의 존재에 대한 증거는 대단히 설득력이 있다. 다윈, 윌슨(E. O. Wilson)과 같은 생물학자들과 존 제임스 오두본(John James Audubon), 로저 토리 피터슨(Roger Tory Peterson) 같은 조류학자들은 각각의 생물종을 구별하고 확인하는 데에 탁월한 능력이 있었다. 자연친화지능이 뛰어난 사람들은 생태학적인 분야에서 식물, 동물, 산, 구름의 형상을 민감하게 구별한다. 이러한 능력은 오로지 시각적인 것만이 아니다. 새나 고래의 울음소리를 인식하기 위해서는 청각적인 인식이 수반된다. 앞이 보이지 않는 네덜란드의 자연주의자 기어맷 버미그(Geermat Vermij)는 감촉에 의존한다.

여덟 가지 준거에 비추어보면 자연친화지능은 꽤 괜찮은 점수를 획득한다. 자연친화지능의 경우 하나의 종을 인식하기 위해서는 핵심적인 능력이 요구된다. 또한 같은 종을 인식하고, 약탈자를 피하는 것은 생존에 절대적으로 중요한 능력으로 진화 과정에서 획득된 것이다. 어린아이는 이런 일을 쉽게 해내는데, 실제로 다섯 살배기 아이들 중에는 공룡을 부모나 조부모보다 더 잘 구분하는 아이들도 있다.

문화 혹은 뇌의 렌즈를 통하여 자연친화지능을 살펴보면 몇 가지 흥미로운 현상이 눈에 띈다. 오늘날 선진국을 살펴보면 자연친화지능에 직접적으로 의존하는 사람은 거의 없다. 우리는 그냥 가게에 가거나 전화, 인터넷으로 식료품을 주문한다. 그럼에도 나는 우리의 전체 소비문화가 자연친화지능에 기반하고 있다고 생각한다. 그것은 우리가 수많은 것들 중 유독 한 가지 자동차에 끌리거나, 하나의 스니커즈 또는 하나의 장갑을 선택할 때 드러난다.

연구 결과 뇌가 손상된 사람 중에는 무생물 대상을 인식하고 이름을 붙일 수는 있지만 생명체를 확인하는 능력은 상실하는 사람이 있다. 반면 다른 사람들을 인식하고 생명체에 이름을 붙일 수는 있지만, 인위적인 대상은 식별하지 못하는 사람도 있다. 유클리드 기하학이 자연 세계가 아닌 가공 세계에서 작동하고, 무생물이 생명체와 매우 다른 방식으로 상호작용하는 것과 마찬가지로 이러한 능력은 다른 지각 메커니즘과 다른 실험 기반을 수반한다.

한편 영성에 대한 나의 견해는 이와는 조금 다르다. 사람들은 종교와 영성에 관해 매우 강한 확신을 가지고 있다. 많은 사람들, 특히 미국인들에게 영혼의 경험은 중요하다. 그리고 많은 사람들은 영성지능이 존재할 뿐만 아니라 실제로 인간 존재의 가장 높은 성취를 나타낸다고 가정한다. 이와는 다른 견해를 가진 사람들, 특히 과학적인 성향을 가진 사람들은 영이나 영혼에 대한 논의를 심각하게 받아들이지 않는다. 그들은 영이나 영혼에 대한 믿음을 신비주의로 보고, 신과 종교에 대해 매우 회의적이다. 영성 혹은 종교지능을 인정하지 않는 이유가 무엇이냐는 질문을 받았을 때, 나는 "내가 인정한다면 나의 친구도 기뻐하겠지만, 나의 적은 더 기뻐할 것이다"라고 대답했다.

 신비주의는 학문의 대체물이 아니다. 나는 영성지능을 지지하거나 반대하는 증거를 검토하느라 일년을 보냈다. 그 결과 최소한 영성의 두 가지 국면이 지능에 대해 내가 가지고 있는 개념과 동떨어져 있다고 결론지었다. 첫째, 지능은 개인의 현상학적인 경험과 혼동되어서는 안 된다. 대개 영성은 비이성적인 반응을 수반한다. 예를 들면, 누군가가 고차원적인 존재 또는 그의 세계와 '단 한 번' 접촉하는 느낌을 가질 수 있다. 그러한 감정은 괜찮은 것일 수 있지만, 지능의 타당한 지표로는 보기 힘들다. 논리수학지능이 높은 사람이 어려운 문제를 풀면서 '몰입(flow)'의 감정을 경험하고도 그런 현상학적인 반응을 보이지 않는다 해도 그는 여전히 논리수학지능이 높은 사람이다.

 둘째, 영성은 일반적으로 종교와 신에 대한 믿음, 심지어 특정 교의나 종파에 대한 충성과 분리되지 않는다. "단지 진정한 유대교(가톨릭교나 이슬람교나 개신교)인만이 영적인 존재다"라는 것은 명백하면서도 암묵적인 메시지다. 이런 메시지는 나를 불편하게 하고 영성지능에 대한 근거를 무용한 것으로 만든다.

 비록 영성지능이 나의 준거를 만족시키지는 않지만, 한 가지 측면에서는 전도유망한 후보 지능으로 보인다. 나는 그것을 '큰 질문들과 관련된 지능'이라 기술하고, 실존지능이라 부른다. 이 후보 지능은 존재에 대한 근본적인 질문을 숙고하는 인간의 성향에 기반한 것이다. 왜 사는가? 왜 죽는가? 우리는 어디에서 오는가? 우리에게 어떤 일이 일어날까? 사랑이 무엇인가? 왜 전쟁을 일으키는가? 나는 때로 이러한 것들을 지각을 초월하는 질문이라고 말한다. 그것들은 너무 크거나 너무 작아서 우리의 오감으로는 지각할 수 없다.

우리의 준거로 보면 실존지능은 꽤 합리적이다. 분명 실존지능이라고 하면 철학자, 종교 지도자, 위대한 정치인 등이 떠오른다. 실존적인 문제는 문화, 종교, 철학, 예술, 평범한 대화, 가십, 각종 매체 등에 광범위하게 나타난다. 아이의 질문을 잘 들어주는 사회는 흔치 않지만, 질문이 관대하게 허용되는 사회에서는 초창기부터 실존적 질문들이 제기되어왔다. 게다가 그들이 열광하는 신화와 우화는 실존적 질문에 대한 환상을 토대로 한다.

그럼에도 내가 실존지능을 선언하지 못하는 이유는 현재까지 실존적 문제와 특별하게 관련을 맺고 있는 뇌가 어느 부분인지를 밝혀줄 증거가 부족하기 때문이다. 그런 본질적인 문제를 다룰 때 특히 중요한 역할을 하는 부분은 하측두엽이다. 그러나 실존적 문제들은 보다 광범위한 철학적 사고의 일부이거나 개인들의 일상적이고 정서적인 질문의 일부일 가능성도 있다. 그런 이유로 실존지능을 아홉 번째 지능으로 인정하는 것이 꺼려진다. 말이 난 김에 페데리코 펠리니(Federico Fellini)의 유명한 영화에 존경을 표하면서, 나는 당분간 8과 2분의 1개의 지능에 만족할 것이다.

이론의 고유한 공헌

우리는 모두 해결해야 할 문제의 목록을 가지고 있다. 나의 연구는 이러한 문제들에 대한 고려, 그것들이 나타나는 맥락, 그리고 그 결과인 문화적으로 중요한 산출물을 출발점으로 논의를 시작했다. 나는 지능을 어떤 문제 상황에 드러나는 하나의 구체화된 인간 능력으로 접근하지 않았다. 오히려 인간이 해결해내는 문제들과 그들이 소중히 여기는 산출물에 중점을 두었다. 그리고 나서 어느 정도 확실한 지능을 대상으로 연구했다.

두뇌 연구, 인간 발달, 진화, 그리고 문화적 비교를 통해 관련성 있는 인간 지능을 집중적으로 조사했다. 만약 이 과정에서 지능으로서 인정받을 만한 합리적인 증거가 발견되었다면, 이를 하나의 가능성으로 유보해두었다. 이것은 전통적인 방식과는 다른 것으로 후보 지능이 반드시 하나의 지능이라고 할 수 없기 때문에 융통성 있는 결정을 내릴 수 있었다. 지능에 대한 전통적인 접근법으로는 이와 같은 경험적 결정을 내릴 수 없다.

나는 여러 개의 인간 능력 즉, 지능은 어느 정도 독립적이라고 믿는다. 뇌가 손상된 사람들에 관한 연구를 통해 다른 능력들은 온전하게 남고 오직 하나의 능력만이 손상될 수 있다는 사실을 반복적으로 확인할 수 있었다. 이러한 지능의 독립성은 한 가지 지능(수학)이 특별히 높다고 해서 언어나 음악 같은 다른 영역의 지능도 반드시 높은 것은 아니라는 의미다. 이러한 지능의 독립성은 개별 영역의 점수 사이에 높은 상관관계를 보여주는 전통적인 IQ 검사와는 상반되는 것이다. IQ 검사의 하위 영역에서 나타나는 이와 같은 높은 상관성은 사실 모든 검사 문항이 논리수학 또는 언어 항목과 관련이 있기 때문에 나타나는 현상으로 보인다. 만약 인간의 문제해결기술을 개별 지능을 공정하게 측정할 수 있는 도구로 조사한다면 이러한 상관성은 대체로 줄어들 것이다.

지금까지 나는 각각의 역할은 단 하나의, 발달한 지능에 크게 의존한다고 생각해왔다. 그러나 정교화된 거의 모든 문화적 역할은 복합적인 지능으로만 수행할 수 있는 것이다. 즉 바이올린 연주에도 음악지능을 초월한 복합적인 지능이 요구되는 것이다. 성공적인 바이올리니스트가 되기 위해서는 신체운동적 민첩성과 청중을 다루는 대인관계 기술이 필요하다. 또한 자기성찰지능이 요구될 수도 있다. 한편 무용은 신체운동·음악·인간친화·공간지능을 요구한다. 정치는 인간친화·언어지능과 약간의 논리성을 요구한다.

이와 같이 거의 모든 문화적 역할들은 여러 지능을 요구한다. 따라서 개인의 지능은 필기 시험으로 직접 측정할 수 있는 단일한 문제해결능력으로 보기보다는 오히려 여러 지능의 집합으로 보아야 한다. 인간 능력의 다양성은 여러 지능이 만들어내는 다양한 프로파일에 기인한 것이다. 사실 전체는 부분의 합보다 크다는 말은 사실일 수 있다. 한 개인은 특정 지능은 뛰어나지 않을 수 있다. 그럼에도 여러 지능이 합쳐져 특정한 조합을 이루면 특정 분야에서 제 역할을 잘해낼 수 있다. 그러므로 특정한 직업, 또는 업무에 개인을 배치할 때에는 특정 지능의 조합을 염두에 두는 것이 좋다.

정리하면, 다중지능이론은 세 가지 결론을 도출해낸다.

1. 우리 모두는 모든 범위의 지능들을 지닌다. 인지적으로 말해 우리가 인간일 수 있는 것은 바로 그런 지능 때문이다.
2. 사람들은 똑같은 지능 프로파일을 지니지 않으며 이것은 일란성쌍둥이의 경우도 마찬가지다. 왜냐하면 유전적인 요소가 동일해도, 경험치가 다르기 때문이다. 게다가 일란성쌍둥이는 서로 차별화되려는 욕구가 강하다.
3. 지능이 높다고 해서 반드시 지적으로 행동하는 것은 아니다. 논리수학지능이 높은 사람은 중요한 물리학 실험을 하거나 새로운 기하학적 증명을 풀기 위해 자신의 능력을 사용할 수 있지만, 하루 종일 복권을 긁으며 이러한 능력을 낭비할 수도 있다.

이 세 가지 결론은 다중지능이론이 기여할 인지심리학과 관련된 것이다. 그러나 물론 여기에는 강력한 교육적, 정치적, 문화적 질문이 수반된다. 그러한 질문들은 이 책에서 하나씩 다루어질 것이다.

인간에 대한 새로운 이해

우리 사회는 '서구 지향주의(Westist)', '시험 지향주의(Testist)', 그리고 '최고 지향주의(Bestist)'라는 세 가지 편견에 시달리고 있다. 서구 지향주의는 소크라테스로 거슬러 올라가는 서구 문화의 가치를 그 뿌리로 한다. 서구의 가치로 논리성, 합리성 등을 들 수 있지만, 그것들만이 유일한 가치는 아니다. 시험 지향주의는 손쉽게 테스트할 수 있는 인간의 능력이나 학습에 초점을 맞추는 경향을 의미한다. 만약 대상이 테스트될 수 없는 것이면, 더 이상 주의를 기울일 가치가 없는 것이 되어버린다. 나는 평가가 더 광범위하고 더 인간적인 것이 될 수 있고, 심리학자들은 사람들의 순위를 매기는 대신 사람들을 돕는 데 더 많은 시간을 보내야 한다고 생각한다.

최고 지향주의는 데이비드 할버스탬(David Halberstam)의 1972년 작품인 『최고의 인재들(The Best and the Brightest)』에 감추어져 있는 개념이다. 이 제목은 베트남 전쟁 중 존 F. 케네디(John F. Kennedy) 대통령을 돕기 위해 정계에 뛰어든 하버드 대학교 교수들을 역설적으로 상징한 것이었다. 주어진 문제를 한 가지 접근법으로 해결할 수 있다고 믿는 것은 매우 위험하다. 지능에 대한 현재의 보편적인 견해는 보다 더 폭넓은 다른 견해와 절충될 필요가 있다.

우리가 다양한 지능과 지능의 조합을 인식하고 이를 계발하는 것은 정말 중요한 일이다. 우리는 서로 다른 지능의 조합을 지니고 있기 때문에 서로 매우 다르다. 이 사실을 인식한다면, 우리가 직면하는 수많은 문제들의 해결 가능성은 높아질 것이다. 만약 우리가 인간 능력의 스펙트럼을 유행시킬 수 있다면, 사람들은 스스로를 더 좋게, 그리고 보다 더 유능하게 느끼게 될 것이다. 그렇게 된다면 사람들은 보다 더 광범위한 선을 위해 일할 수 있을 것이다. 만약 우리가 폭넓은 인간 지능을 동원하여 윤리적으로 활용할 수 있다면, 지구상에서 우리의 생존 가능성은 높아질 것이고, 아마도 우리는 번영할 수 있을 것이다.

Chapter 2

25년간의 연구 성과

"대부분의 사람들은 단일지능이 있다고 생각하지만 다중지능이론에 따르면 여덟 개 이상의 지능이 있다고 한다. 어떤 일을 수행하든 그러한 지능을 이용할 수 있다." 처음 이 이론을 발표하고 25년이 지났지만 이 이론은 새로운 질문을 제기하며 새로운 방향으로 발전해가고 있다. 이 모습을 보며 나보다 놀라는 사람은 없을 것이다.

나는 다중지능이론에 대한 개인적 책임감 때문에 이 책을 쓴 것이지 명성이나 권력이 탐났던 것은 아니다.『마음의 틀』이전에 출간된 내 책들은 정당한 비평을 받으며 꽤 팔려 나갔다. 그러나『마음의 틀』은 이전과는 전혀 다른 반응을 이끌어냈다. 이 책은 많은 비평을 받았다. 모두 호평은 아니었지만 어쨌든 그런 반응들은 이 책이 그만큼 중요하다는 반증이었다. 내게는 수많은 강연 요청이 쇄도했고 그중에는 내 이론에 익숙하지 않은 사람들의 요청도 포함되어 있었다. 이전과는 달리 강연장에 들어서면, 장내가 술렁이곤 했다. 한두 해가 지나자 편집자들은 내게 다른 책을 제안했고, 평가 제작자들은 각 지능에 대한 일곱 가지 평가에 대해 자주 문의했다. 책의 번역 등과 관련된 질문도 전 세계로부터 쇄도했다. 앤디 워홀

(Andy Warhol)의 말처럼 나는 눈 깜짝할 사이에 유명해졌다.

책, 책에 소개된 이론, 이론의 주창자인 작가에 대한 관심은 아무리 폭발적이라 해도 대부분 일시적이다. 워홀이 이미 알고 있었듯이 사람들이 관심을 갖는 시간은 매우 짧다. 특히 교육 분야에서 유행하는 이론의 경우에는 더더욱 그렇다. 다중지능에 대해 여러 이론들이 경쟁해온 것도 그런 이유에서다. 해마다 들어본 적 없는 낯선 나라, 이쪽에 전혀 관심을 갖지 않았던 영역, 그리고 생소한 학과의 학생들이 이 이론에 대한 새로운 관심을 표현한다. 이러한 지속적 관심 덕분에 나는 자만하기도 하고, 겸허해지기도 했다. 가끔 다른 나라를 방문하면 나의 방문 소식이 그 나라 신문의 제1면을 장식했다. 다중지능이론은 아주 색다른 사회적 지지를 받았다(그 이론은 농담, 텔레비전 쇼, 크로스워드퍼즐, 표준화된 검사 등에 활용되었다). 다행스러운 것은 내가 아닌 이론에 더 관심이 많았다는 것이다. 사람들이 내 생각에 대해 토론하는 것은 좋지만 공항에서 나를 알아보는 것은 그리 내키지 않는다.

이론에 대한 지속적인 관심만큼이나 놀라운 것은 이론 자체의 생명력이다. 이는 연구자들이나 교육계 인사들이 내가 전혀 기대하지 않았던 입장을 취한 덕분에 가능했다. 연구자들은 내가 전혀 생각하지 못했던 질문을 제기했고 내가 계획해본 적이 없는 연구들을 수행했다. 예를 들면, 신경과학자인 안토니오 바트로(Antonio Battro)는 디지털 지능의 가능성에 매달렸고, 법학자인 페기 데이비스(Peggy Davis)와 레니 기니어(Lani Guinier)는 다중지능이론에 기반을 두고 법과대학의 입학과정이나 교수방법을 재편했다. 교육학자들도 교육 분야에서 대단한 혁신을 일으켰다. 20년 전, 인디애나폴리스의 교사인 퍼트리샤 볼래노스(Patricia Bolanos)가 세계 최초로 다중지능이론을 응용한 학교를 설립했고 이 학교는 이후 계속 번창하여 오늘날까지 유지되고 있다. 필리핀의 교육학자인 메리 조 아바퀸

(Mary Jo Abaquin)은 각 지능의 모범이 되는 여덟 명의 인물에게 상을 수여하고 그들이 유능한 연구자로 성장하게 도왔다.

기쁘게도 연구 초기에는 생각지도 못했던 일이 벌어지면서 이론은 깊이와 넓이를 더해갔고 그에 힘입어 이론은 세상에 널리 알려지고 있었다. 처음 다중지능이론이 호응을 얻을 수 있었던 것은 한두 문장으로 요약될 수 있는 명료함 덕분이었다. "대부분의 사람들은 단일지능이 있다고 생각하지만 다중지능이론에 따르면 여덟 개 이상의 지능이 있다고 한다. 어떤 일을 수행하든 그러한 지능을 이용할 수 있다." 처음 이론을 발표하고 25년이 지났지만 이 이론은 새로운 질문을 제기하며 새로운 방향으로 발전해 가고 있다. 이 모습을 보며 나보다 놀라는 사람은 없을 것이다.

여기서는 『마음의 틀』을 쓴 후 25년 동안 지속적으로 고민해온 새로운 원리를 소개하고자 한다. 이를 위해 지능과 영역(domain)의 차이, 지능이라는 용어의 세 가지 의미, 개별 지능의 서로 다른 특징과 형식에 중점을 두어 이론을 더욱 정교화하고, 이 이론에 새롭게 제기되는 교육적, 범문화적 반론을 대략적으로 소개할 것이다.

추가 지능을 찾아서

앞 장에서 언급했듯이, 사람들은 추가 지능의 가능성에 대해 의문을 갖는다. 나는 추가 지능에 대해 매우 신중한 입장을 취해왔는데, 이는 앞서 제시했던 지능의 준거를 토대로 한 것이다. 한두 가지의 준거를 확인하는 것은 쉬운 일이지만 여덟 가지 준거 모두를 확인하는 것은 쉽지 않다. 나는 지능을 지적 화합물로 가정한다. 즉 인간의 능력은 새롭고 단일한 창조물이라기보다는 기존 요소들의 조합으로 나타난 가능성이다. 예컨대 나는 기술지능 혹은 도구지능의 가능성에 대해 논의하면서 그것을 논리수학·공간·신체운동지능의 조합으로 설명하는 것이 더 바람직하다고 결론 내렸다. 마찬가지로 실존적 차원을 포함한 철학적 능력은 한 가지 이상의 언어 및 논리지능의 조합으로 설명할 수 있다.

실존 혹은 영성지능의 가능성을 모색하면서 나는 두 가지 후보 지능인 유머(humor)지능과 도덕(moral)지능에 대해 생각해왔다. 그러나 이 두 지능은 후보 지능으로서 적절하지 않다는 결론을 내렸다. 유머는 논리수학지능의 단순한 수정 또는 유쾌한 왜곡이라고 생각한다. 유머의 경우 상황에 대한 이해가 논리적 방식으로 변경된다. 만약 어떤 것이 재미있게 느껴진다면 논리수학지능, 인간친화지능이 조합된 것이다. 만약 우리가 누군가를 재미있게 했다면, 이는 논리를 이용하여 그들의 인간친화지능을 작동시킨 것이다. 우리가 어떤 것을 재미있게 여기는지는 중요하지 않다. 중요한 것은 우리가 유쾌한 반응을 유도해낼 수 있을 만큼 충분히 관객(한 명이든 천 명이든)을 이해했다는 점이다.

최근 인간의 도덕적 능력에 대한 관심이 증가하고 있다. 나는 10년 이상 굿 워크 프로젝트(Good Work Project)에 참가하면서 인간의 도덕적 능력을 규명하고 이런 능력이 발현될 수 있는 상황을 만들기 위해 노력해왔다. 사람들은 인간이 도덕적 능력을 타고나며, 도덕성은 성장 과정에서 예측 가능한 궤도를 그리며 발전한다고 생각한다.

내가 도덕지능을 별도의 지능으로 제시하지 않은 이유를 설명하면, 지능은 규범적인 방식이 아닌 기술적인 방식으로 표현되기 때문이다. 하나의 지능은 특정 분야에 대한 계산 능력을 의미한다. 언어지능이 높은 사람은 언어지능이 낮은 사람보다 언어적 정보를 더 쉽게 '계산'해낼 수 있다. 언어지능을 어떻게 사용할 것인가는 가치와 규범의 문제로서 기술적 영역 밖에 놓여 있다. 시인인 괴테(Goethe)와 나치의 선전부장인 괴벨스(Joseph

Göels)는 모두 독일어에 대해 상당한 지능을 가지고 있었지만, 그 지능을 이용하여 괴테는 위대한 작품을 남겼고 괴벨스는 증오를 퍼뜨렸다.

한편 유머와 도덕성이 지능으로서 적합하지 않은 이유에 대해 다소 길게 설명할 수도 있다. 이는 인간 과학의 범위를 벗어난 설명이다. 인간의 몇 가지 능력은 두뇌에 명확하게 회로화되어 있어서 역사적, 문화적 영향력이 거의 아무런 힘도 발휘하지 못한다. 'p'와 'b'를 구별하는 것은 우리의 청각체계에 내재된 기능이다. 깊이를 인식하는 입체적 시각 역시 우리의 지각체계에 내재된 기능이다. 청각과 시각 모두 경험적 구성요소를 지니고 있고, 경험의 범위는 그와 관련된 감각 정보의 특성 및 지각과 정교하게 맞물려 있다.

반면 인간의 다른 능력은 문화와 밀접한 관련을 맺는다. 모든 인간이 웃는 능력을 지니고 있지만 웃음을 유발하는 요인은 주로 문화에 의해 결정된다. 바나나 껍질을 밟고 미끄러진 사람은 처음에는 웃음을 유발하지만 곧 동정의 대상이 된다. 즉 도덕적 판단을 내리는 능력은 모든 사람에게 유사하게 나타나지만 도덕적 질문에 대해서는 문화권마다 서로 다른 답을 제시한다(어떤 사람에게는 테러리스트가 자유의 투사일 수도 있다). 따라서 인간이 도덕적 판단을 할 수 있음은 사실이지만, 모든 인간이 기본적인 도덕적 인식과 가치를 공유한다고 보는 것은 지나친 과장이다. 유머도 마찬가지다. 이러한 이유로 나는 도덕성과 유머 모두 문화 의존적이라고 생각하고, 그에 따라 도덕성과 유머는 기본적인 인간의 지적 능력에서 제외되어야 한다고 본다.

다중지능이론의 과학적 기반

지능은 오랜 심사숙고 끝에 도출된 준거들에 의해서 결정된다. 어떤 준거가 더 중요한지에 대해서는 의문의 여지가 없다. 발달심리학자인 나는 유년기에 나타나는 인간의 핵심 능력과 그 발달 경로에 관심을 가져왔다. 그리고 신경과학자로서 나는 특정 능력은 특정 신경에 기반해야 한다는 사실도 밝혀가고 있다.

지난 25년간 신경계와 관련된 새로운 지식은 엄청나게 축적되었다(그 이전의 500여 년간 축적된 지식보다 훨씬 더 많이). 이것은 두뇌 작용을 탐색할 수 있는 강력한 기술의 등장으로 가능했다. 또한 신경과학 분야의 급속한 성장도 일조를 했다. 20세기 중반만 해도 신경과학자들이 단 몇 백 명에 불과했지만 지금은 수천 명에 이른다. 게다가 수치 해석이 가능해지면서 신지식은 더욱 빠른 속도로 축적될 수 있었다.

그 속도가 어찌나 빠른지 따라잡기 힘들 정도다. 몇 년 전 한 저명한 생물학자는 학회지를 단 3개월만 읽지 않아도 학문의 발전 속도를 따라잡을 수 없을 것이라고 말했다. 나도 지난 20년 동안 신경심리학 연구를 수행해 왔지만 여전히 신경과학자도, 유전학자도 아닌 초보 수준에 머물러 있다.

이런 상황을 고려하면, 다중지능 분야는 최근 몇 십 년간의 과학적 발견에 의해 완전히 뒤바뀔 수 있다(다른 분야도 마찬가지다). 더 나아가 축적된 과학적 지식에 힘입어 다중지능이론은 더욱 확대될 것이다.

인간발달심리학의 주요 요점은 핵심적인 논리능력이 다른 모든 능력의 기초가 된다는 피아제의 이론, 그리고 모든 지식 영역을 포괄하는 광범위한 발달단계가 있다는 믿음에서 확실히 벗어났다. 대신 점진적으로 특정한 인간의 능력 즉, 언어인지, 음악인지, 공간인지 등으로 연구 분야가 세분화되고 있다. 인간은 타인(다른 마음에 대한 이론)을 어떻게 이해하는가,

자신(자아에 대한 지식)을 어떻게 이해하는가에 대한 연구로부터 수많은 연구가 파생했다. 심리학자들은 핵심 능력 중 일부는 출생 이후 경험과 발달에 의해 변하기도 하고 다른 영장류와 공유되기도 하지만, 핵심 능력 중 또 다른 일부는 인간에게만 나타난다고 생각한다. 결과적으로 다중지능이론을 명쾌하게 언급하지는 않지만 인간인지발달에 대한 연구는 대개 다중지능적인 특성을 지니고 있다.

유사한 특성이 두뇌 연구에도 나타난다. 현재 일반지능의 기초와 그 실재에 대한 탐구는 상대적으로 드문 편이다. 대신 나와 동료 두뇌 연구자들은 언어, 공간, 음악, 개인 등 다양한 형식의 정보를 처리하는 매우 특수한 구조를 밝혀내고 있다. 신경과학은 특수한 능력을 개괄적으로 파악하고 있다. 두뇌는 일반적인 공간능력은 없지만 커다란 공간이나 작은 공간을 구분하고, 몸을 움직일 수 있는 공간이나 지도 등에 포착되는 공간을 다루는 특수한 능력은 지니고 있다. 또한 일반적인 논리수학능력은 없지만 작은 수와 큰 수를 구분하고 일상 경험에 대한 추론과 추상적인 명제 등을 처리하는 더 특수한 능력은 갖추고 있다. 다중지능이론을 최신의 신경과학적 용어로 바꾸기 위해서는 몇 가지 핵심적인 기술들을 파악해야만 하고 이는 교육학자들의 과제로 남아 있다.

앞으로 유전학적인 연구결과에 따라 우리의 생각은 크게 달라질 것이다. 인간 게놈 프로젝트(Human Genome Project)의 완성으로 수많은 가정들이 도전에 직면하고 있다. 예를 들면 인간은 2만~3만 개의 유전자를 가지고 있고 그중 5분의 1에 달하는 유전자 정보가 확인되었다. 또한 인간의 유전자는 영장류와 거의 흡사하고 쥐와도 매우 유사하며 옥수수와도 크게 다르지 않다. 정신지체의 원인이 되는 극소수의 유전자나 높은 IQ를 발현시키는 소수의 유전자도 확인될 것이다. 지능에 대한 유전학적 연구에서는 언어적인 장애 및 타인에 대한 이해 부족과 연관된 특수 질병이나 자폐증, 야스퍼거증후군(Asperger's syndrome)[7] 등을 그러한 증상을 나타내는 유전자와 동일시하려는 경향이 드러난다.

지난 25년간 밝혀진 과학적 사실들을 모두 검토하여 다중지능 및 특수지능이론을 뒷받침해줄 증거를 찾아내는 것은 통계적으로 힘든 일이다. 누군가 사명감을 갖고 그러한 작업에 나서주기를 바란다.

지능과 영역

다중지능이론에서 가장 중요한 논리는 나 자신의 혼란을 해결하는 과정에서 나온 것이다. 처음에 나는 지능과 영역(혹은 분야)의 차이에 둔감했다. 유감스럽게도 이러한 혼란으로 인해 나는 몇 가지 사실을 간과했고 이 때문에 이론에는 다소 분명치 않은 부분이 있게 되었다.

정의하면 지능은 계산 능력이다. 예를 들면, 높은 음악지능을 지닌 사람은 쉽게 멜로디를 외우고, 리듬을 재창조하고, 곡을 변주할 것이다. 영역(혹은 분야)은 어느 개인을 전문가로 배치할 때 이용되는 개념으로 조직화된 사회에서 나타나는 활동들을 의미한다. 흔히 영역에 대한 인식은 (전화번호부에서 찾을 수 있는 것과 같은) 기본적인 직업, 교육 내용, 특정 과정이나 범주 등에서 얻을 수 있다.

여기서 지능과 영역이 동일한 명칭을 공유할 것이라는 편견 때문에 혼란이 발생했다. 예를 들면 음악지능과 음악 영역이 있고, 논리수학지능과 논리, 수학, 과학 영역이 있다는 식이다. 지능과 영역 사이에 일대일의 대응관계가 성립하는 것처럼 보이지만 그렇지는 않다. 음악과 같은 영역은 몇 가지 지능과 관련이 있을 수 있다. 피아노에 숙련된 사람을 분석한 결과 초기의 일곱 가지 지능 중 여섯 가지를 확인할 수 있었다. 또한 언어지능과 같은 특수한 지능은 연설가부터 언론인과 시인 같은 전문가들에게서 찾아볼 수 있다. 20세기 중반까지 언어학자들은 언어 학습이 개인의 재능에 기초한다고 설명했다. 그러나 노암 촘스키(Noam Chomsky)의 연구로 인지적, 언어적 혁명이 이루어진 후에는 언어 기술의 중요도는 떨어졌고, 논리학자와 관련된 논리수학적 능력이 실제보다 훨씬 강조되었다.

요컨대 지능은 생물심리학적인 개념이며, 영역(분야 혹은 직업)은 사회적인 개념이다. 인간의 지능과 인간이 분류한 영역 사이에 흥미로운 연관성이 있음은 분명한 사실이지만, 각각의 지능과 영역이 서로 어떻게 대응되는지, 서로 다른 실제가 어떻게 혼합되는지를 분석하기는 힘들다. 교육학자가 이러한 차이를 인식하지 못한 채 "조니는 공간지능이 없어서 기하학을 배울 수가 없어"라고 말한다면 정말 유감스러운 일이다. 공간지능이 기하학을 학습하는 데 도움이 되는 것은 사실이다. 그러나 기하학을 배우는 방법은 한 가지가 아니다. 모든 기하학 교사는 학생들이 공간지능과는 관계없이 기하학의 논증을 이해할 수 있게 해야 한다.

지능의 세 가지 의미

지능이라는 용어에는 세 가지 의미가 있다. 각각의 의미는 고유의 범위와 효과를 함의하고 있으므로 그 세 가지 의미가 혼동되는 것은 불행한 일이다. 따라서 교육학자들은 지능의 훈련에 대해 논의할 때 세 유형의 지능을 구별하고 그 차이를 고려해야 한다. 세 가지 지능에 대해 설명하면 다음과 같다.

1. 인간 특성으로서의 지능: 침팬지와 인간의 유전적 유사성을 고려하

여 인간 지능의 특성을 정의하고 서술하는 것이다.
2. 개인차로서의 지능: 대부분의 사람들이 관심을 갖는 차원으로 예를 들면 수전은 존보다 더 지능적이라고 할 때의 지능이다.
3. 과제 수행과 관련된 지능: 알프레드 브렌델(Alfred Brendel)의 피아노 연주를 돋보이게 하는 것은 기교가 아니라 음악적 해석과 관련된 지능이다.

위의 세 문장은 구문론과 통사론의 필요조건을 모두 만족시킨다. 어떤 언어학자도 각각의 문장을 허용할 수 없다고 반기를 들지는 않을 것이다. 또한 각 문장은 논리적으로도 의미가 명료하다. 누구도 세 문장을 혼동하지 않을 것 같다. 각각의 문장은 서로 다른 심리학적 접근을 반영하며 분명한 교육학적 함의도 담고 있다.

첫 번째 의미의 지능은 인간 능력의 일반적 특성을 고려한 것이다. 예를 들면, 복잡한 문제를 풀거나 미래를 예측하거나 패턴을 분석하거나 개별적인 정보를 종합하는 능력 등을 의미한다. 이러한 학문적 전통은 다윈의 『인간의 유래』에서 시작되어 피아제의 아동 마음에 대한 연구로 이어져서 지능의 일반적인 개념을 포착하려는 시도로 나타났다.

심리학자들이 관심을 갖는 것은 두 번째 의미의 지능이다. 심리학적인 전통에 의하면 단일론이든 다원론이든 지능은 키나 성격 같은 특질로 가정된다. 개개인이 이러한 특성을 지니고 있는지, 다른 사람과 조화를 이루는지 등이 비교 대상이 된다. 나는 이러한 비교를 관심 특성에 대한 개인차 연구라고 표현한다. 다중지능에 대한 나의 연구는 개개인의 지능에 나타나는 각기 다른 특성을 대상으로 했다.

세 번째 의미의 지능이 호기심을 가장 많이 자극하지만 가장 연구가 미진한 부분이다. 예로 든 브렌델의 경우처럼 여기서는 과제 수행 방식에 관심을 갖는다. 이를테면 결정이 합리적인지, 결정 과정이 합당한지, 지도력에 지능이 어떤 역할을 하는지, 강의에서 새로운 개념이 효과적으로 소개되는지 등등에 관심을 갖는다.

세 번째 의미의 지능은 어떤 특징이 있는가? 여기서 지능은 목적이나 목표에 대한 해석, 분야의 선택, 가치체계로 설명할 수 있다. 브렌델의 연주는 객관적인 관점에서 보면 기술적으로 부정확할지 모르지만 연주의 목표, 장르의 선택, 청중의 가치관을 고려하여 판단하는 것이 합당하다. 브렌델의 연주가 마음에 들지 않더라도 그가 무엇을 위해 연주하는지, 그것이 그의 연주에서 의미를 갖는 이유가 무엇인지를 파악한다면 그것들을 지능이라고 말할 수도 있다. 같은 곡에 대한 글렌 굴드(Glenn Gould)[8]의 연주도 청중의 개인적 기호와 관계없이 지능이라고 할 수 있다. 결정, 계획, 과정 등의 타당성을 결정할 수 있는 독립적인 준거는 존재하지 않는다. 그러나 결론에 대해 서로 의견이 다르다는 사실에 동의할 수 있는 것처럼 목표, 장르, 가치에 대한 정보를 포함시켜 평가하면 그 과제가 지능적으로 수행되는지를 평가할 수 있다.

세 번째 의미의 지능은 다중지능과 어떻게 관련되는가? 앞서 각기 다른 과제가 각기 다른 지능을 요구한다고 했다. 지능적으로 음악을 연주하는 것은 식사를 준비하거나 학습과정을 계획하거나 분쟁을 해결할 때와는 다른 지능이 요구됨을 의미한다.

지능을 의미론적으로 구분함으로써 무엇을 얻을 수 있는지 질문이 제기될 수 있다. 이에 대해 세 가지로 생각해볼 수 있다. 첫 번째는 어휘 자체다. 지능에 대한 세 가지 다른 정의를 구별하는 것은 중요하고도 유익한 작업이다. 지능을 구분하지 않는다면 우리는 정신측정학자들과 불필요하게 논쟁하는 피아제 학파와 같은 오류를 범할 우려가 있다. 즉 지나간 논쟁을 되풀이할 위험이 있는 것이다.

두 번째는 연구와 관련이 있다. 학자와 연구자들이 지능의 본질을 계속 연구하고 있음은 분명하다. 우리는 새로운 지능검사 도구, 새로운 인공 지능 장치, 지능의 후보 유전자에 대해서도 파악할 수 있을 것이다. 어떤 연구자들은 지능이라는 단어를 쓸 때 그 의미를 명확히 한다. 그러나 학자들이 어떤 의미의 지능을 연구하는지, 그리고 그것이 다른 지능과 어떤 관련이 있는지에 대해 알려주지 않는다면 상당한 혼란이 야기될 수 있다.

마지막으로 가장 중요한 것은 교육을 위한 함의다. 교육자들이 첫 번째 의미의 지능을 말할 때에는 인간에게 존재하는 것으로 추정되는 능력에 주목하는 것이다. 이런 능력은 여러 사람이 아닌 특정한 한 사람에게서 더 빠르고 극적으로 드러난다. 궁극적으로 우리는 지능을 인간의 생득권의 일부로 다루고 있다. 특별한 지능의 출현을 확인하기 위해 측정이나 평가는 필요하지 않다. 반대로 두 번째 의미의 지능(개인차)은 개인의 잠재능력에 대한 판단 및 가장 효과적인 교수법과 관련이 있다. 누군가가 리처드 헌스타인(Richard Herrnstein)과 찰스 머리(Charles Murray)의 관점에서 샐리라는 아이에게 지적 잠재 능력이 거의 없다고 추정하거나, 다중지능이론에 따라 샐리는 공간지능적인 잠재 능력이 거의 없다고 추정한다면, 그는 확실한 교육적 선택에 직면하게 된다. 즉 공부를 포기시키는 것에서부터 기하학, 고대사, 고전음악 등을 가르칠 대안적 방법을 탐색하는 것에 이르기까지 다양한 선택권이 있다.

과제를 지능적으로 수행하는 것과 어리석게 수행하는 것은 어떻게 다른가? 이를 규명해낼 때 커다란 교육적 진보가 가능하다. 교육계에 종사하는 사람 중에는 목표, 장르, 가치를 무시하는 사람이 있다. 그러나 우리는 그것들이 명백하다고 가정하고 그 중요성을 강조한다. 평가(예를 들면 시험)가 지능적으로 이루어지는지와 관련하여 학생이 교사의 판단을 읽어내기는 어렵다. 또한 학생들은 이러한 평가들이 어떤 교과로부터 도출되었는지도 잘 이해하지 못한다. 질적 발달은 질에 대한 판단의 근거가 되는 준거만으로는 불충분하다. 그러나 준거가 없다면 학생들이 과제를 지적으로 수행할 것이라 기대할 근거조차 없는 것이다.

지능의 프로파일

논리적으로 모든 종류의 지능 프로파일이 가능하다. 전통적 이론에 따르면 비교적 단조로운 프로파일을 예상할 수 있다. 즉 높은 지능을 타고난 천재적인 사람은 모든 면에서 뛰어나겠지만 낮은 지능을 타고난 정신지체아는 모든 면에서 부족할 것이다. 대다수는 평균 즉, IQ 100 정도의 단조롭고 유사한 프로파일을 나타낼 것이다. 프로파일은 8, 9개의 서로 분리된 상자로부터 각 개인의 지적 능력을 무작위로 추출한 것으로 생각할 수 있다. 그 과정에서 다양한 조합이 생겨난다. 음악지능의 강점은 수학지능의 강점과 비슷한 수준으로 갈지 모른다. 아니면 수학지능의 강점에도 불구하고 개인지능은 보통 혹은 그 이하일 수도 있다.

지능이 서로 어느 정도 관련되는지는 실증적인 문제다. 표준화된 측정 자료를 옹호하는 사람들은 검사들 간의 고정적 관계를 지적한다. 공간지능이나 감성지능 같은 특정 지능을 연구하는 사람들도 이러한 능력이 IQ의 일부로 측정될 수 있고, 또 그래야 한다고 주장한다. 내 연구에서 다중지능을 입증하는 주요 증거는 재능 있는 사람이나 인지능력이 손상된 사람뿐 아니라 두뇌를 다친 사람의 강점들 사이에 존재하는 독립성(dissociability)이었다.

각 지능을 측정할 수 있는 이상적인 도구를 개발하고, 각 지능의 기반이 되는 신경적, 유전적 기초가 확인될 때까지는 분리된 지능의 독립성을 정확히 파악할 수 없을 것이다. 또한 한 가지 문화적 맥락으로만 결과를 평가할 수는 없다. 당연히 지능 간의 전개(spread)와 중첩(overlap)은 문화적, 역사적 배경에 따라 다르다.

여기서 잠시 최근에 개발된 두 가지 프로파일 즉, 레이저형 지능 프로파일과 서치라이트형 지능 프로파일을 살펴보자. 레이저형 프로파일을 가진 사람은 그 용어에서 눈치 챌 수 있듯이 프로파일에서 현저한 정점이 나타난다. 이 정점은 한두 가지의 지능을 의미한다. 모차르트(Wolfgang Amadeus Mozart)는 음악지능이 두드러진 레이저형 프로파일을 지니고 있고, 아인슈타인(Albert Einstein)은 논리수학지능과 공간지능이 정점을 이루는 레이저형 프로파일을 지니고 있다. 레이저형 프로파일을 지닌 사람은 두드러진 한두 가지 지능이 활용되는 영역에서 활동하게 되는데, 일반적으로 그 영역을 탐구하는 데 10년 정도의 시간을 보낸다. 모차르트와 아인슈타인은 깨어 있는 대부분의 시간을 음악적, 과학적 관심을 추구하는 데 보냈을 것이다.

반대로 서치라이트형 프로파일은 단일 영역이 아닌 세 가지 이상의 영역에서 강점이 균일하게 나타난다. 레이저형 프로파일은 주로 예술가, 과학자, 학자, 발명가 사이에서 발견되는 반면, 서치라이트형 프로파일은 정치가, 사업가에게서 발견된다. 정치가나 사업가의 경우 특정 주제에 관해 최고의 전문가가 될 필요는 없다. 만약 특정 분야의 전문가가 필요하다면 레이저형 프로파일을 가진 사람을 선발하거나 고용할 것이다. 서치라이트형 프로파일을 가진 사람은 광범위한 레이더망을 갖추었으며, 특별하게 두드러지는 지능이 전혀 없다고 할 수 있다. 서치라이트형 프로파일에서 나타나는 특정 지능은 매우 다양하다. 축구 코치는 신체 · 공간 · 논리수학 · 언어 · 인간친화지능이 뛰어날 것이다. 반면에 공공정책을 담당하는 정치가는 언어 · 자아성찰 · 인간친화지능이 더 탁월할 것이다.

이러한 구분을 심리학자들이 내세우는 일반지능과 특수지능으로 해석해도 내 주장에서 크게 벗어나는 것은 아니다. 그러나 굳이 구분하면 레이저형 프로파일은 특정 영역에 초점을 맞추고 그 영역에 깊이 몰입하는 반면, 서치라이트형 프로파일은 다양한 영역에 관심을 갖고 서로 다른 요소들을 점검하며 그들을 모두 종합하여 큰 그림을 완성한다.

이러한 비교는 흥미로운 정신병리학적 문제도 제시한다. 대부분의 사람들은 자신의 지능 프로파일을 레이저 방식으로 활용할지 아니면 서치라이트 방식으로 활용할지에 대해 아마 선택권을 가지고 있을 것이다. 그러나 그렇지 않은 사람도 있다. 자폐증이 있는 경우나 드물지만 야스퍼거 증후군으로 고통받는 경우에는 레이저형으로 의식을 처리할 것이다. 반면 주의력 결핍증의 경우에는 서치라이트형으로 의식을 처리할 것이다. 그들은 장기간의 집중을 회피한다. 사실 그들은 그렇게 할 수도 없다. 이 경우 교사와 부모의 과제는 명확하다.

나는 마이클 코넬(Michael Connell), 킴 셰리든(Kim Sheridan)과 함께 레이저형 프로파일과 서치라이트형 프로파일 사이에는 영역의 차이 이상의 큰 차이가 있을 것이라고 추정했다. 정치의 경우 공무원이나 선거운동원에게는 서치라이트형의 역할이 요구되지만 여론 조사가나 연설문 작성자에게는 레이저형 역할이 요구된다. 헌신적인 여론 조사가는 전기회로기술자와 유사한 역할을 하고, 상원의원은 일반적인 도급업자나 전기회사 CEO와 비슷한 역할을 한다.

일반지능(g)이 관련된 서치라이트형 프로파일이 제한적인 능력과 관련이 있는 레이저형 프로파일보다 더 중요할 것이라는 생각은 버려야 한다. 또한 전체를 관리하는 능력보다 세부적인 주제에 대한 전문성을 강조하는 학문적 속물근성도 버려야 한다. 복잡한 사회는 두 가지 기술을 모두 요구한다. 어느 순간에는 사회의 기능을 유지하기 위해 서치라이트형 마음이 요구되지만, 오랫동안 우리가 소중히 여겨온 가치들은 레이저형 마음에 의해 달성되었을 것이다.

지금까지 내가 1980년대 초에 제안했던 다중지능이론에 대한 관심과 초점의 변화 중 일부를 살펴보았다. 다중지능이론의 적용, 특히 교육 분야에서의 적용과 관련하여 앞으로 짚고 넘어가야 할 사실들이 많다. 나는 실천가라기보다는 이론가지만 다중지능의 적용에 더 많은 관심을 가져왔다. 다음 장에서는 이와 관련된 이야기를 다루고자 한다.

Chapter 3

영재성 행렬,
인간의 또 다른 능력들

생후 일년간 아기들은 물리적 세계가 어떻게 작동하는지와 관련된 이론과 개념을 발전시킨다. 놀라운 것은 이런 학습이 명시적 지도 없이 이루어진다는 점이다. 아이들은 대개 세계와의 자발적인 상호작용을 통해 상징적 기술과 이론적 개념을 계발한다. 이는 특정 문화의 영향력을 부정하는 것이 아니라, 오히려 풍부하고 호의적인 환경이 주어지면 다양한 능력들이 발달될 수 있다는 의미다.

1991년 서거 200주년을 맞이한 음악계의 거장 모차르트는 기업의 다양한 홍보활동에 활용되었다. 수백 년에 걸쳐 수많은 사람들이 모차르트의 업적을 언급해왔다는 사실을 고려하면 그리 놀라운 현상은 아니다. 많은 사람들은 모차르트를 천재, 신동, 전문가, 재능 있는 사람, 창조적인 사람, 지적인 사람 등으로 표현한다. 여기서는 (1)비범한 사람들을 언급할 때 사용되는 용어의 본질을 밝히고, (2)인간의 재능이나 소질에 대한 특정 관점을 소개하기 위해 모차르트를 사례로 활용하고자 한다. 이런 시도가 그에 대한 존경의 표현으로 이해되기를 바란다.

모차르트의 장점은 거론할 수 없을 정도로 많다. 그는 신동의 전형으로 파블로 피카소(Pablo Picasso)나 존 스튜어트 밀(John Stuart Mill)처럼 일찍부터 능력을 드러냈다. 그는 후배 음악가인 펠릭스 멘델스존(Felix Mendelssohn), 카미유 생상스(Camille Saint-Saëns)처럼 대단한 재능을 가진 사람이었다(그의 창조력은 무한해 보였다). 그는 이고르 스트라빈스키(Igor Stravinsky)나 리하르트 바그너(Richard Wagner)처럼 개인주의적 성향을 가지고 있었다. 그러나 그의 독창성은 단번에 성취된 것이 아니라 점진적으로 완성된 것이었다. 또한 그는 동시대인이던 안토니오 살리에리(Antonio Salieri)나 카를 디터스 폰 디터스도르프(Karl Ditters von Dittersdorf)처럼 다작의 작곡가였다. 뿐만 아니라 그는 괴테, 렘브란트(Harmensz van Rijn Rembrandt), 그리고 조지 엘리엇(George Eliot)의 특징이기도 했던 인간에 관한 자신만의 통찰력을 지닌 심원지능(deep intelligence)의 소유자이기도 했다.

모차르트의 추종자들과 모차르트를 탐구하는 심리학과 학생들이 이러한 상황을 있는 그대로 받아들이는 것은 어쩌면 당연한 일이다. 전문용어는 점점 증가하기 마련이다. 그런 증가는 대체로 해가 되지는 않는다. 그럼에도 가끔은 한 발짝 뒤로 물러서서 이러한 용어들이 일관되게 적용되고 있는지 숙고해볼 필요가 있다. 그것은 매우 유용한 작업이다. 또한 용어가 일관된 이론적 구조를 기반으로 사용된다면, 그것은 논의, 연구, 이해에도 도움이 될 것이다. 여기서는 일반적인 개념틀을 통해 영재성 행렬(giftedness matrix)을 고찰하고, 모형에 등장하는 개념들 간의 차이를 살펴보고자 한다.

분석의 틀

모든 인지 행동은 하나 혹은 일련의 행동을 유발하는 동인을 필요로 한다. 그 동인이 독립적으로 작동할 때조차도 그에 의해 유발되는 행동은 특정 영역의 전문가에 의해 평가를 받는다(Csikszentmihalyi, 1988a). 이러한 분석의 틀은 천재의 비범한 행동이나 보통사람의 평균적 행동에도 적용 가능하다. 사회과학에서는 이러한 분석틀을 몇 가지 관점으로 나누었다(Gardner, 1988b).

생물심리학의 관점에서는 동인, 동인의 능력, 성향, 가치, 목적을 연구한다. 이와 더불어 행동의 유전적이며 신경학적인 기저를 고찰하고 인지능력, 특질, 기질의 측면에서 개인을 분석하기도 한다.

영역이나 과제의 관점에서는 사회의 각 영역이나 개별 학문 영역 내에서 나타나는 과제나 활동을 토대로 연구를 진행한다. 전통적으로 이러한 과제들은 철학자나 전문가에 의해 분석되었지만 컴퓨터가 발명된 이후에는 과제의 구조적, 과정적 특성이 인공지능 분야의 전문가에 의해 분석되고 있다.

마지막으로 미하이 칙센트미하이에 따르면, 특정 영역의 활동에 대한 평가나 판단은 그 분야에 정통한 전문가에 의해 이루어진다(Mihaly Csikszentmihalyi, 1988a). 만약 전문가나 집단의 판단이 없다면, 특정 과제가 만족스러운 수준인지, 지적이고 모범적으로 수행되었는지 평가할 수 없다. 그러나 이러한 과제나 작업에 대한 평가의 부재가 반드시 태만을 의미하는 것은 아니다. 그것은 어쩌면 어떤 방법으로도 평가가 어렵다는 의미일지 모른다. 이때 사회학과 사회심리학이 도움이 될 수 있다.

분석의 툴과 용어

이런 분석의 틀을 시작으로 영재성 행렬과 관련된 용어에 대해 잠정적이나마 정의를 내리고자 한다.

1장에서 언급했듯이 지능이란 생물심리학적 잠재 능력이다. 한 개인의 지능은 인지능력과 성격에서 나타나는 유전적 유산과 심리적 속성의 혼합물이다. 최근의 인지 연구에서는 지능을 개념화하는 최적의 방법이 제시되었다.

영재성(재능성, giftedness)은 한 문화권의 특정 영역에서 나타나는 조숙한 생물심리학적 잠재 능력의 징표다. 학습 속도가 빠르고, 특정 영역에서 촉망받는 사람을 '영재(gifted)'라고 부른다. 모든 개인은 지능에 포함되는 모든 영역에서 영재가 될 수 있다.

신동(prodigiousness)은 영재성의 극적인 한 형태다. 모차르트는 독보적인 음악적 재능을 어린 나이에 보여주었기 때문에 비범하다는 평가를 받았다. 대개 비범성(prodigiousness)은 특정 영역에 한정된 것이 특징이다. 독일의 젊은 수학자 카를 가우스(Carl Gauss)의 영재성은 영국의 화가 존 에버렛 밀레이(John Everett Millais)[9]나 체스 선수 사무엘 레셰브스키(Samuel Reshevsky)의 조숙함과는 다소 차이가 있다. 마찬가지로 모차르트도 누나인 난네를(Nannerl) 등 다른 영재와는 차이가 있었다. 그러나 가끔은 레오나르도 다빈치(Leonardo da Vinci)처럼 전 영역에 걸쳐 비범성을 보이는 사람도 존재한다.

전문성(expertise)과 전문가(expert) 같은 용어는 특정 영역에 수십 년 동안 몸을 담은 후에나 쓸 수 있는 것이다. 그 정도가 되어야 그 영역에서 요구하는 기술과 지식에 숙달할 수 있기 때문이다. 그렇다고 그런 용어가 그 분야에 대한 독창성, 헌신, 열정을 의미하지는 않는다. 전문가는 오히려 기술적으로 탁월한 사람이라고 하는 편이 맞다. 우리에게는 잊혀진 지 오래된 모차르트의 동료 작곡가들은 요청받은 협주곡이나 교향곡을 문제없이 만들어냈을 것이다. 그들은 독창성은 보여주지 못했지만 전문가라는 호칭은 얻었을 것이다.

창의성(creativity)이란 특정 영역에서 새로운 결과물을 내고, 그것이 그 영역에 소속된 사람들에게 인정을 받는 것을 의미한다. 그 영역이 오래전부터 존재했든 새로 등장했든, 독창성 혹은 창의성에 관한 판단은 그 영역에 정통한 사람만이 내릴 수 있다. 창의성과 전문성 간에는 어느 정도 긴장감이 존재한다. 분명 창의적이지 않은 전문가가 존재하며, 전문가(master)의 반열에 오르지 못한 경우에도 창의성이 나타날 수 있다.

마지막으로 다소 논란의 여지가 있는 천재(genius)라는 용어에 대해 살펴보자. 창의적인 전문가로서 전반적으로(또는 준보편적으로) 의미를 지니는 작품을 만들어낸 사람들을 위해 나는 이 명예로운 칭호를 남겨두었다. 과학의 영역에는 중요한 원리를 발견한 아이작 뉴턴(Isaac Newton)이나 다윈 같은 사람들이 존재한다. 또한 예술 영역에도 문화와 시대를 초월하여 수많은 사람들에게 찬사를 받는 작품을 창조한 천재들이 존재한다. 그들은 인간에 대한 진리를 포착하여 작품에 표현했기 때문에 지속적으로 인정을 받는 것이다. 그들의 작품이 시대를 초월하여 인정받는 것을 보면, 윌리엄 셰익스피어(William Shakespeare), 괴테, 렘브란트, 모차르트에게 천재라는 호칭을 붙여주는 것은 당연한 것 같다. 아마도 다른 문화와 시대에도 천재라는 칭호를 받을 만한 사람이 있을 것이다. 그러나 그런 결정은 전문적인 지식과 판단력을 지닌 사람의 몫으로 남겨두는 것이 좋을 것이다.

영재성 행렬에 대한 전통심리학적 접근

대부분의 전통적 접근법은 개인적 동인(動因)에 중점을 두어왔다. 이러한 편향성 때문에 특정 영역이나 과제에 대한 질문은 소홀히 다루어져왔다. 전통적인 관점에 따르면 능력이란 특정 영역과는 무관하게 발생하는 것으로 가정된다. 그 결과 질에 대한 평가가 소홀히 여겨져왔다. 최소한 심리학자들에게 분야(field)는 영역(domain)만큼 가시적인 것은 아니었다.

영재성 행렬에 관한 가장 영향력 있는 접근법은 지능과 지능검사에 대한 후속 연구들이다. 이런 연구들은 비네와 스피어만(Spearman)의 전통을 좇아 지능은 단일하게 평가할 수 있는 독립적인 개인의 특성으로 여겼다. 이는, 지능은 생애 초기에 측정할 수 있고, 상대적으로 환경이나 교육의 영향을 받지 않으며, 태어날 때 이미 어느 정도 타고나는 것이라는 가정을 기반으로 하고 있다. 지능을 다원화시키려 노력할 때조차도 서스톤(L.L.Thurstone)의 저서에 드러나듯이 지능이란 상대적으로 고정된 것이며, 지필식 검사로 쉽게 알아낼 수 있는 것이었다.

물론 전통적 지능 이론이 지금 시대에는 맞지 않지만, 전통 지능 이론의 입장에서 본다면 영재성 행렬은 이런저런 것들로 구성된 하나의 전체다. 이에 따르면, 영재란 높은 지능을 소유한 사람을 의미하며, 조숙한 사람(the precocious)이란 어린 나이에 높은 IQ를 가진 사람이다. 천재란 IQ 150 이상인 사람으로, 아이든 어른이든 매우 높은 IQ를 가졌다면 천재라 부를 수 있다. 정의에 따른다면, 창의성과 지능은 서로 관련된 것처럼 보이지만, 연구자들은 그 둘의 상대적인 독립성을 강조한다. 최근 IQ 120 이상인 사람들을 대상으로 한 비공식 연구에서 창의성은 수치화된 지능과 관련이 없는 것으로 드러났다. 그러나 내 생각에 전통적인 창의성 측정 도구는 지능검사 도구에 비해 빈약한 것 같다. 이러한 측정 도구들은 창의성의 가장 평범한 사례들만을 제한적으로 측정한다. 또한 이것은 영역과 깊이를 고려한 인간의 산출물이라기보다는 칵테일파티에서의 재담과 더 밀접하게 관련된 듯이 보인다. 그러나 전문성이라는 용어는 지능검사에서는 다소 예외적인 것이다. 왜냐하면 전문성은 특정 영역의 능력을 의미하는 반면 지능은 개인 인지능력의 가장 일반적인 특성을 일컫기 때문이다. 멘사 회원들 중에는 지능검사를 받을 때를 제외하면 어디에서도 전문가적인 면모를 보이지 못하는 사람들이 많다.

지능에 대한 현대적 관점

단일지능이라는 개념에 비판이 제기되면서, 지능은 다원적인 것이라는 주장이 일어났다. 앞서 언급했듯이 단일지능 이론은 시험 점수에 관한 연구의 결과로 나타난 것이며, 측정 도구의 한계로 인해 매우 불완전한 것일 수밖에 없다.

나는 지능에 대해 다소 다른 관점으로 접근했고, 몇 년 전에는 '다양한 능력과 바람직한 최종 상태를 파악한다면, 다양한 가능성을 내포하고 있는 마음(mind)의 본성을 알 수 있을까?'라는 질문을 제기하기도 했다. 물론 이런 식으로 질문을 도출하는 것은 전통적인 방법이 아니다. 표준화된 검사를 적용할 수도 없고 추상적인 능력이 아닌, 사회에서 유의미한 역할을 담당하는 능력에만 관심을 가지며 문화적 상대주의의 관점을 포함하고 있기 때문이다. 특정 능력이 어떤 문화권에서 가치 있는 것으로 평가받는다면, 그 능력의 발현은 지능으로 간주될 수 있다. 그러나 어떤 능력도 특정 문화권 또는 특정 분야의 승인 없이 지능에 포함될 수는 없다. 다중지능은 바로 이 관점에서 도출된 것이다(1, 2장 참조).

이러한 지능 개념을 토대로, 영재성 행렬을 새롭고 일관된 시각에서 규정할 수 있을 것이다. 특정 영역에서 능력을 보인다면 영재성이 있다는 평가를 받을 수 있다. 그리고 희귀할 정도로 조숙한 사람에게는 신동이라는 용어를 붙일 수 있다. 전문가는 실험적인 새로운 접근을 시도했는가와는 상관없이 특정 영역 내의 상위에 드는 능력을 계발한 사람이다. 반대로, 창의적인 사람은 특정 영역에서 처음으로 새로운 물건을 만들거나 새로운 문제해결법을 제안하여 인정받은 경우를 의미한다. 그러나 천재의 경우 이러한 연구로부터 직접 정의를 도출하기는 어렵다. 하지만 어떤 영역에서 천재라 불리려면 그의 작품들이 그 영역을 정의하는 데 유의미한 영향력을 발휘하는 것이어야 한다. 그리고 창조적인 천재들은 미래에 그 영역에 참여할 사람들에게 지대한 영향을 끼치는 사람일 것이다. 그 영향력이 보편적이고 문화와 시대를 초월할수록, 그 천재의 위대함은 커지게 된다. 이것이 바로 젊은 영국인 작가나 독일인 작가가 셰익스피어와 괴테의 작품을 보면서 전율을 느끼는 이유다. 분명 이러한 거장들은 미래의 문학에 엄청난 영향력을 발휘하는 존재인 것이다.

앞에서 지능을 이해하는 혁신적인 방법을 소개했다. 여기서는 영재성

표 3.1 영재성 행렬

용어	범위	대상 연령층	영역 / 분야	관련 문제
지능 (Intelligence)	생물심리학적	모든 연령	—	—
영재성 (Giftedness)	생물심리학적	아동기	이전 영역/ 이전 분야	결정화 경험
신동 (Prodigiousness)	생물심리학적	아동기	현재의 영역/ 분야	다양한 자원을 찾고 활용함
전문성 (Expertise)	현재 영역/분야	청년기 후반	영역과 분야로부터의 인정	축적된 지식/기술
창의성 (Creativity)	미래 영역/분야	청년기 후반	영역 및 분야와의 충돌	창의성을 발현시키는 비동시성
천재 (Genius)	광범위한 영역/ 폭넓은 분야	성년기	보편적	어린 시절과의 관련성

행렬을 지능과 관련하여 어떻게 개념화할 것인지 제안하고, 이러한 분석의 효율성을 내적 응집성을 기초로 판단할 것이다. 그러나 행동 과학자들은 그러한 분석이 인간 행동에 관한 지식과 일치하는지, 그리고 인간 행동에 대한 이해를 증진시키는지를 더 중요하게 여긴다.

그 다음으로는 발달 과정을 분석할 것이다. 특히 여기에서 다루었던 인간의 능력과 관련지어 개인의 발달 경로를 네 시점으로 구분하여 살펴보려 한다. 주요 개념들은 표 3.1에 소개되어 있다. 이러한 관점들에 담겨 있는 교육적 함의는 마지막에 다룰 것이다.

영역과 분야에 무관심한 5세의 아이들

생후 일년간 아기들은 물리적 세계가 어떻게 작동하는지와 관련된 이론과 개념을 발전시킨다. 또한 언어, 수, 음악, 2차원적 묘사와 같은 인간의 기본적인 상징체계를 배우게 된다. 놀라운 것은 이런 학습이 명시적 지도 없이 이루어진다는 점이다. 아이들은 대개 세계와의 자발적인 상호작용을 통해 상징적 기술과 이론적 개념을 계발한다. 이는 특정 문화의 영향력을 부정하는 것이 아니라, 오히려 풍부하고 호의적인 환경이 주어지면 다양한 능력들이 발달될 수 있다는 의미다.

이 시기에 발달되는 영역은 '이전영역(pre-domain)' 또는 '이전분야(pre-field)'로 표현된다. 이때 아이들은 문화권 내에 존재하는 영역에 대해 희미하게만 알 뿐 평가 분야 등에 대해 그리 민감하지 못하다. 하지만 어떤 아이들은 특정 영역에 매혹되기도 하는데, 이것이 바로 결정화 경험이다(Walters & Gardner, 1986). 이것은 그 영역에 대한 숙련도가 아닌 흥미를 의미한다.

물론 예외도 있다. 그 대표적인 인물이 바로 모차르트다. 세상에는 어린 나이에 특정 영역에 끌리고, 즉시 그 영역에서 두각을 나타내는 이례적인 신동이 존재한다. 이런 신동은 순식간에 전문성과 창의성을 획득하는 단계로 도약한다.

어린 시절의 창의성은 까다로운 문제 중 하나다. 모든 아이들은 어느 정도 창의성을 지닌다. 아이들은 스스로 역할을 부여하며, 열정적으로 노력한다. 그 결과 어떤 아이들은 연장자들보다 훨씬 인상적인 작품을 만들어낸다. 그러나 이러한 창의성은 분야와 무관하게 발현되는 것이다. 왜냐하면 어린아이들의 작품이 특정 분야에 뚜렷한 족적을 남긴다 해도, 실제로 이 시기의 어린아이들은 분야에 대해 매우 무관심하기 때문이다.

영역의 규칙에 숙달되는 10세의 아이들

학교에 들어갈 나이가 되면, 아이들은 자신이 속한 문화에 대해 다소 달라진 입장을 갖게 된다. 이러한 변화가 학교교육에 의한 것인지는 확실하지 않지만, 아이들은 이제 영역의 규범과 문화의 인습을 가능하면 빨리 습득하고 싶어 한다. 예술 분야에서 아이들은 상징을 사용하지 않고 있는 그대로의 모습을 그려내고자 한다. 이러한 경향은 모든 영역에서 일어나며 아이들은 '게임의 규칙'을 알고 싶어 한다.

그리고 영역과 분야에 대한 개념이 생겨나기 시작한다. 아이들은 특정 영역을 선택하고(또는 선택받으며), 가능한 한 빨리 전문성을 획득하고자 한다. 심지어 아이들은 더 넓은 사회에서도 가능하면 완벽하게 사회화되려 애쓴다.

이 시기는 특정 영역에서의 전문성뿐 아니라 문화 양식을 전승하는 도제로 기능한다. 빠르게 성장하는 아이들은 영재나 신동으로 평가받는다. 하지만 이것을 창의성(또는 천재)과 관련시키는 것은 부적절하다. 영역을 넘나드는 탐색은 중단되지만, 그렇다고 영역의 경계를 지식 기반으로 탐색했다고는 볼 수 없다.

 창의적인 성과물은 아직 나타나지 않지만 그 삶이 창의적일지 또는 창의적이지 못할지는 읽을 수 있다. 창의성은 기질, 성격, 인구통계학적인 사실에 크게 의존한다(Gardner, 1993; Perkins, 1981; Sternberg, 1988a). 자신의 문화권에서 경계인으로 성장하는 아이들, 야망이 있고 고집이 센 아이들, 비판을 무시하고 자신의 의견을 끝까지 고수할 수 있는 아이들은 창의적인 삶에 도달할 수 있다. 그러나 집단 내 일원으로서 편안함을 느끼며, 비동시성에 대한 지각없이 자신의 영역 안에서 성장한다면, 그것은 창의적인 삶이 아닌 전문가적인 삶을 향해 가고 있는 것이다.

갈림길에 선 청년기

 15세부터 25세까지의 기간은 영재성 행렬에 실제로 편입되는 시기다. 신동의 가능성은 이미 끝나고, 천재는 아득한 미래에 잠재적으로만 존재한다. 이제 중요한 문제는 전문성과 관련된다. 특정 영역에 10년을 몸담은 사람들은 전문가의 수준에 도달하게 되고, 이제 그 영역에 계속 기여해야 할지 선택의 기로에 놓이게 된다. 10년간의 헌신으로 이들은 그 분야에서 높은 입지를 얻게 된다. 그들의 지능은 그들이 속한 사회에서 정상적이며 생산적인 기능을 한다.

 그러나 어떤 사람들은 전문성의 수준에 머물려 하지 않는다. 그들은 커다란 위험을 감수하고 단호하게 인습을 타파하고자 한다. 그들은 더 이상

스승의 발자취를 따르지 않고, 도전을 통해 이전의 성과들을 넘어서려고 한다. 이러한 긴장감은 이른바 '중년의 위기(midlife crisis)'를 초래한다. 실제로 이 시기에 일부 사람들은 일시적으로 또는 영원히 창의성을 잃게 된다(Bamberger, 1982a; Csikszentmihalyi, Rathunde, & Whalen 1993). 반면 어떤 사람들은 예측할 수 없었던 다양한 성공을 이루면서, 그 분야에 직접적으로 도전한다. 어쨌든 위기의 시간이 무사히 지나가면 창조적 업적을 위한 기회는 계속된다.

영재성 행렬의 최종 위치 찾기

10년이 흘러 30세에서 35세쯤 되면, 영재성 행렬에서 최종 위치가 결정된다. 통계에 따르면 대부분의 사람들은 전문가가 된 사람, 전문가가 되지 못한 사람, 전문성 이상을 추구했지만 실패한 사람으로 나눌 수 있다. 그러나 특별히 관심이 가는 것은 평범한 지능, 영재성, 전문성을 초월하여 창조적인 삶을 추구했던 사람들이다. 그들은 야심적이고, 자신만만하고, 다소 신경질적이고, 모험적이다(Albert & Runco, 1986; Barron, 1969; MacKinnon, 1961). 연구 결과 창의력이 높은 사람들은 일관된 특질을 지니고 있었다. 대개 그들은 까다롭고 자기중심적이었다.

그들은 현재의 지식과 전문성을 넘어 이전에는 한 번도 시도된 적이 없었던 아이디어 등을 시도한다. 그들은 홀로 자신의 길을 가는 것처럼 보이지만 어려운 시기에는 인지적이며 호의적인 응원을 필요로 하는 것 같다. 그리고 조금 이상한 접근법이지만, 그것은 모국어를 가르치고, 자신이 속한 문화권을 처음으로 소개해준 엄마의 역할을 연상시킨다. 엄마는 아이가 처음 경험하는 단어, 사물을 보는 방식을 창조자의 입장에 서서 아이에게 가르칠 수 있어야 한다. 사실 이러한 보기 드문 지적, 사회적, 정의적, 성격적 특질 없이는 창조성에 몰두하지 못한다.

  연구 결과 창조적인 사람에게는 일정한 패턴이 나타났다. 전문가로서 10년의 기간을 보낸 후, 그들은 혁신적인 아이디어로 자신이 속한 영역과 분야에 동요를 일으킨다. 보다 체계적인 아이디어는 10년 이상 지난 후에야 나타나는 것 같다. 수학, 과학, 서정시 같은 영역에서는 획기적인 진전을 기대하기 어렵다. 그 때문에 파블로 피카소, 스트라빈스키, 마사 그레이엄(Martha Graham) 같은 예술가들이 창조적인 삶의 표본으로 꼽히는 것이다. 또한 그 때문에 미래의 혁신을 가능하게 하는 원동력으로서 지크문트 프로이트(Sigmund Freud)나 다윈 등이 언급되는 것이다. 전통 철학이나 정신분석학처럼 중년이나 노년에 중요한 업적을 올리는 분야도 있다.

  천재의 경계를 조명하는 것은 창의성을 이해하는 것만큼 어려운 일이다. 여기서는 천재를 세계의 다양한 문화를 아우르는 새로운 통찰을 이루어낸 사람으로 정의한다. 영역 내에서 진보를 이루어내는 것은 쉬운 일이 아니다. 따라서 진보를 이루어냈다는 것은 지적인 경계와 지리적인 경계를 뛰어넘어 반향을 일으킬 수 있다. 모차르트, 공자, 셰익스피어의 탄생을 인간과 우주의 신비가 합치되어 이루어낸 기적이라 생각해도 크게 틀리지는 않다.

  천재의 발달 경로에는 완벽한 주기가 있다. 어린아이들은 영역과 분야에 대한 고려 없이 창조를 한다. 그러나 전문가의 시기가 되면 영역과 분야를 수용한다. 그들 중 창조자가 되려는 사람들은 영역과 분야에 도전한다. 영역과 분야에 도전하는 것은 천재의 특권으로 그들의 성과에 따라 인간에 대한 폭넓은 통찰을 가능하게 하는 포괄적인 영역이 새로이 구성된다.

  천재라는 주제는 과학보다는 문학이나 예술과 깊게 관련되어 있으며 행동과학의 영역을 훨씬 넘어선다. 하지만 천재를 설명할 수 없다고 해서, 그

것이 존재하지 않는 것처럼 행동하는 것은 옳지 않다. 모차르트가 사회학자의 통찰에 영감을 주는지의 여부와는 관계없이, 그는 적어도 인간이 도달할 수 있는 최고의 정점을 보여주는 생생하고 희귀한 사례다.

교육적 함의

발달의 도식(developmental scheme)은 영재성을 설명하기 위해 고안된 것으로 '무엇이 영재성을 촉진시키는가?'라는 질문을 제기한다. 이 질문은 창의적인 아이들을 격려하기보다는 발달을 방해할 가능성이 높기 때문에, 때때로 기쁨이 아닌 고통을 주는 말이 되곤 했다. 게다가 그 질문의 답을 정확히 알 수 없으므로 부모와 교사는 우선 아이들의 창의성에 해를 끼치지 않는 것이 중요하다.

이런 논의는 적어도 몇 가지 의의를 지닌다. 우선 영재성, 전문성, 창의성 등에 대한 설명은 어떤 비범한 업적을 원하는지, 의문을 제기하는 교육자들에게 도움을 줄 것이다. 창의적인 사람을 양육하는 일은 비범한 능력을 나타낼 사람을 기르거나 전문가가 되고자 하는 사람을 훈련시키는 것과는 매우 다른 일이다. 어떤 재능이 중국에서는 재능이지만 미국에서는 대수롭지 않은 것 또는 짐으로 여겨질 수 있다. 따라서 이러한 최종 상태를 나누어 바람직하고, 바람직하지 않은 것을 분류하는 것은 교육자에게 도움이 된다.

두 번째 의의는 발달적 접근과 관련 있다. 연령대나 발달단계에 따라 아이들의 욕구는 서로 다르다. 그들이 접하는 문화의 형태가 다르다는 것, 그리고 그들이 서로 다른 동기 및 인지 구조에 동화된다는 사실을 인정한다면, 교육 방법을 계획할 때 이러한 발달적 요인들을 고려하게 될 것이다.

그러므로 다섯 살짜리 아이에게 분야에 대한 비판을 하는 것은 헌신적인 도제생이나 대망을 품은 거장에게 비판을 가하지 않는 것과 마찬가지로 부적절하다.

세 번째 의의는 아이들에게 제공할 교육 모형과 관련이 있다. 아이들은 자신과 접촉하는 어른이 전문성을 구현한 인물인지, 창의성을 실현한 인물인지(반대로 창의성을 발현하지 못한 인물인지), 천재인지에 따라 완전히 다른 정보를 얻게 된다. 또한 아이들이 최종 상태에 대해 얻는 초기 단서들은 이러한 역할 모델에 의해 장려될 수도 있고, 또는 방해받을 수도 있다. 그러므로 교사나 멘토의 선택은 아이가 궁극적으로 추구할 방향에 대한 강력한 전조가 되는 셈이다.

사회마다 영재성에 대한 정의는 분명치 않았다. 이는 더 넓은 사회에서는 영재성을 어떻게 정의할 것인지에 대한 의문을 제기한다. 중국과 미국의 미술 교육을 연구한 결과(Gardner, 1989), 재능의 활용과 계발은 상이하게 달랐다. 이는 같은 문화권 내에서도 달라질 수 있으며, 재능을 무엇으로 정의할지, 그리고 무엇으로 설명할지에 대해 서로 모순된 모형이 제시될 수도 있다.

현재로서는 교육과 영재성에 대한 논의는 불가피하게 개개 아이들에게 집중된다. 그럼에도 모든 재능을 한 개인의 두뇌나 몸 속에 존재하는 것으로만 개념화하는 것은 적절하지 않다(11, 13장 참조). 다양한 활동, 특히 비범한 활동을 포괄하는 영역과 분야에 주의를 환기시킴으로써 재능의 발달(또는 방해)에 중요한 역할을 담당하는 외적인 요인들을 교육자들에게 일깨워야 한다.

가치에 관한 논의는 과학적인 연구에는 적절하지 않을지 모른다. 그러나 만약 가치를 중시하는 사회적 영역이 있다면, 재능을 어떻게 정의해야 할지, 재능을 어떻게 확인하고 육성하고 결집해야 할지를 고민해보아야 할 것이다. 예를 들어, 공평성과 탁월성은 노골적인 갈등관계는 아니지만, 그 둘 사이에는 분명히 긴장감이 존재한다. 특히, 자원이 제한되어 있는 경우에는 더욱 그렇다. 재능에 관한 흥미진진한 행렬연구에 자신의 에너지를 쏟기로 결심한 사람이라면, 이러한 가치와 관련된 쟁점을 명심해야 할 것이다. 또한 가능하다면, 동료, 교육자, 일반인들이 가치에 대해 명료한 선택을 내릴 수 있도록 도와야 한다.

Chapter 4

학교에서의 다중지능

다중지능 교실과 학교로 다시 돌아가서 내가 교육자들로부터 듣고 싶은 말이 있다면 바로 이것이다. "나의 교육목표는 X이다. 학생들이 Y를 할 수 있게 되었을 때 그 목표는 달성된 것이다. 그리고 여기 이것은 목표 달성에 도움을 받기 위해 다중지능개념(또는 이론, 가정, 주장)을 어떻게 활용할 것인지, 그 방법을 제안한 것이다."

로샤 검사

지금껏 나는 나 자신을 심리학자라 생각해왔다. 나의 저서『마음의 틀』은 동료 심리학자들을 염두에 두고 쓴 것이다. 이 400페이지 분량의 책에는 내 이론의 교육적 의의가 몇 문단으로 요약되어 있고, 그나마 그 대부분은 부수적인 생각들이었다.

어찌된 일인지 다중지능이론은 교육학자들에게 더 큰 영향력을 발휘했다. 많은 교육학자들은 이론과 실제 사이의 명백한 관련성을 찾아냈다. 비유하면 내가 로샤 검사를 만들었고, 교육학자들이 이를 현실에 응용하려 애썼다고 볼 수 있다.

각각의 지능에 대응되는 7, 8개의 학습 센터를 만든 학교, 무시되어왔던 지능에 초점을 맞춘 학교, 하나의 과제를 7, 8개의 방식으로 가르치는 학교, 새로운 지능평가방법을 도입한 학교, 특정 지능이 떨어지는 학생들을 한 반으로 묶은 학교, 서로 다른 지능 프로파일을 나타내는 학생들을 한 반으로 묶어 교육효과를 극대화한 학교 등이 나타났다.

그런 접근법들은 내 책에 소개된 것이 아니었다. 나는 교육학자가 아니기 때문에 교육방법을 추천할 수 있을 만큼 교육에 대해 잘 알지 못했다. 교육학자들이 내 책에 '투사(投射)'를 하여 그런 방법들을 고안해낸 것이다. 그들이 무슨 생각을 했든, 나는 내 의도를 정확히 밝힌 적이 없다.

약 10년 동안 벌어진 이러한 현상은 그리 나쁘지 않았다. 심리학자이고, 작가인 나는 새로운 의미 단위인 '밈(meme)'[10]이 자체의 생명력을 가지고 발전해나가게 한 아이디어의 창조자였다. 밈의 창조자는 그것을 다양한 환경에 전파할 책임은 없다. 설사 밈을 전파시켰다 해도, 그것이 성공할 것이라고 믿을 근거는 없다. 나는 그 밈이 자활할 수 있도록 내버려두는 것이 낫다고 생각했다.

다중지능에 대한 오해와 진실

그러나 여러 일을 겪으면서 생각이 바뀌었다. 나는 다중지능을 활용하는 학교들을 방문했고, 그런 방문은 내게 때로 긍정적인 영향을, 때로 부정적인 영향을 미쳤다. 그중 가장 인상적이었던 곳은 1980년대 중반부터 다중지능이론을 활용한 인디애나폴리스의 키스쿨(Key School. 지금은 핵심 학습 공동체The Key Learning Community라는 이름으로 바뀌었다)과 1990년경부터 활동을 시작한 세인트루이스의 뉴시티스쿨(New City School)이었다.

나는 이들 학교의 동료들과 상호작용함으로써 많은 것을 배웠다.

또한 다른 동료들과 함께 다중지능이론과 관계가 있는(어떤 것은 아주 깊은 관계가 있고, 어떤 것은 그리 깊은 관계가 없는) 수많은 연구를 실시하기 시작했다. 결국 나는 교육 현장에 깊이 발을 들여놓게 되었다. 물론 매일 초등학교 교실에 나가 있는 경우와 항상 상아탑에 들어앉아 연구만 하는 경우에는 교육의 의미가 전혀 다르게 다가온다.

그러나 나에게 가장 큰 영향을 미친 사건은 따로 있었다. 1990년대 초 오스트레일리아에 있는 동료와 이메일을 교환한 적이 있었다. 그는 "당신의 아이디어는 지금 오스트레일리아의 한 주에서 활발히 응용되고 있습니다. 그런데 그것이 어떻게 응용되는지를 당신이 알게 된다면 그리 기뻐하지는 않을 것 같군요"라고 했다. 나는 그 의미가 무엇인지 자세히 물었고 그는 첨부 파일로 엄청난 양의 서류를 보내주었다(인쇄한 분량만 약 30센티미터 두께였다). 서류를 살펴보니 과연 그의 말이 옳았다. 그 자료들을 검토할수록 점점 더 화가 났다. 그 자료에는 다양한 민족과 인종이 나열되어 있었고 그들이 어떤 지능을 지니고 있고 어떤 지능을 지니고 있지 못한지가 터무니없게 설명되어 있었다.

나는 화가 머리끝까지 났다. 그것은 나의 교육철학을 완전히 왜곡시킨 것이었다. 마침 그런 왜곡의 주범인 오스트레일리아의 한 방송국이 내게 출연 요청을 했고 나는 일말의 망설임도 없이 응했다. 나는 방송에서 그 프로그램을 '사이비과학'의 전파자라고 비판했고 그런 소동으로 그 프로그램은 종영되었다. 너무나 다행스러운 일이었다.

이런저런 경험 때문에, 나는 아이디어의 창조와 활용에 대해 생각을 바꾸게 되었다. 내가 다중지능의 전파자 역할을 하지는 않더라도, 적어도 내 아이디어가 어떻게 활용되기를 바라는지, 내 아이디어가 왜곡되는 것에 대해 어떻게 느끼는지는 밝혀야 한다는 결론을 내렸던 것이다.

그 뒤 나는 다중지능과 관련된 신화를 다룬 책을 출간했다(Gardner, 1995b). 그 책은 내 이론과 그 활용에 도움을 주기 위해 쓰인 것이었다. 책에서 다룬 신화들은 이론과 관련된 것(예를 들면, 지능은 영역이나 과목의 분류와 일치한다는 생각. 2장 참조)에서부터 이론의 교육적 의의와 관련된 것(예를 들면, 교육에 대한 '공식적' 다중지능 접근법)까지 포함되어 있다(자세한 내용은 5장에서 다룬다).

그 후 나는 다중지능이론이 어떻게 활용되어야 하는지, 적극적으로 이야기하게 되었다. 나는 다중지능을 활용하는 사람들에게 그 긍정적인 사례들을 들려주었다. 그러나 그것들이 그저 한 사람의 해석에 불과하다는 사실은 분명히 밝혔다. 다른 사람들처럼 다중지능이론에 대한 권리를 주장할 수도 있지만 그러지 않았다. 물론 내가 잘못 생각한 것일 수도 있지만.

이렇게 다중지능이론에 대한 태도의 변화는 내 학문적 활동에 나타난 변화의 일부였다. 1990년대 중반 이후 나는 굿 워크 프로젝트에 참여하여 전문가의 윤리를 연구하는 데 전념해왔다. 이 프로젝트는 전문가들이 그들의 활동에 윤리적으로 참여해야 함을 역설하며 그 방법들을 소개하는 것이다. 내가 굿 워크 프로젝트에 관여한 것은 다중지능이론의 활용과 오용에 의해 제기되는 윤리적 문제들을 해결하기 위해서도 필요한 일이었다.

세 가지 교육적 의의

내게는 다중지능 세계의 다양한 교육적 주제들 가운데 세 가지 논제가 떠오른다. 그것들은 교수 및 평가의 개별화, 교육목표들의 상호연계성, 핵심 개념에 대한 표상들과 관련되어 있다.

개인 중심 교육

역사적으로 대부분의 학교들은 획일화되어왔다. 학생들은 똑같은 것을 똑같은 방식으로 배우고 평가받았다. 이런 접근법은 공평해 보인다. 모든 사람이 동등하게 취급되기 때문이다. 그러나 사실 이런 접근은 공평하지 않다. 학교는 언어지능과 논리수학지능이 강한 사람에게는 유리하고, 다른 지능 프로파일을 나타내는 사람에게는 불리하기 때문이다.

개인 중심 교육은 자기중심적이거나 이기주의적인 것이 아니다. 오히려 개인차를 진지하게 고려하는 교육법이다. 교육자들은 학생들의 강점 등에 대해서 가능한 한 많은 것을 알아내려고 한다. 교육자들은 이런 정보를 활용하여 학생들에게 최상의 교육을 제공하고자 한다.

개별화 교육과 관련하여 세 가지 역할을 제안할 수 있다. 우선 평가자는 각각의 아동에 대한 정보를 최대한 확보해 교사, 학부모, 아동에게 전달해야 한다. 그러나 절대적인 평가방법은 없다. 아동이 잘 성장해가면 그저 감사의 기도를 드리고 그 다음 단계로 넘어가면 된다. 그러나 아동이 학습에 어려움을 겪는다면 그의 인지양식을 가능한 한 정확하게 이해하는 것이 중요하다.

다른 두 가지는 중개자의 역할이다. 교육과정을 중개하는 사람은 학생과 교육과정(그리고 평가과정)을 연계시켜야 한다. 여러 대안이 있을 경우 중개자는 그 아동의 지능 프로파일에 적합한 것을 추천해야 한다. 마찬가지로 중개자는 필수 교육과정 중 각각의 학생에게 가장 적합한 것을 찾아주어야 한다. 역사와 수학은 필수교과목이지만, 모든 학생들이 똑같은 방식으로 배우고 평가받을 필요는 없는 것이다.

학교 담장 밖에서도 중개자는 비슷한 역할을 한다. 그 지역사회에서 학생들의 지적 프로파일에 가장 적합한 직업과 부업을 소개해주는 것이 그들의 역할이다. 모두가 법률 전문가가 되기를 원하는 것은 아니다. 그리고 실제로 모든 사람이 수입이 좋은 특정 직업에 종사할 수 있는 것도 아니다. 아동의 강점과 흥미에 맞는 직업이나 부업에 접할 기회를 제공함으로써 교육의 목적과 교육적 경험 사이의 간극을 줄일 수 있다.

물론 대부분의 학교는 이런 중개자들을 고용할 여력이 없을 것이다. 내가 '지위(position)'라는 말 대신 '역할(role)'이라는 말을 쓰는 이유가 바로 여기에 있다. 이러한 역할을 해줄 전문가를 고용할 수 없을 때에는 교사, 학부모, 그 지역사회의 주민 등을 적극 활용해야 한다.

지금까지 별 반향을 얻지는 못했지만 나는 수십 년간 개별화 교육에 대해서 글을 써왔다(아무도 나를 말리지 못했다. 나는 끈질긴 사람이다!). 개별화 교육의 발전에 도움이 된 것은 강력한 컴퓨터 프로그램이었다. 예를 들면, 대수학을 30가지 방법으로 가르칠 수 있음을 보여주는 컴퓨터 프로그램 앞에서 "조니는 대수학을 내 방식으로 배울 수가 없으니 다른 아이를 데려오시오"라고 말할 수는 없는 것이다. 교육자들은 컴퓨터의 끈기와 다양한 능력에 힘입어 위에서 소개한 세 가지 역할을 효과적으로 수행할 수 있을 것이다.

교육목표의 우선순위

가끔 "나는 다중지능 교실을 운영하고 있어요"라거나 "우리는 다중지능 학교에서 일해요"라는 말로 인사를 하는 사람들이 있다. 이런 말을 들으면 괜히 우쭐해진다. 그러나 겸손해지려 애쓰면서 "멋지군요. 감사합니다"라고 말한다. 그러나 실제 생각은 약간 다르다.

다중지능이론은 확실히 교육과 관계가 있지만 그 안에 교육적 원리나 목적이 담겨 있는 것은 아니다. 우리가 수많은 지능을 가지고 있고 개개인은 고유의 프로파일에 따라 서로 다른 지능을 가진다는 주장은 수많은 교육적 실제가 가능하다는 의미이고, 그중 어떤 것은 다른 사람들의 교육적 실제와 모순될 수 있다는 결론으로 이어진다. 인간과 관련된 사실이나 가설 자체가 앞으로 무슨 일을 해야 할지 해답을 제시해주지는 않는다.

이런 사실은 『종형 곡선(The Bell Curve, 1994)』의 공동저자인 리처드 헌스타인이 죽기 직전 나와 나눴던 대화를 기억나게 한다. 우리는 IQ가 변화하기 매우 어렵다는 주장(그의 책에 언급된)의 의미에 대해서 토론했다. 헌스타인과 내가 동의한 것처럼 그 주장이 사실이라면, 우리는 상반된 두 개의 결론을 얻게 된다.

1. IQ는 변화하기 어렵다. 그러므로 우리는 IQ를 높이기 위해 고생할 필요가 없다.
2. IQ는 변화하기 어렵다. 그러므로 우리는 IQ를 높이기 위해 모든 노력을 동원해야만 한다. 우리는 IQ가 높아질 수 있음을 증명할 수 있다. 또한 우리는 예상했던 것보다 훨씬 쉽게 IQ를 높이는 방법을 찾을 수도 있다.

헌스타인과 그의 공저자 찰스 머리는 첫 번째 결론에 더 공감을 했고, 나는 두 번째 결론에 더 공감을 했다. 그러나 중요한 것은 두 가지 추론이 모두 가능하다는 사실에 우리가 동의했다는 것이다. 실제로 1970년대 후반과 1980년대 초반에 헌스타인은 지능 프로젝트(Project Intelligence)에 합류했었다. 그 프로젝트의 목표는 베네수엘라 전 인구의 지능을 높이는 것이었다. 그 당시 헌스타인은 열성론자였고 나는 회의론자였다는 사실은 참으로 이율배반적이다.

그러나 둘 사이에는 공통점이 있다. 어느 누구도 과학적 발견을 교육적 실제와 연결시킬 수 없다는 것이다. 어떤 발견이든 다각적인 의미를 지니기는 하지만 그 사이에 일관성이 있는 것은 아니다.

그렇지만 교육의 목표에 대해서는 가능한 한 분명하게 언급해야 할 것 같다. 우리가 선택할 수 있는 목표는 여러 가지다. 즉 비판적 사고, 창의적 사고, 시민의식, 봉사정신, 학과목에 대한 이해, 학제적 사고, 기술의 숙달, 인문적 소양의 함양, 개개인의 강점 계발 등 다양하다. 일단 정신 활용능력과 문해능력같이 지루한 일반론을 폐기하면 현실적인 목표들을 일목요연하게 정돈하는 것은 쉽지 않다. "학급을 능력별로 편성해야 하는가?" "교실에서 두 가지 언어를 사용해야 하는가?" "수업시간을 45분이 아닌 80분으로 바꾸어야 하는가?" 등등 실제적인 문제를 논쟁하는 것이 더 쉽고 매력적이다.

수많은 학교들이 내가 위에서 언급한 모든 목표들을 추구하고 있다고 주장한다. 그러나 그런 주장이 사실일 리가 없다. 어떤 목표에 우선순위가 매겨지면, 그 다음에는 힘겨운 선택이 뒤따른다. 차라리 "무엇이 우선순위에 올라 있지 않은가?" "지금 당장 성취하지 않아도 되는 것이 무엇인가?"와 같은 질문을 던지는 것이 낫다. 모든 사람이 다른 모든 사람에게 이 모든 것을 해주려 한다면, 그 누구도 만족시킬 수 없을 것이다.

다중지능 교실과 학교로 다시 돌아가서 내가 교육자들로부터 듣고 싶은 말이 있다면 바로 이것이다. "나의 교육목표는 X이다. 학생들이 Y를 할 수 있게 되었을 때 그 목표는 달성된 것이다. 그리고 여기 이것은 목표 달성에 도움을 받기 위해 다중지능개념(또는 이론, 가정, 주장)을 어떻게 활용할 것인지, 그 방법을 제안한 것이다."

핵심 개념에 대한 표상들

8장에서는 오늘날 가장 중시되는 교육목적 즉, 핵심 교과에 대한 이해가 논의 대상이다. 이것은 문화적 문해능력보다 훨씬 중요하기 때문에 학생들이 과학 실험에 대해 사고하고 비판하는 능력을 지니고 있음을 보이고자 했다. 예를 들어, 학생들은 현재의 상황을 역사적 사례나 모방 사례를 기준으로 분석할 수 있고, 예술 작품의 의미와 양식을 밝힐 수도 있다.

훈련된 이해력에 우선순위를 부여한다 해도, 그것을 달성하기는 쉽지 않고 그에 대한 접근방법도 여러 가지다. 훈련된 이해력은 교육자가 적당한 개수의 핵심 개념을 중점적으로 다룰 때 가장 쉽게 구현된다. 교육자가 전달하려는 개념은 그런 경우에만 쉽게 전달된다. 그리고 물리에서 중력, 역사에서 혁명, 푸가에서 주제의 변주를 이해하는 과정에서 학생들은 전문가들이 어떻게 훈련된 이해력(disciplinary understanding)을 토대로 사고하는지를 파악함으로써 값진 자산을 획득하게 된다.

이것이 바로 다중지능이론이 훈련된 이해력을 목적으로 하는 교육자들에게 도움이 되는 이유다. 개념이나 이론에 숙달하려면 그 자료에 지속적으로 노출되어야 한다. 왜냐하면 대다수의 사람들이 한 번에 개념이나 이론을 이해할 수 없기 때문이다. 그러나 같은 내용을 똑같은 방식으로 여러 번 제시하는 것은 적절하지 못하다. 개념이나 이론이 다양한 모습과 맥락으로 제시될 때 학생들은 훨씬 더 쉽게 이해한다. 이때 가능한 모든 방법들을 동원하여 그 주제와 관련된 모든 지능을 끌어내는 것이 좋다.

몇 가지 핵심 개념들에 대한 훈련된 이해는 8장에서 다룰 것이므로 여기에서는 세 가지 핵심 사항을 제시하는 것만으로 충분할 것 같다. 첫째, 주제들에 대해 여러 방법으로 접근한다면 더 많은 학생들이 관심을 갖게 될 것이다. 어떤 학생들에게는 언어적인 접근, 또 다른 학생들에게는 예술적인 접근이나 개인적인 접근이나 논리적인 접근이 효과적일 것이다. 둘째, 하나의 주제에 대해 여러 방법으로 접근함으로써 학생들은 어떤 것이 전문가의 모습인지를 배우게 된다. 전문가란 자신의 전문 분야를 다양한 방식으로 생각할 수 있는 사람이기 때문이다. 마지막으로 이러한 다양한 접근을 통해서 서로 다른 신경망들이 활성화된다. 수많은 신경망들이 활성화되고, 종국에는 서로 연결되기 때문에 관련된 정신적 표상이 더 견고하게 유지된다.

다중지능이 호소하는 지점

훈련된 마음(disciplined mind)에 대한 반응들은 교육적 이점도 지니고 있다. 사실 훈련된 마음은 전통적 교육에서 추구하는 것이다. 덕분에 다중지능 지지자들은 보수적인 비판들을 모두 충족시킬 수 있는 방법으로 이 이론을 사용하게 될 것이다. 그러나 훈련된 마음을 추구하는 나는 현재까지 정치적인 스펙트럼상의 양 진영을 모두 만족시키지 못했다. 전통주의자들은 여전히 내 생각을 모험적이라고 생각한다. 즉 그들은 '이해'라는 모호한 목적을 추구하는 교육과정보다는 사실과 정보에 중점을 둔 교육과정을 더 선호한다. 진보주의자들은 내가 개인 중심 교육의 대의를 상실하고 학생이나 교사보다는 교육과정 입안자들에게 더 신뢰를 보낼까 봐 걱정한다. 전통적인 교육목적을 달성하기 위한 수단들을 우호적으로 바라보는 나의 중립적인 입장은 어느 쪽도 만족시키지 못하는 것 같다.

사실 찬반 투표를 해도 다중지능이론이 승리할 것 같은 지역은 드물다. 정책입안자들과 학부모들을 포함한 대부분의 사람들은 전통적인 목적뿐 아니라 전통적인 수단도 편안하게 여긴다. 학교에서 성공한 사람들("학교는 좋았어. 내 아이들에게도 마찬가지야")과 학교에서 실패한 사람들("내 아이들은 열심히 공부하면 나보다 훨씬 좋은 직업을 가질 거야") 모두 전통을 열렬히 옹호한다. 특히 수학자들이 다중지능이론에 의심을 품은 경우가 많다. 그들이 그렇게 생각한다면, 그들에게는 단 하나의 지능만 있는 것이다. 그러나 이런 수학자들도 자신의 아이가 전통적인 방식에 적응하지 못할 경우 변화했다.

다중지능이론이 교육적 만병통치약으로 받아들여질 가능성이 없어 보일 때에도 나는 위안을 느낀다. 내가 가는 곳마다 다중지능이론이 교육계에 결정적인 기여를 할 수 있을 것이라 믿는 약 5~25퍼센트 정도의 사람들이 있다. 때로 이탈리아 북부와 스칸디나비아 반도에서 진보적인 아이디어에 개방적인 사람들을 만나기도 한다. 때로 다른 문화권 출신의 학생들과 효과적으로 상호작용하기를 바라고, 예술에 가치를 두기 원하고, 학습장애를 겪는 아이들을 배려하고 싶어 하고 부모 및 지역사회의 참여를 원하는 개인, 집단, 학교 관계자를 만나는 경우도 있다. 그리하여 민디 콘하버(Mindy Kornhaber)는 다중지능이론에 어느 정도 대비가 되었는지 평가할 수 있는 지수를 고안했다(Kornhaber, Fierros, & Veenema, 2004). 콘하버와 그 동료들은 다양성과 예술성, 교사와의 협동성, 이론을 실제로 활용하고자 하는 의지, 실험 정신을 높이 사는 태도 등을 기초로 다중지능이론에 대한 학교들의 수용도를 밝혀냈다.

2004년 나는 한 통의 전화 때문에 잠에서 깼다. BBC 방송국이었다. "검사 점수가 올라갔습니다. 다중지능이론 덕분이지요. 우리 방송사에 출연 좀 해주시겠습니까?" 나는 깜짝 놀랐다. 실제로 교육부장관인 데이비드 밀리번드(David Milliband)가 "다중지능이론 덕분에 학생들의 점수가 향상되었다"고 말하는 것을 들은 지 얼마 안 되어 걸려온 전화였기 때문이다.

방송에 출연한 나는 "점수가 올라 기쁩니다. 하지만 점수가 떨어져도 비난받고 싶지는 않습니다"라고 말했다. 그리고 점수를 변화시킨 것이 무엇인지 확인하는 것은 매우 어려운 작업이라고 지적했다. 또한 점수를 높이는 가장 확실한 방법은 매일 연습 삼아 검사를 받는 것이라고 덧붙였다. 다중지능이론을 변호하기 위해 아동의 지적 강점과 그 범위를 인식하려는 노력 자체가 훌륭한 교수방법이 될 것이라고 말했다. 마지막으로 교사들이 학습과제를 다양한 방식으로 제시하고 학생들에게 학습한 내용을 표현할 다양한 방법과 기회를 제공한다면 놀라운 교육적 성과를 올릴 수 있을 것이고, 표준화된 각종 검사의 점수들도 올라갈 것이라고 결론 지었다.

1983년에 다중지능 관련 저서를 출간한 이후 교육부장관이 다중지능이론을 언급하기까지 20년 동안 많은 일이 일어났다. 다중지능이론은 이제 전 세계 교육계에 소개되었고 세계 각지에서 쟁점이 되고 있다. 이제 이 이론은 현실 속에서 응용되고 있다. 2부에서는 다중지능이론의 교육적 의의를 살펴보고 그와 관련된 몇 가지 실험을 소개할 것이다.

Chapter 5

다중지능 FAQ

지능은 창의성과 어떤 관련이 있는가? 신경과학적 연구 결과들이 여전히 당신의 이론을 지지하고 있는가? 개별 지능은 분명하게 나누어질 수 있는가? 사람들은 종종 음악지능과 수학지능 간의 관련성을 지적하는데 이에 대해 어떻게 생각하나? 기억과 같이 여러 개별 지능에 영향을 미치는 능력에 대해서는 어떻게 생각하나? 남성의 지능 프로파일은 여성의 지능 프로파일과 다른가? 인종에 따른 차이는 있는가?

나는 다중지능이론에 대한 질문을 거의 매일 받는다. 그런 질문들은 대개 현실에서의 적용과 관련된 것이지만, 그중 일부는 이론 자체와 관련되어 있다. 질문을 제기하는 사람 중에는 교수, 교사, 학부모, 대학생, 고등학생뿐만 아니라 초등학생까지 포함되어 있다. 예전에는 주로 전화나 편지가 이용되었지만, 요즘에는 팩스와 이메일도 이용된다. 내가 텔레비전이나 라디오 방송에 출연하여 다중지능이론을 직간접적으로 언급하면, 내 연구실로 수많은 질문들이 들어온다.

처음에는 질문들에 일일이 답변해주려 했다. 그 과정은 즐거웠고, 많은 것을 배울 수 있는 기회도 되었다. 그러나 얼마 지나지 않아 질문이 폭주하기 시작했고 그 상당수는 중복되는 내용이었다. 나는 자주 들어오는 질문에 대해서는 포괄적인 답변을 했다. 예를 들면, "다중지능을 측정하는 방법이 있습니까?"라는 질문에는 "내가 승인한 검사법은 없습니다"라는 답변을, "다중지능이론을 기반으로 한 고등학교가 있습니까?"라는 질문에는 "많습니다. 그러나 교육자들이 세운 학교들이지, 내가 세운 학교는 없습니다"라고 답변했다. 신선하고 흥미로운 질문이 들어오면, 상당히 긴 답장을 보냈고 이를 집필 자료로 남겨두었다. 여기서는 이론에 관심이 많은 사람들이 제기하는 질문과 그에 대한 나의 답변을 소개한다. 그중 일부는 조지프 월터스(Joseph Walters)와 마고 엑스버그(Margaux Wexberg)의 도움으로 작성된 것이다. 그들에게 감사를 표한다.

용어 관련 질문

Q 용어로 인한 혼란이 있다. 지능은 결과물인가, 과정인가, 내용인가, 양식인가, 아니면 그 모두인가?

A 이것이 간단한 문제였으면 좋겠다. 기본적으로 지능은 특정 방식으로 특정 정보를 처리하는 인간의 생물심리학적 잠재 능력을 일컫는다. 거기에는 신경망에 의해 수행되는 과정까지 포함된다. 각 지능이 고유한 신경 과정(neuroal process)을 갖추고 있음은 의심의 여지가 없는 사실이다. 대부분의 신경 과정은 유사하지만, 일부는 한 집단 혹은 오로지 한 개인에게만 맞춰져 있다는 사실도 입증되었다.

지능 자체는 내용은 아니지만, 특정 내용에 의해 연동(連動)된다. 즉 언어지능은 사람들이 말소리에 접하거나 다른 사람들과 언어로 의사소통하고 싶을 때 활성화된다. 그러나 언어지능이 소리에만 국한된 것은 아니다. 언어지능은 글을 읽을 때 시각 정보에 의해 활성화될 수 있다. 청각장애자의 경우 언어지능은 보거나 느낀 기호에 의해 활성화된다.

진화적 관점에서 볼 때 각각의 지능은 예측 가능한 세상에서 정해진 내용을 처리하기 위해 진화된 것처럼 보인다. 그러나 일단 그러한 능력이 나타나면, 처음에 그 능력을 나타나게 했던 내용에만 적용되지는 않는다. 능력이란 다른 목적에도 활용될 수 있는 것이다. 예를 들어, 종에 대한 인식 기제는 이제 문명화된 세계에서 상품을 식별하는 데도 사용된다. 또한 문자처럼 진화의 과정을 직접 겪지 않고도 능력과 결합된 것도 있다. 예를 들어, 공간능력과 언어능력은 다른 목적을 위해 진화한 능력처럼 보인다.

질문에 나타나듯이 특정지능과 관련되어 있는 결과물이 문제가 될 수도 있다. 예를 들어, 공간지능은 지도, 그림, 설계도와 같은 결과물들로 나타난다. 그러나 이러한 관련성에는 관찰자의 추론이 수반된다. 한 개인은 공간지능이 아닌 다른 지능을 사용하여 설계도를 만들거나 조형물을 창작할 수 있다. 실제로 몇 개의 지능이 나타나는지를 신경회로에 명시하지 않고는, 어떤 지능이 얼마나 관여하는지 알 수 없다.

교육자들은 지능(intelligence)과 양식(style)이라는 용어를 혼동하는 경향이 있다. 평소에는 이것이 큰 문제가 아니다. 그러나 양식과 지능은 기본적으로 다른 심리학적 개념이다. 양식은 '좋아하는 활동이나 계획'과 같이 개인이 자료에 접근하는 익숙한 방법을 의미한다. 지능은 일종의 계산능력을 의미한다. 예를 들어, 언어지능이 높은 사람은 언어와 관련된 정보를 쉽게 처리할 수 있다. 가능하다면 양식과 지능을 구별하여야 한다. 이와 관련하여 좀더 자세히 알고 싶다면『다중지능: 인간 지능의 새로운 이해』중 다중지능과 관련된 세 번째 신화를 참고하라(Gardner, 1999a, pp).

Q 영역이라는 용어를 자주 쓰는데, 영역은 무엇이며, 지능과 어떤 관련이 있는가?

A 이러한 질문을 제기해주어서 기쁘다. 영역은 나의 동료인 데이비드 펠드먼(David Feldman)이 개발한 새로운 개념이다(Feldman, 1980). 그것은 전문성이라는 개념을 토대로 사람들을 분류할 수 있는 사회 내의 조직된 활동을 의미한다. 직업, 예술, 기술, 스포츠 등 무엇이든 영역이 될 수 있다. 사회의 영역은 A(회계학, accounting)에서 Z(동물학, zoology)까지 존재하며, 업종별 전화번호부에 나열된 것을 떠올리면 쉽게 이해될 것이다.

앞서 말했듯이 지능이란 용어는 인간이 가지고 있는 계산능력을 의미한다. 인간은 언어, 수, 사회적 관계, 공간적 관계 등을 '계산하는' 능력을 지니고 있다. 지능을 직접적으로 볼 수는 없지만 다양한 행동과 과제를 수행하는 개인을 관찰함으로써 지능을 확인할 수 있다. 누군가 노래를 부르면, 음악지능을 사용하는 것이라 생각한다. 누군가 춤을 추면, 신체운동지능과 공간지능을 사용하는 것이라 생각한다.

우리는 영역과 관련된 활동을 하는 사람을 관찰하고 각 지능의 특징을 기반으로 추측함으로써 지능을 추론한다. 그러나 확실히 알 수는 없다. 사실 춤추는 사람은 신체운동지능이나 공간지능 대신에 언어지능과 자기성찰지능에 큰 비중을 두고 있는지 모른다.

심리학적 연구와 신경학적 연구를 통해 특정 행동이나 과제에 사용되는 지능에 대한 보다 확실한 증거들을 축적할 수 있게 되었다. 표면적인 관찰은 임시적인 것이다. 영역과 학문에 대해 좀더 알고 싶다면, 『다중지능: 인간 지능의 새로운 이해』중 다중지능과 관련된 두 번째 신화를 참고하라(Gardner, 1999a).

Q 체육관이나 운동장에서 활용되는 기술을 지능이라 말하는 것은 이상하지 않은가? 그렇다면 신체적으로 결함이 있는 사람들이 정신적으로도 문제가 있다는 의미 아닌가?

A 운동선수, 무용가, 외과의사가 사용하는 신체 기술을 구체화된 지능이라고 말하는 것은 이상한 일이 아니다. 이러한 기술들은 많은 사회에서 가치 있는 것으로 평가받으며, 거기에는 엄청난 양의 계산, 실행, 전문성이 포함된다. 신체 활동을 낮게 평가하는 것은 신체와 마음을 분리하고, 신체 활동(정신을 덜 사용하거나 아예 사용하지 않는 것처럼 보이는 활동)을 과소평가하는 데카르트 학파의 생각을 반영한 것이다. 그러나 현대의 신경과학은 정신과 신체를 연결한 후, 계획적인 활동에 인지가 관여하고, 정서의 예측 및 반응에도 인지가 관련되어 있음을 보여주었다.

장애와 관련하여 청력이나 시력이 손상되면 언어능력이나 공간능력에 장애가 발생하듯이 특정 신체 능력이 손상되면 신체운동능력에 문제가 발생할 수 있다. 이 경우에 치료사들은 신체의 다른 부위를 활용하거나 인공보형물을 사용하게 한다. 감각 기관이나 운동 기관이 손상되는 것과 실제적 지능이 손상되는 것은 분명 다르다. 실제로 컴퓨터 과학자들은 신체 활동을 대신하는 로봇과 손상된 감각 능력이나 운동 능력을 대체할 인공보형물을 만들어냈다. 미래에는 신체장애가 있는 사람들도 정상인들과 똑같이 살아갈 수 있을 것이다. 언젠가는 신체 장애를 겪었던 사람과 정상인 간의 두드러진 차이는 사라질 것이다.

그렇다면 이러한 경우에도 여전히 지능이라는 용어를 사용해야 할까? 그것은 개인이 담당하는 역할에 의존한다. 인공보형물을 사용하는 경우에도 거기에 지능을 결부시켜야 할까? 개인이 기구를 고안하고 그 사용 여부를 결정한다면, 특정 지능을 활용한 것이다. 컴퓨터는 사람의 지배를 받는 도구다. 음악에 대해서도 유사한 추론이 가능하다. 작곡은 작곡가의 기악능력과 기보능력을 전제로 하지만 지금은 컴퓨터가 그 둘을 대신할 수 있게 되었다. 분석자는 지능이 프로그램 제작자에게 있는지, 프로그램에 있는지, 프로그램사용자에게 있는지에 답해야 한다.

Q 지능은 창의성과 어떤 관련이 있는가?
A 지능에 대해 연구하고 지능에 대한 다원적 관점을 제안하면서, 나는 창의성에 관심을 갖기 시작했다(3장 참조). 그리고 다양한 형태의 창의성이 존재한다는 사실을 확인했다. 또한 영역이 지능들의 고유한 조합과 어떤 관련을 맺는지를 확인함으로써 창의성의 독특한 형태를 엿볼 수 있었다. 예를 들어, 물리학에서의 창의성은 문학, 정치학, 심리학에서 나타나는 창의성과는 매우 다르다. 그러므로 이러한 문제는 창의성을 발휘한 사람과 그의 활동 영역에 의해 결정되는 것이기 때문에 창의성에 대한 일반화는 설득력이 없다.

그렇다면 창의성에 대한 몇 가지 설명을 살펴보자. 첫째, 특정 영역에서 10년 이상 숙련되지 않는다면 창의성을 발휘할 수 없다. 둘째, 창의성은 단순한 지적 능력이라기보다는 성격과 더 밀접한 관련이 있는 듯이 보인다. 위험을 즐기는 사람, 실패를 두려워하지 않는 사람, 낯선 것에 매력을 느끼는 사람, 현재의 상태에 마음이 편치 못한 사람들이 창의성을 발휘하는 경우가 많은 것 같다. 마지막으로 칙센트미하이가 강조했던 것처럼 창의성은 단순히 개인의 특성으로만 볼 수 없다. 오히려 창의성은 (1)재능, 성격, 동기를 가진 개인과 (2)개인이 소속된 학문이나 기술 영역, 그리고 (3)독창성과 탁월성에 대해 평가를 내리는 개인과 기관의 상호작용으로 나타나는 것이다.

이론 관련 질문

Q 다중지능이론은 과학적인 이론인가? 다중지능이 실험으로 검증될 수 있나?

A 이론이라는 용어는 두 가지 의미로 사용된다. 과학자들은 이 용어를 개념적으로 연결된 제안들의 명시적 총체로 여기는데, 이론을 구성하는 제안들의 개별적이고 종합적인 타당도는 체계적인 실험을 통해 평가할 수 있다. 한편 누군가에게 증권시장의 주가에 대해 물어보면 "나는 그에 대한 이론을 가지고 있지요"라고 대답하듯이 이론이라는 용어는 문외한의 글이나 말 속에서 무차별적으로 사용되기도 한다.

다중지능이론은 이 두 가지 이론의 중간쯤에 위치한다. 과학위원회의 승인을 얻을 수 있을 만큼 체계적이지는 않지만, 그렇다고 꿈속에서나 나올 법한 몽상적인 개념도 아니다. 나는 다중지능의 정의, 지능을 판별할 수 있는 일련의 준거, 개별지능의 존재를 증명하는 자료 등을 제시한다. 이와 관련하여 『마음의 틀』 1장과 4장을 참고하라 (Gardner, 1983b).

다양한 과학 분야에서 이론들은 이러한 중간적 위치에 자리를 잡고 있다. 사회과학분야의 이론들은 연구자들이 아무리 체계를 갖추려 노력해도 거의 입증이 불가능하거나 단 한 번의 결정적인 증거로 인해 무너져 내리고 만다. 진화나 판구조론 같은 자연과학 분야의 광범위한 이론들은 한 번의 단순한 실험으로는 무너지지 않는다. 오히려 그 이론들은 오랜 시간 축적된 연구 결과에 기초하여 성립되거나 사라진다.

다중지능이론에 대한 내 생각은 이렇다. 나는 독특한 과정을 갖추고 있고 비교적 다른 지능과는 구분되는 일련의 후보 지능을 제안했다. 시간이 흐르면서 몇몇 지능에 이름이 붙게 되었고, 지능 간의 상호관련성 또는 상호독립성은 이후 경험과학적 증거들을 통해 더욱 확고하게 확립될 것이다.

다중지능이론의 타당성에 대해 찬반 의견을 내는 사람들은 경험이 부족한 것이다. 그렇지만 이론을 보강해줄 연구를 수행하는 것은 여전히 중요한 일이다. 뇌의 특정 영역이 하나의 지능을 위해 더 많이 사용된다거나, 하나의 지능이 뛰어난 사람이 다른 지능은 부족하다거나, 표면적으로 하나의 지능과 관련된 상징체계가 실제로는 다른 지능과 똑같은 인지 구조를 나타낸다고 가정해보자. 이러한 증거들은 전반적인 이론의 타당성에 의심을 불러일으키지만, 이론은 전면적으로 폐기되지 않고 어느 정도의 타당성을 확보할 것이다. 피아제의 인지 발달 이론은 후속 연구들에 의해 수많은 비판을 받았다. 그러나 그 때문에 그의 이론 전체가 폐기된 것은 아니다.

Q 다중지능이론은 심리학자들이 말하는 일반지능과 어떤 관련이 있나?

A 다중지능이론은 일반지능의 존재 여부가 아닌 그 범위에 대해 질문한다. 이러한 구인은 통계적 결과로서 그 강도는 요인 모형(factorial model)으로 세워진 가설에 따라 달라진다. 우리는 일반지능이 측정하고 있는 것이 무엇인지를 확실히 이해하지 못하고 있다. 이는 한 문제에서 다른 문제로 쉽게 전이되는 능력과 같이 훈련으로 인해 습득한 단순한 사고력일 수도 있다.

나는 일반지능이 높은 사람은 모든 지적 영역에서 우수할 것이라는,

가정에 동의하지 않는다. 이처럼 다중지능이론은 지능이 만능이라는 견해에 대한 비판을 확산시켰다. 이에 대해 더 자세히 알고 싶다면 『다중지능: 인간 지능의 새로운 이해』의 다섯 번째 신화를 참조하라(Gardner, 1999a).

측정 관련 질문

Q 개별 지능을 일련의 검사로 측정할 수 있는가?

A 나는 한때 지능의 종류와 상관없이 개별지능을 검사할 수 있을 것이라고 생각했다. 그리고 별 생각 없이 몇몇 검사들 간의 상관관계를 측정해보았다. 이제는 그 일이 얼마나 어려운지 깨달았다. 이 일은 누군가 각각의 지능에 대한 여러 측정도구를 개발하고, 사람들이 아무런 어려움 없이 그 도구들을 사용할 수 있어야 가능한 일이다. 예를 들면, 공간지능은 낯선 장소에서 길 찾기, 체스(또는 공간지능이 필요한 다른 게임), 청사진 판독, 잠깐 머물렀던 방에 있던 물건들의 위치 기억해내기 등으로 측정할 수 있을 것이다.

이러한 측정도구가 만들어진다면 엄청난 관심이 쏟아질 것이다. 그러나 내가 이러한 측정도구를 개발하지 않는 것은 이것이 자칫 새로운 꼬리표가 될 수 있기 때문이다. 다음 장에서 살펴보겠지만 지능은 사람이 중요한 개념을 배우는 데 활용되어야지, 사람을 분류하는 데 사용되어서는 안 된다. 나는 새로운 '패배자'들을 만들어내고 싶지 않다.

Q 과학적인 입장에서 본다면, 신경과학적 연구 결과들이 여전히 당신

의 이론을 지지하고 있는가?

A 신경과학적 연구는 10여 년 전부터 이루어졌고 다중지능이론은 20여 년 전에 만들어졌다. 이제 우리는 신경계의 기능과 발달에 대해 더 자세히 알게 되었다. 나는 다중지능에 대해 갖고 있던 일반적인 믿음들을 뒷받침해주는 수많은 신경과학적 증거들을 발견했다. 그 증거들은 내가 주장했던 특정 지능의 존재를 뒷받침해주었고, 언어, 수학, 음악에 관한 능력 등 지능 구조에 대한 명쾌한 증거를 제공해주었다. 예를 들어, 프랑스의 인지신경과학자인 올리비에 우데(Olivier Houdé)는 논리와 수학능력은 인지과학적으로나 신경과학적으로도 구분되므로 별도의 지능으로 분류되어야 한다는 설득력 있는 증거를 제시했다(Houdé, 2004).

뇌는 생애 초기 경험들과 관련하여 매우 가소성 높은 기관이고, 이러한 특징은 다중지능이론에 적대적인 것으로 언급되곤 한다. 그러나 이러한 주장은 적절하지 않다. '가소성'은 다중지능과는 별개의 문제다. 다중지능이론은 언어적인 과정이 공간이나 인간친화 과정에서 나타나는 신경 메커니즘과는 다르다고 주장한다. 사람에 따라 초기 경험이 다르기 때문에 이러한 과정이 뇌의 어느 부위에서 일어나는지는 다소의 차이가 있을 수 있으나 지능의 본질 자체가 다른 것은 아니다.

예를 들어, 어떤 사람에게 음악 처리과정이 뇌의 A 영역에서 발생하고 공간 처리과정이 B 영역에서 발생했다면 다른 사람에게는 그 반대일 수도 있다. 그러나 다중지능이론은 그런 것에 별로 영향을 받지 않는다. 만약 음악지능이 어떤 사람에게는 A, B, C 영역에서 나타나고, 다른 사람에게는 D, E, F 영역에서 나타난다고 해도 이는 다중지능이론에 영향을 미치지 않는다. 그러나 만약 음악과 공간 처리과정이 사람들에게서 동시에 나타난다면 이는 그 둘이 두 개의 지능이 아닌 하나의 지능이라는 의미다.

Q 다른 학자들은 다중지능을 어떻게 보는가?
A 추측하건데 심리학자들 사이에도 의견이 분분할 뿐 아니라 생물학자들과 행동과학자들의 의견 또한 각각일 것이다. 일반적으로 측정심리학 분야는 다중지능에 대해 비판적이다. 측정심리학 이외의 심리학 분야는 지능의 개념을 확장시키는 데 좀더 개방적이다. 여전히 심리학자들은 지능의 구조에 대한 완벽한 측정도구를 갖추고 싶어 하며, 많은 이들이 '새로운' 지능이 전통적인 지능보다 측정이 용이하지 않다고 불평한다. 또한 심리학자들은 지능을 '학문적인 능력'이라고 생각하는 반면 다중지능이론은 인간이 지닌 모든 인지적 능력으로 지능의 개념을 확장시키고자 한다. 다중지능이론에 회의적인 사람들은 대니얼 골먼(Daniel Goleman)의 감성지능과 로버트 스턴버그(Robert Sternberg)의 성공지능에 대해서도 우호적이지 않다.

학자들은 새로운 이론을 열린 마음으로 받아들이는 일에 익숙하지 않다. 그래서 나는 다중지능에 대한 강도 높은 비판에도 놀라지 않는다. 다중지능이론은 논문이나 저서에서 이론으로서 인증을 받음으로써 점차 확대될 것이다. 몇 년 후면 다중지능이론은 지능과 관련된 수많은 논문과 저서에 언급될 것이다.

특히 나를 기쁘게 하는 것은 생물학 같은 '더 엄격한' 과학 분야나 예술학 또는 인문학 같은, 다중지능과는 거리가 있어 보이는 분야의 학자들이 보이는 반응이다. 다중지능이론은 학문의 경계를 초월한 호소력을 지니고 있으며 지능에 대한 특정 선택은 지지받곤 한다. 만약 이론을 비판하려는 목적으로 이러한 지지를 언급하고자 한다면, 그들은 지능 심리학 분야의 전문가가 아니라고 할 수 있다. 만약 이론을 옹호하기 위해 이러한 지지를 언급하고자 한다면, 그들은 다른 속셈이 없는 것이다. 이러한 주장에 대한 나의 답변이나 비판들은 『비난받는 가드너(Gardner Under Fire)』에 나와 있다(Schaler, 2006).

Q 다중지능이론과 다중지능이론에 맞서는 지능이론들 간의 화합이 가능한가?

A 확실히 어느 정도는 가능하다. 다중지능이론은 다른 이론과 양립할 수 있다. 나는 스티븐 세시(Stephen Ceci)의 생물문화적 접근, 데이비드 올슨(David Olson)의 미디어와 상징체계에 대한 강조, 퍼트리샤 그린필드(Patricia Greenfield)가 강조하는 문화 감수성, 서스톤이 보여주었던 초기 학교에 대한 다원적인 태도에서 친근감을 느낀다. 대체로 스티븐 핑커(Steven Pinker), 레다 코스미데스(Leda Cosmides), 존 투비(John Tooby), 언어학자인 노암 촘스키, 문화인류학자인 스티븐 미슨(Stephen Mithen)의 접근법은 개별지능들과 상당 부분 조화를 이룬다.

최근 지능에 대한 접근법 중 가장 널리 논의되고 있는 것은 스턴버그의 삼원모델이다(Sternberg, 1985). 스턴버그와 나는 새로운 이론이 아닌 기존의 지능이론에 대한 비판에서 합의점을 찾을 수 있었다. 이것은 우리가 단답형 검사로 측정되는 단일한 학문적 지능을 거부한다는 뜻이다. 스턴버그는 세 가지 다른 측면의 지능을 제안한 후 이를 분석지능, 경험지능, 맥락적 지능이라 명명하고 각각을 측정할 수 있는 다양한 도구들을 고안했다.

이 분야의 다른 이론가들처럼 스턴버그는 지능이 어떤 내용과 연결되는지에는 관심을 기울이지 않았다. 스턴버그의 이론에서는 단어,

그림, 신체정보, 사회나 자연의 자원 등에 대한 개인의 처리과정은 중요하지 않았다. 대신 그는 마음에 대한 '수평적인(horizontal)' 관점을 유지하고, 정보의 유형과는 관계없이 동일한 요소들이 작용한다고 가정했다. 우리의 직관과 주장은 이 지점에서 근본적으로 다르다. 나는 지능과 관련하여 새로운 개념을 개발한 스턴버그에게 찬사를 보낸다. 이러한 측정도구들은 인간의 능력에 대한 인식 지평을 확장시켰다. 그러나 그의 측정도구가 좀더 대담했다면 좋았을 것 같다. 그의 측정도구는 전통적인 지능검사에 주로 등장하는 언어나 논리 관련 문항들과 지나치게 유사하다. 아마도 그의 측정도구는 기존의 검사법들과 매우 높은 상관관계를 보일 것이다.

스턴버그는 자신의 모델을 옹호하면서 나의 모델보다는 자신의 모델이 더 심리학에 부합된다고 했다. 이 말은 그의 연구가 심리학자에게 인기 있는 반면 나의 연구는 교육학자 등 심리학계 외부 사람들에게만 인기가 있는 이유를 설명해준다(Kornhaber, 2004).

지능 구조 관련 질문

Q 개별지능은 다른 지능과 완전히 독립적인 것인가?

A 개별지능이 다른 지능과 완전히 독립적인 것이라고 생각해버리면 개념학적으로나 생물학적으로나 이론은 더욱 간단해진다. 그러나 이 말은 이러한 독립성이 이론적으로 필요하다는 의미는 아니다. 어떤 지능은 특정한 문화적 조건하에서 다른 지능과 유사하게 연결될 수도 있다.

지능의 독립성은 훌륭한 연구 가설이다. 서로 다른 문화적 조건에서 적합한 측정도구를 사용함으로써 이것을 검증할 수 있다(측정과 관련된 질문을 참조하라). 그렇지 않다면 겉으로 드러난 상관관계만 보고 너무 성급하게 두 지능이 연결되어 있다는 결론에 도달할지 모른다. 실제로는 그 상관관계가 특정 문화 안에서 나타나는 활동을 측정한 인위적인 결과임에도 불구하고 말이다.

내가 독립성을 강조하는 이유는 누군가가 어떤 부분에서 강점을 보였다고 해서 다른 부분에도 강점을 기대할 수는 없다는 사실을 알려주기 위해서다. 물론 약점도 마찬가지다. 몇몇 개인은 강점지능군(예를 들면 언어와 신체운동지능)뿐 아니라 약점지능군(공간과 자기성찰지능)도 지니고 있을 것이다. 그러나 이러한 조합은 어떤 두 사람 사이의 사랑이나 미움만큼이나 예측하기 어렵기 때문에 인생은 흥미로운 것이다.

Q 지능이 적정 크기의 분석 가능한 단위라는 것을 어떻게 알 수 있나? 개별지능은 분명하게 나누어질 수 있는가?

A 지능처럼 복잡한 구인을 구성하는, 단일하고 고유한 단위가 있다는 생각은 들지 않는다. 어떤 특별한 목적을 위해서 예를 들면, 발달지체아를 가려내기 위해서 IQ와 같은 단일 검사법을 사용하는 것은 효율적일지도 모른다. 반면 연주나 작곡 등과 관련해서는 한 가지 요소로만 이루어진 단일한 음악지능을 생각하는 것은 오류다.

나는 다중지능에 대해 글을 쓸 때마다 개별지능은 여러 구성단위들로 이루어졌다는 언급을 했다. 다중지능은 음악, 언어, 공간 등과 관련된 하위지능들로 구성되어 있다. 분석이나 훈련이 목적인 경우 지능을 세밀하게 나누어보는 것이 중요하다.

나는 몇 개의 지능만을 주장했는데 이는 매우 실용적이고 과학적인 것이다. 만약 수십 개의 하위지능들에 대해 쓰고자 한다면 각각의 과학적인 의미를 더욱 명확히 했어야 한다. 그러나 실용적인 목적(예를 들면 교육적인 활용)을 위해서는 지능의 수를 확장하지 않는 것이 바람직하다. 더욱이 하위지능들이 협력하여 다른 지능을 지지하는 경우가 있음을 입증하는 증거도 있다. 이런 사실들을 모두 감안하면, 한 개 또는 수백 개의 지능보다는 8, 9개의 지능을 고려하는 것이 합당하다.

Q 사람들은 종종 음악지능과 논리수학지능 간의 관련성을 지적하는데 이에 대해 어떻게 생각하나?

A 수학적인 재능이 있는 사람이 종종 음악에도 관심을 보이는 것은 사실이다. 수학자들은 수의 패턴에 관심을 갖고 음악가들은 음의 패턴에 흥미를 느끼는데, 아무래도 그 때문에 이런 관련성이 발생하는 것 같다. 그러나 관심이나 흥미는 기술이나 재능과는 다르다. 수학자들이 음악에 관심을 갖는다고 해서 그가 연주를 잘하거나 다른 사람의 연주에 대해 정확한 비평을 할 수 있는 것은 아니다.

이러한 관련성이 다른 방식으로는 좀처럼 작동하지 않는다는 사실도 중요하다. 음악가들은 수학에 흥미를 갖고 그 분야에 정통하기를 바라지는 않을 것이다. 음악 같은 분야에는 편향(bias)이 있을 수도 있다는 주장이 있다. 확실히 고전 음악은 재즈, 로큰롤, 랩 같은 대중음악에 비해 과학과 수학에 좀더 가까운 것 같다.

관찰된 것과 달리 두 지능이 낮은 상관 관계를 보이는 것은 그 사이에 다른 요소가 작용하고 있음을 의미한다. 어떤 가족 또는 어떤 인종은 학문적이고 예술적인 성취를 매우 강조할 수도 있다. 그들은 어린 세대들이 학과 공부도 잘하고 악기 연주도 잘하기를 기대한다. 그 덕분에 수학과 음악 두 분야 모두에서 두각을 나타내는 어린 세대들이 등장한다. 이외에 자진해서 엄격한 훈련을 받고 싶어 한다든지, 높은 점수를 받고 싶어 한다든지와 같은 또 다른 요인이 개입되어 있을 수 있다. 연구자는 음악지능과 수학지능 사이에 특별한 연관성이 존재한다는 결론으로 넘어가기 전에 다양한 방식으로 이를 검증해보아야 할 것이다.

Q 기억과 같이 여러 개별지능에 영향을 미치는 능력에 대해서는 어떻게 생각하나?

A 나는 수평적인 지적 능력이 존재한다는 주장에 대해 회의적이다. 기억, 집중, 지각과 같은 지적 능력은 어떤 조건에서도 동등하게 작용한다고 알려져 있다. 내가 보기에 인지과학과 두뇌과학 분야의 가장 중요한 발전은 일련의 능력들을 외부 세계(또는 경험)에서 발견되는 특정한 내용과 연관시키는 등 마음을 수직적으로 고찰한 것이다.

엄밀한 연구를 위해 신경심리학적 증거를 토대로 즉각적인 기억, 단기기억, 장기기억, 의미론적 기억, 삽화적 기억(특정 사건에 대한 기억), 절차적 기억(knowing how), 명제적 기억(knowing that) 등으로 기억을 나누기도 한다. 이러한 기억들은 상이한 심리적 과정과 상이한 신경 센터를 통해 이루어진다. 언어와 관련된 기억을 관장하는 영역이 음악, 형태, 얼굴, 동작 등을 기억하는 영역과 다르다는, 설득력 있는 신경심리학적 증거들이 발견되었다. 조사결과 단 하나의 일원적 기억은 존재하지 않는 것으로 밝혀졌다.

교육적인 관점에서 우리가 보통 좋은 기억력을 가졌다고 말할 때 그 의미가 무엇인지를 생각해보아야 한다. 보통 우리는 이름, 의미, 수치 등을 잘 외우는 사람이 있으면 "기억력이 좋다"고 한다. 그러나 그 사람이 시각적 패턴, 음악적 패턴, 동작, 모임에서 느꼈던 기분 등도 똑같이 잘 기억할지는 알 수 없다. 이것들은 다른 것들과 구분되는 나름의 고유한 기억 과정을 지녔을 수도 있다.

Q 독립적인 지능들이 실행기능 없이도 효과적으로 작동하는 이유는 무엇인가?

A 실행기능을 배제한 이론은 그렇지 않은 이론보다 이점을 지닌다. 이러한 이론은 단순하다. "실행기능을 담당한 것이 무엇인가?"라는 질문을 회피할 수 있기 때문이다. 실행기능을 상정하는 것이 반드시 효과적인 것은 아니다. 예술가나 운동선수 등은 혼자서도 훌륭하게 자신의 역할을 해낸다. 그리고 수많은 조직이 위계적이라기보다는 비위계적으로 조직된다. 이론은 '마스터플랜' 없이도 능력이 어떻게 자연스럽게 발현되는지를 보여준다.

'중앙 지능 대리인(central intelligence agency)'이라 불리는 실행기능은 이론적이고 실제적인 계획을 전제로 한다. 이론적 측면에서 문제가 되는 것은 특정 실행기능이 행동을 향상시키는가 하는 점이다. 실행기능은 충분한 동기가 부여된 결정을 내리기 때문에 '똑똑하다'고 볼 수도 있고, 두 가지 처리과정이 동시에 일어나지 않도록 감시만 하기 때문에 '멍청하다'고 볼 수도 있다. 신뢰할 만한 증거에 의하면 실행기능은 전두엽 내에 있는 두뇌 기관에 의해 조종된다고 한다. 모형을 만드는 사람은 실행기능이 개별지능인지 아니면 자기성찰지능처럼 다른 지능에서 유래하는 것인지 결정해야 한다. 현재로서는 후자의 가능성이 더 설득력 있게 보인다(Moran & Gardner, 2007출간 예정). 실제적 측면에서는 개인이 활동과 생활을 어떻게 조직할 수 있는지가 문제가 된다. 여기에는 광범위하고 유의미한 개인차가 나타난다.

어떤 사람들은 상당히 반성적이고 메타인지적이어서 계획을 중시하고 이렇게 수립된 계획은 목표 달성에 상당한 도움이 된다. 반면 어떤 사람은 좀더 직관적이어서 자신이 원하는 게 무엇인지를 알고 적당한 조건이 갖추어져야만 행동에 나선다. 단테와 셰익스피어는 마음이 항상 편해서 생각에 의해 방해받는 일은 없다고 했다. 만약 이 말이 사실이라면, 숙련된 장인도 무엇을 언제, 어떻게 할지 골몰하느라 시간을 낭비하지 않을 것이다. 그는 단지 창작을 시작할 준비가 될 때까지 기다렸다가 작업을 시작하면 되는 것이다.

실행기능의 유용성이 밝혀진다면 나는 굳이 실행기능을 부정하지 않을 것이다. 모형을 만들기 위해서라면 이런 위계적인 관계를 고려하지 않고도 인간의 행동을 설명할 수 있는지, 아니면 위계적인 관계가 별개의 실행기능(이때는 실행기능을 누가 또는 무엇이 담당하는지에 대한 질문이 뒤따른다) 없이도 일상적 기능의 일부로 나타날 수 있는지를 먼저 확인하는 것이 유용하다.

Q 비판적 사고라고 불리는 일반적인 능력은 무엇인가? 오늘날 중요한 역할을 하는 이 능력을 젊은 세대들이 개발할 수 있는 강좌를 만들어야 하지 않는가?

A 실행기능과 마찬가지로 비판적 사고에 대해서도 완전히 반대하지 않는다. 실제로 나 자신이나 자녀, 학생, 친구들이 비판적으로 사고하기를 원하고, 그들의 비판적 사고를 촉진할 수 있도록 돕고 싶다.

그러나 나는 '비판적 사고'라고 불리는 특별한 유형의 능력에 대해서는 회의적이다. 앞에서 기억을 비롯한 일반적인 능력에 대해 언급했듯이 세밀한 분석은 비판적 사고의 존재 가능성에 의문을 불러일으킨다. 각각의 영역은 고유한 사고와 비판 형식을 지니는 것으로 보인다. 음악가, 역사학자, 생물학자, 안무가, 컴퓨터 프로그래머, 문학 비평가 등에게는 비판적 사고가 중요하다. 그러나 푸가를 분석하는 데 필요한 사고는 생물 종을 관찰하고 분류하거나, 시를 편집하거나, 프로그램의 오류를 수정하거나, 새로운 춤을 만드는 데 사용되는 사고와는 순서가 다르다. 따라서 한 영역에 통용되는 비판적 사고가 다른 영역의 비판적 사고와 같다고 생각할 이유는 없으며, 새로운 영역에 들어갔을 때 다른 영역에서 쌓아올린 비판적 사고가 전이될 것이라 기대할 수도 없다. 각 영역은 고유한 목표, 활동, 논리를 갖고 있기 때문이다.

확실히 이러한 사고 습관들은 영역에 관계없이 유용할 수 있다. 어떤 사람은 시간 여유를 갖고, 대안을 생각하고, 브레인스토밍을 하고, 비판적인 피드백을 끌어내고, 어려움이 닥쳤을 때 한발 물러나고, 계획을 세우는 등 우회적 조치로부터 그런 습관들을 얻을 수 있다. 이러한 마음의 습관은 어린 시절부터 길러져야 한다. 그런 사고 습관들은 가능한 모든 영역에서 실행될 것이 분명하지만, 당신을 크게 진보시키는 것은 아니기 때문에 우회적이라고 할 수 있다. 우리가 주식투자를 할 때와 마찬가지로 숙제를 하거나, 점심을 먹거나, 연애를 할 때 비판적인 사고를 할 것이라 기대할 수는 없다.

그런 이유로 나는 비판적 사고를 개발할 수 있는 강좌를 개발할 생각은 하지 않는다. 그보다는 비판적 사고가 개별 활동에서 다루어지기를 바란다. 결국 비판적 사고는 한 분야가 바뀔 때마다 새롭게 터득되어야 하는 것이다.

그러나 수학자나 논리학자는 이런 나의 견해에 크게 반발한다. 만약 누군가가 논리적인 인간이 되는 방법을 안다면 그는 어디에든 논리를 적용할 수 있게 되므로 어떤 상황에서든 비판적 사고가 가능하다는 것이다.(만약 그렇지 못하다면, 당신에게 희망은 없다!) 수학과 논리는 겉으로 드러나는 패턴의 보편성을 추구하므로 우리 삶에 없어서는 안 될 영역이다. 그러나 수학자나 논리학자는 그들의 믿음을 맹신하고 있다. 그래서인지 그들은 현실에 매우 어둡고 비논리적이다. 그들은 남녀 간의 사랑, 말썽을 일으키는 학생이나 자녀나 동료, 베트남전 등에 대한 랜드 협회(Rand Corporation)[11]식의 대외정책 등 부적절한 사례에까지 논리적 접근을 시도한다. 그러나 심리학의 논리는 수학의 논리와는 다르다.

Q 예술지능이 존재하나?

A 엄격하게 말하면 예술지능은 없다. 그보다는 지능이 예술적으로 혹은 예술적이지 않은 방식으로 작용한다고 말하는 편이 정확하다. 이 책에서처럼 언어를 설명을 위한 수단으로 사용하는 경우에는 언어지능을 심미적으로 사용하는 게 아니다. 그러나 언어를 은유적으로 또는 파격적으로 사용하는 경우에는 언어지능이 예술적으로 활용된 것이다. 마찬가지로 공간지능은 조각가나 화가에게는 예술적으로 표출되지만 기하학자나 외과의사에게는 일상적으로 드러날 수 있다. 군대에서 기상시간이나 식사시간을 알리는 신호음으로 음악을 사용하는 경우에는 음악지능조차도 심미적이지 않은 용도로 활용되는 것이다. 이와는 대조적으로 수학자들이 설계한 수학 패턴들이 미술관에 전시되는 경우도 있다.

지능이 심미적인 목적으로 사용되는지, 그렇지 않은지는 개인 또는 문화에 의해 결정된다. 개인은 언어지능을 변호사, 점원, 시인, 연설가의 입장에서 사용할 수 있다. 문화도 지능의 예술적인 사용을 격려하거나 방해할 수 있다. 어떤 문화권에서는 거의 모든 사람이 시를 쓰고, 춤을 추고, 노래를 하고, 악기를 연주한다. 반대로 플라톤(Platon)은 공화국에서 시를 추방해야 한다고 주장했고 스탈린(Stalin)은 모든 시를 철저하게 검열했다.

물론 비공식적으로 예술지능에 대해 이야기하는 것은 별문제가 되지 않는다. 나도 예술적인 목적으로 지능을 이야기할 때에 예술지능을 언급한다. 이런 이유로 예술학교들은 다중지능이론을 쉽게 받아들였다. 다중지능은 학교에서 성장한 개념으로 이때 초점은 예술에 맞추어져 있었다는 사실을 기억해야 한다. 예술을 억압하고 무시하는 학교는 다중지능이론을 쉽게 수용하지 못한다.

집단 간 차이에 대해서

Q 지능은 집단에 관계없이 동일한 수준인가? 예를 들어, 남성의 지능 프로파일은 여성의 지능 프로파일과 다른가? 인종에 따른 차이는 있는가?

A 이 질문은 논쟁의 불씨를 안고 있다. 만약 공정한 지능검사법이 개발된다면 성별이나 집단—이미 동질성이 입증된—에 따라 차이가 도출될 것이다. 그러나 이러한 차이가 드러난다고 해도 그것을 어떻게 해석할지는 불명확하다. 서양에서 여성은 남성보다 공간지능이 낮게 나올 것이다. 그러나 생존을 위해 공간적인 상황판단이 중요한 환경에 사는 남녀라면 이러한 차이는 사라지거나 줄어들 것이다. 분명 에스키모에게는 성에 따른 차이가 없다. 마찬가지로 서양에서 표준화된 지능검사를 실시하면 수학 점수에서 남녀 차이가 일관되게 나타난다. 아시아에서는 이러한 차이가 적으며 경우에 따라서는 아시아

여성이 서양 남성보다 점수가 높을 때도 있다.

덧붙여 남성과 여성이 지능을 동일한 방식으로 사용하는가도 흥미로운 문제다. 하등 포유동물의 경우 암컷은 지형지물로, 수컷은 몸의 위치로 공간적 상황판단을 내린다는 증거가 확보되었고, 이는 인간에게도 어느 정도 적용되는 것 같다. 또한 남성과 여성이 동일한 방식으로 지능을 활용하는지도 의문점이다. 캐럴 길리건(Carol Gilligan)은 연구 결과 여성은 내면에 대한 성찰을 매우 자주 하는 반면 남성은 논리적이고 수학적인 사고에 치중하는 경향이 있다고 했다(Gilligan, 1982).

나는 집단 차이에 대해 연구하지는 않았다. 4장에서 언급한 오스트레일리아의 사례처럼 정치적 의도로 집단 간의 차이가 과장되는 경우가 있기 때문이다. 그에 대해 추가적인 설명을 하고 싶지는 않다. 어쨌든 후속 연구들이 집단 간의 차이를 증명해낼 것이고, 나는 이러한 차이가 어느 집단의 태생적인 한계를 증명하기보다는 발전을 위한 노력의 시작점으로 여겨지기를 바란다.

Q 다중지능은 다른 종이나 인공지능에도 적용 가능한가?
A 호기심을 자극하는 주제다. 내가 제안한 다중지능은 인간의 지능을 기술하기 위한 것이었다. 그러나 이것은 다른 종에도 적용되어 지능을 분류할 수 있는 방법을 제공할 것이다.

누군가 지능의 목록을 만들면 그것은 그대로 다른 유기체에도 적용될 수 있다. 그에 따르면 설치류는 뛰어난 공간지능을, 영장류는 월등한 신체운동지능을, 조류는 음악지능을 보여줄 것이다. 박쥐나 돌고래 등은 인간에게는 계발되지 않은, 혹은 알려지지 않은 지능을 지녔을지 모른다. 그리고 자기성찰지능이나 실존지능은 인간만의 고유한 지능일지 모른다. 『경마장에서 보낸 1년(A Year at the Races)』을 쓴 소설가 제인 스마일리(Jane Smiley)는 말의 지능을 분석하기 위해 다중지능이론을 적용했고(Smiley, 2004), 심리학자인 스탠리 코렌(Stanley Coren)은 개를 대상으로 비슷한 연구를 수행했다(Coren, 1994).

우리는 이미 매우 지능적인 컴퓨터 프로그램이 개발되었음을 알고 있다. 컴퓨터 프로그램은 음악을 작곡하고, 복잡한 계산을 수행하고, 두뇌 게임인 체스에서 세계 챔피언을 굴복시켰다. 컴퓨터도 인간같이 지능을 개발할 수 있는가는 중요한 문제다. 많은 인공지능 전문가들은 컴퓨터가 인간과 같은 지능을 갖는 것은 시간문제라고 믿는다. 그러나 나는 이런 주장이 범주적 오류를 범하고 있다고 생각한다. 내가 보기에 이는 컴퓨터의 위상을 과도하게 격상시킨 것이다. 그러나 몇 년 후에 인류와 컴퓨터가 나의 순진한 주장에 실소를 머금을지도 모를 일이다.

지능과 삶의 경로에 대해서

Q 노년이 되면 다중지능에 변화가 생기는가?

A 여러 면에서 다중지능은 어린 시절에 주어진 특별한 선물 같다. 어린 아이들을 관찰하다 보면 여러 가지 지능을 활용하는 모습을 볼 수 있다. 내가 어린이 박물관을 지지하는 이유는 그것을 통해 아이의 지능이 급격히 증진되는 모습을 관찰했기 때문이다. 어린이 박물관이 보통의 학교보다 아이의 마음에 더 잘 맞는다. 나는 "아이들의 수백 가지 언어"를 개발하는 레지오에밀리아의 유치원도 지지한다(Guidici,

Rinaldi, & Krechersky 2001).

다중지능 중 일부는 시각처럼 나이가 들면 감소하는 것처럼 보이기도 한다. 그러나 나는 사실은 그 반대라고 믿는다. 나이가 들면 우리의 지능들은 내면화되는 것일 뿐이다. 여전히 다양한 방식으로 생각하는데, 단지 다른 사람의 눈에 뚜렷하게 드러나지 않을 뿐이다.

예를 들어, 보통의 교실에서 어떤 일이 일어나는지 생각해보자. 교사는 강의하고 학생들은 자리에 앉아 필기를 하거나 칠판을 쳐다보고 있다. 어떠한 사고과정도 일어나지 않거나, 언어적 과정만 관찰된다. 그러나 학생들은 교실이 아닌 곳에서 자신의 모든 표현능력을 자유롭게 사용하여 훈련받은 기술이나 지식을 재현해낸다. 물리학 강의는 언어, 논리적 명제, 이미지, 아인슈타인이 생각했던 것과 같은 운동 심상, 음악적 형태(그리스인들은 수학과 음악을 똑같이 중시했다)로 진행될 수 있다. 학생들은 수업 내용을 모두 적었다가 복습(또는 회상)할 때 활용한다.

우리의 깊은 내면은 사적인 공간이다. 누구도 마음속에서 무슨 일이 일어나는지 정확하게 말하지 못한다. 마음에 대한 연구는 결국 각자의 경험에 대한 이해인 것 같다. 마음은 각자에게 내재된 자원을 최대치로 사용하게 만든다. 그리고 그 자원은 몇몇 지능들로 구성되어 있다. 아마도 언젠가 실제로 뇌를 들여다볼 수 있게 된다면 강의를 듣거나 노래를 작곡할 때 어떠한 지능이 작용하는지를 관찰할 수 있을 것이다.

Q 다중지능이론을 실천하는 학교의 효과를 입증하는 증거가 하나도 없다는데, 사실인가?

A 연구자들이나 다중지능이론을 활용하고 있는 사람들이 축적한 자료

를 보면 다중지능이론을 실천하는 학교의 성과를 입증하는 증거는 매우 많다. 우선 다중지능이론을 실천하는 행정가, 학부모, 학생, 교사 중 표창장을 받은 사람들이 많다. 학생들은 학교를 좋아하게 되었고 성적은 올라갔다.

그러나 이러한 증거에는 문제가 있다. 다시 말해 모두 아전인수식의 결과에 기반하고 있는 것이다. 나는 다중지능이론을 지지하지 않는 사람이 그 이론의 비효율성을 증명하기 위해 많은 시간을 들이는 것을 원하지 않는다. 대신 다중지능이론을 지지하는 사람이 그 긍정적인 결과에 대해 상세히 기술해주기를 원한다.

아직까지는 다중지능이론이 어떤 결과를 내는지를 확실히 알 수 없다. 학교는 매우 복잡한 환경에 놓여 있는 매우 복잡한 기관이다. 성적이나 낙제비율 같은 양적인 측정 결과가 올라가거나 내려가면, 이런 변화는 학습자가 좋아하는 '영웅'이나 싫어하는 '악당'의 탓으로 돌리기 쉽다. 농업이나 의학처럼 통제된 상황에서 연구를 진행하기가 어렵기 때문에 다중지능적인 접근의 효과성을 입증하기란 불가능하다.

이러한 이유로 나는 다중지능이론이 학교를 개선할 수 있다는 주장이 달갑게 느껴지지 않는다. 그래서 내가 과묵해진 것이 아닌가 생각했던 적도 있다. 그러나 어떤 사람들은 나의 침묵을 다중지능이론이 효과가 없다거나 그 이론을 받아들인 학교를 거부한다는 의미로 받아들인다.

그러나 최근 다중지능이론을 뒷받침하는 새로운 자료가 확보되었다. 민디 콘하버 등은 '다중지능이론을 활용하는 학교(SUMIT, School Using Multiple Intelligences Theory)'라는 프로젝트를 수행했다. 콘하버의 연구팀은 3년 이상 다중지능이론을 교육현장에 응용해온 42개의 학교를 대상으로 연구를 진행했다. 그리고 그 결과는 매우 고무적이었다. 78퍼센트의 학교에서는 학생들의 성적이 향상되었고, 이중 58퍼센트의 학교는 다중지능이론 덕분에 그런 긍정적인 결과가 나온 것이라고 답변했다. 학생들의 성적이 향상된 78퍼센트의 학교에서는 학습 부진을 겪던 학생들의 수업태도가 향상되었다는 보고도 있었다. 80퍼센트의 학교에서는 학부모의 참여도가 높아졌고, 그중 75퍼센트의 학교가 다중지능이론에 그 공을 돌렸다. 종합적으로 81퍼센트의 학교가 성취도의 향상을 보고했고, 그중 3분의 2가 이를 다중지능이론의 공으로 돌렸다. 이 연구 결과와 관련하여 콘하버, 에드워드 피에로스(Edward Fierros), 셜리 비네마(Shirley Veenema)의 『다중지능(Multiple Intelligences)』을 추천한다(Kornhaber, Fierros, & Veenema, 2004).

부가적인 주제와 관련된 질문

Q 미국과 그외 지역에서 다중지능이론이 어떤 긍정적인 역할을 할 수 있을까?

A 간단히 말해 나의 이론은 사람들이 사회에 도움을 줄 만한 많은 재능을 지니고 있다는 확신을 전파시킬 것이다. 한 번의 시험으로 학생의 졸업이나 입학을 결정하는 것은 바람직하지 않다. 그리고 모든 교과목들은 다양한 방식으로 가르칠 수 있고, 그에 따라 다양한 지능들이 활성화되면서 학습이 강화된다. 다중지능이론은 영어가 제2언어인 미국 시민들을 교육할 때에도 활용될 수 있다.

Q 학생들의 강점을 찾아낼 수 있는 방법이 있는가?

A 새 학기가 시작되고 일주일 만에 학생들의 지능을 알고 싶다면 두 가지 방법을 사용해보라.

첫째, 아이들을 어린이 박물관이나 놀이 시설 등 풍부한 경험을 제공해주는 환경에 데려다놓고 세심하게 관찰하라(13장의 익스플로라마 참조). 교실에서의 부족한 관찰을 보완해줄 것이다.

둘째, 학생, 학부모, 그리고 가능하다면 몇 년 전에 그 학생을 가르쳤던 교사에게 설문지를 보내 강점을 물어보라. 각각의 설문지에 기술된 강점과 약점이 동일하다면 그 결과를 신뢰해도 좋다. 확증이 없는 한 학생이 자신에 대해 평가한 내용은 신뢰하지 말라.

Q 지능 차이는 생물학적인 것인가? 아니면 문화적인 것인가? 특정 문화가 특정 강점을 유도해내는가?

A 어떤 지능이 계발될 수 있는 범위는 생물학적, 유전학적 잠재 능력, 특정 문화가 중시하는 행동, 교육에의 접근성, 개인적인 동기 등에 의해 결정된다. 누구라도 충분히 동기를 부여받거나, 지능을 높이 평가하는 문화권에 소속되거나, 도움을 줄 사람, 책, 컴퓨터 프로그램, 학습 집단 등을 충분히 제공받는다면 지능을 강화할 수 있다.

Q 다중지능이론을 신입교사들에게 가르칠 수 있는 혁신적인 방법은 무엇인가?

A 세인트루이스에 있는 뉴시티스쿨의 교장인 톰 호어(Tom Hoerr)의 글을 참고하라(Hoerr, 2000).

**Q 미국의 교육기준을 달성하는 데 다중지능이론이 어떤 기여를 할 수

있을까?

A 여러 주의 교육과정에는 다중지능이론이 거의 반영되지 않았다. 안타까운 일이다. 그러나 교육과정을 채택하는 사람들은 때로 다중지능이론을 기꺼이 받아들인다. 그들은 중요한 교과목을 몇몇 지능을 활용하여 가르친다. 이와 관련해서는 내 저서인 『훈련된 마음(The Disciplined Mind)』의 7~9장을 참조하라(Gardner, 1999b). 또한 그들은 학생 개개인의 강점을 계발해주고자 하는데, 이러한 강점은 교과목을 지도할 때 활용되거나 학생들이 어려운 과제를 수행할 수 있도록 자신감을 부여할 때 이용된다.

Q 외국어를 가르칠 때에도 다중지능이론이 도움을 줄 수 있는가?

A 처음에는 다중지능이론이 외국어 학습에 도움이 될 것이라는 생각은 하지 않았다. 영어에 숙달되려면 그 언어를 사용할 수밖에 없는 환경에 놓이거나 따로 영어학원 등에서 집중적인 반복 훈련을 해야 한다고 생각했다.

그러나 전 세계에서 영어를 가르치는 현직 교사들은 다중지능이론으로 학생들의 영어 실력이 향상되었다고 보고한다. 그 요인을 몇 가지 살펴보면, 하나의 언어가 가지고 있는 언어적 구조는 몇 가지 지능을 통해 여러 방식으로 전달된다. 단어와 구문은 학생들 각자의 가장 뛰어난 지능과 관련된 무용, 스케이팅, 토론 등의 놀이를 통해 빠르게 습득된다. 학생들은 학습 주제를 자신이 가장 잘 아는 분야와 연관지어 설명할 때 가장 잘 배운다. 이때 설명에는 각 지능의 특성이 반영된다. 물론 반복이 더 효과적인 방법일 수도 있지만 말이다.

이와 관련하여 「사범 대학 리코드(Teacher College Record)」 2004년 1월 특별호에 실린 다중지능 부분을 참조하고, 그중에서도 특히 마조리 홀 핼리(Marjorie Hall Halley)의 논문과 그녀가 인용한 참고문헌들을 읽어보기 바란다(Halley, 2004).

추가 자료들

- 다중지능과 관련하여 자주 제기되는 질문에 대해서는 www.howard-gardner.com에 답변을 올려놓았다.
- 발전(Progress), 구두 윤리(oral ethics), 학제성(Interdisciplinarity)과 관련된 프로젝트에 대해 알고 싶다면 www.goodworkprogect.com에 소개된 논문 목록을 참조하라.
- 프로젝트 제로에 대해 알고 싶다면 www.pzweb.harvard.edu를 방문하라.
- 하버드 교육대학원에 대해 알고 싶다면 www.gse.harvard.edu를 방문하라.

Multiple Intelligences

2

다중지능 교육

Educational Perspectives

Chapter 6

유아기의 지능 계발

대부분의 활동은 쉽게 구할 수 있는 자료를 사용하여 쉽게 시행할 수 있는 것들이다. 스펙트럼 프로젝트는 아이를 특화된 영역의 신동으로 만드는 것을 목표로 하지 않는다. 그보다는 모든 아이에게 고유한 특성이 있다는 생각을 중시한다. 즉 학부모와 교사는 아이만의 강점과 약점에 적합한 신뢰할 만한 평가를 실시할 수 있는 방법을 제안 받는다.

마라 크레체프스키(Mara Krechevsky)와 공동 집필

지금까지 표준화된 지능검사는 비범한 재능을 발견하는 데 사용되어왔다. 그리고 확실히 신동들을 찾아내는 데 효과가 있었다. 그러나 이런 검사에서 실력을 발휘하지 못하는 사람들을 한 번 생각해보자. 그들의 강점은 어떻게 측정할 수 있을까? 그리고 그들의 강점을 측정한다는 것은 어떤 의미일까?

네 살배기 남자아이인 제이컵은 두 가지 평가 즉, 전통적인 스탠퍼드-비네 지능검사와 새로 개발된 스펙트럼 프로젝트에 참여했다. 제이컵은 스탠퍼드-비네 지능검사에는 거부 반응을 보였고 결국은 검사를 마치지 못했다. 아이는 검사실을 뛰쳐나온 뒤 건물 밖으로 나가 나무를 탔다.

그러나 제이컵은 다양한 영역에 걸쳐 있는, 15개의 과제가 포함되어 있

는 스펙트럼 검사에는 전혀 다른 반응을 보였다. 제이컵은 검사에 포함되어 있는 대부분의 활동에 참여했고, 미술과 수영역에서 현저한 강점을 나타냈다. 제이컵은 다양한 자료들에 대해 각별한 관심을 보였고, 예술 영역에서는 중간 정도의 활동을 보였다. 그는 다른 활동과 관련된 과제를 거부할 때조차도 제시되는 자료들(예를 들어, 말하기 활동에 사용되는 조그만 그림 조각들이나 음악 활동에 사용되는 금속 종들)에는 항상 흥미를 보였다. 자료에 대한 열정은 거의 모든 영역으로 확대되었다. 제이컵의 과학 영역에 대한 탐구는 뼈를 탐색하는 데 모아져서, 그 뼈들이 어떻게 맞추어지는지에 관심을 가졌다.

제이컵은 스펙트럼 검사에 포함된 모든 활동들 중 운동과 음악에 가장 적은 관심을 보였다. 처음에는 버스에 타고 내리는 사람을 세는 숫자 활동도 싫어했다. 그러나 마지막에는 그 과제에도 흥미를 느끼는 것처럼 보였다. 제이컵의 경우 의미 있고 친숙한 맥락을 통해 가볍게 숫자를 다루어주는 것이 다른 방법으로는 이끌어낼 수 없었던 능력을 이끌어내는 데 도움이 되는 것처럼 보였다.

스펙트럼 검사와 스탠퍼드-비네 검사가 비슷한 수준으로 능력을 측정할 수 있다 해도, 검사를 아이의 환경에 있는 풍부한 자원들을 활용하여 오랜 시간에 걸쳐 실시하는 것은 분명 이점이 있었다. 제이컵의 예를 통해 스펙트럼 검사가 네 가지 이점이 있음을 알 수 있다. 첫째, 스펙트럼 검사는 맥락이 있는 유의미한 게임을 통해 아이를 검사에 참여시킨다. 둘째, 스펙트럼 검사는 교육과정과 평가 사이의 경계가 뚜렷하지 않다. 그래서 정규 교육 프로그램과 통합될 때 더 큰 효과를 발휘한다. 셋째, 스펙트럼 검사는 언어적인 '렌즈'나 논리-수학적인 '렌즈'를 통해 지능을 평가하지 않고, 대상 지능을 직접 평가하므로 지능을 공정하게 측정한다. 넷째, 스펙트럼 검사는 아동의 강점이 잘 보이지 않는 도전적인 영역까지도 검사 대상으로 한다.

여기서는 아이의 비범한 재능이 매우 이른 시기에 확인될 수 있는지, 학령 전기에 드러나는 능력의 프로파일이 다른 사람의 프로파일과 분명하게 구별될 수 있는지를 살펴볼 것이다. 또한 강점 영역과 약점 영역의 조기 발견에 중점을 두는 접근이 어떤 교육적 의의를 갖는지도 생각해볼 것이다. 스펙트럼 접근의 이론적 배경과 그 구성에 대해 간단히 소개한 후 몇 가지 연구 결과에 대해 논의하고 몇 가지 잠정적인 결론을 제시할 것이다.

스펙트럼 프로젝트

스펙트럼 프로젝트는 어린아이의 지능 프로파일을 밝혀내기 위한 혁신적인 시도다. 스펙트럼 프로젝트는 터프츠 대학교의 데이비드 펠드먼을 비롯하여 프로젝트 제로에 참여한 몇몇 연구자들에 의해 개발되었다(Chen & Gardner, 2005; Feldman & Gardner, 1989; Malkus, Feldman & Gardner, 1988; Ramos-Ford, Feldman & Gardner, 1998). 스펙트럼 프로젝트는 모든 아이는 하나 이상의 영역에서 강점을 계발할 수 있는 잠재능력이 있다는 가정에서 출발한다. 학령 전기 아동에게 초점을 둔 스펙트럼 프로젝트는 과학적인 문제와 실제적인 문제 모두를 다룬다. 과학적인 측면에서는 초기의 개인차가 얼마나 신뢰성 있게 탐지될 수 있는지, 그런 개인차에 대한 인식으로 무엇을 예측할 수 있는지가 역점적으로 다루어진다. 실제적인 측면에서는 학부모와 교사가 아동의 인지적 역량들에 대한 정보를 활용할 수 있는 방법이 제시된다. 이 시기에는 아이의 뇌가 상대적으로 유연하고, 아이를 대하는 학교의 태도는 온정적이며, 대부분의 교육과정은 어느 정도의 자율성을 아동에게 부여하기 때문이다.

스펙트럼 프로젝트는 지능의 초기 지표들에 대한 탐색에서부터 시작되었지만, 그 정당성은 더 많은 부분에서 확인된다. 확실히 우리는 각 지능의 수많은 핵심적인 능력을 밝혀냈다. 그러나 지능을 순수한 형태로 보기보다는 각 영역에서 드러나는 수행능력으로 보았다(Feldman, 1986). 예를 들어 우리는 음악에서는 산출과 지각, 언어에서는 창작과 기술(記述), 그리고 신체-운동 영역에서는 표현과 운동 모두에 역점을 두었다. 또한 우리는 학교에서만 유용한 기술보다는 사회인으로서 유용한 기술과 능력에 중점을 두었다. 이를 위해 어떤 어른이 되어야 하는지에 대한 생각을 스펙트럼에 반영했다. 그리하여 추상적인 논리-수학적인 기술을 보지 않고도 과학적인 발명을 가능하게 하는 역량들을 찾아냈고, 문장을 줄줄이 반복할 수 있는 역량보다는 이야기하는 능력과 경험을 기술하는 능력을 평가했다.

　아이가 과제에 어떻게 접근하는지 포착하기 위해서는 순수한 지적 능력뿐 아니라 인지 양식이나 작업 양식을 찾아내는 것도 중요하다는 사실이 밝혀졌다. 작업 양식은 자료와 상호작용하는 방식을 설명한 것으로, 활동 계획을 세우고 과제에 대해 숙고하는 능력과 이를 지속하는 능력 등을 의미한다. 어떤 사람은 어떤 영역에든 동일한 작업 양식으로 접근하는 반면, 어떤 사람은 영역의 특성에 따라 작업 양식을 달리한다. 이런 정보는 아이를 효과적으로 교육하기 위해 특히 중요할 수 있다. 여기서는 15가지 인지 영역과 18가지 작업 양식을 소개한다(표 6.1과 6.2).

스펙트럼 접근의 효과

　스펙트럼 접근을 활용하는 교실에서 아이들은 매일 다양한 영역의 지능을 활성화시키는 풍부하고 매력적인 자료들에 둘러싸이게 된다. 여기서는

'공간'이나 '논리-수학'이라는 이름이 붙은 자료들을 가지고 지능을 직접적으로 활성화시키는 대신 바람직한 '최종 상태'를 구체화하는 자료와 적절한 지능 조합을 이끌어내는 자료를 사용한다. 예를 들어, 자연주의자 코너에서는 학생들이 다양한 생물 종들을 확인하고 비교할 수 있게 해줌으로써 자연친화지능과 논리수학지능뿐 아니라 감각능력까지도 활성화시킨다. 이야기 코너에서는 소품을 사용하여 각자의 스토리보드를 꾸미게 함으로써 각자의 언어적, 연극적 재능과 상상력을 발휘할 수 있게 한다. 빌딩 코너는 교실 모형을 만들 수 있는 곳으로 공간지능과 신체운동지능 등을 발휘할 수 있다. 다른 여러 지능들은 스펙트럼 교실의 나머지 12개 코너에서 활성화된다.

아이들이 관련 영역에서 능력을 발휘하는 어른의 활동을 관찰하는 것은 바람직한 일이다. 이런 관찰을 통해 아이는 유능한 어른이 각각의 자료와 상호작용하는 모습을 관찰하고 그 특징을 파악할 수 있게 된다. 그러나 항상 모범이 될 만한 어른이 있는 것은 아니므로 아이들 혼자 혹은 아이들끼리 협력하여 몇 가지 능력을 개발할 수 있도록 교실을 설계한다. 이런 점에서 스펙트럼 교실은 인지적, 개인적 성장의 토대가 될 잠재 능력을 계발하는 곳이기도 하다.

이런 환경 속에서 일년 이상을 보내면, 아이들은 다양한 학습 영역, 관련 자료, 그리고 그것에 의해 도출된 기술과 지능을 탐색할 충분한 기회를 갖는다. 5세 아이들의 마음은 호기심이 많고 자원도 풍부하기 때문에 이러한 탐색을 쉽게 해낸다. 행동반경이 넓지 않은 아이는 대안적인 접근을 시도하도록 독려해준다. 교사는 일년 동안 쉽게 아이의 흥미와 재능을 관찰할 수 있다. 따로 특별한 평가가 필요한 것은 아니다. 그러나 각각의 지능을 보다 정확하게 파악할 수 있도록 특별한 게임이나 활동을 고안하는 작업은 필요하다.

연구팀은 연말에 각 아동에 대한 정보를 토대로 간단한 스펙트럼 보고서를 작성한다. 이 기록에는 아동의 강점과 약점이 기술되고, 가정, 학교, 지역사회가 아이의 약점 영역을 보강하고 강점 영역을 계발해주기 위해 어떤 일들을 해야 하는지도 제시된다. 이런 정보는 매우 중요하다. 지금까지 심리학자들은 규준을 만들고 서열화하는 데만 너무 집착해왔다. 이제 그들은 스펙트럼 보고서에 필적하는 노력을 통해 학생들과 그 가족들이 미래를 결정하는 데 도움을 줄 수 있을 것이다.

그렇다면 우리의 '고안품'은 실제로 무엇을 측정할까? 각종 능력들이 혼동되지 않도록, 우리는 가능하면 논리적이고 언어적인 측정에 의존하지 않으려고 했다. 대신 지능의 종류와는 관계가 없는 측정법을 통해 직접적이고 통합적인 방식으로 지능을 다루었다(10장 참조). 또한 가설적인 조건과 추상적인 공식은 피하려고 했다. 즉 영역과 관계없이 아이들에게 구체적인 과제를 제시해 해결하게 했다. 예를 들어, 앞서 기술했던 교실 모형에는 친구와 교사의 역할이 함께 제시되었고, 사회적 역할이나 교실의 역학 등도 고려되었다. 음악지각활동에는 '음정 맞추기' 게임이나 작곡을 위해 몬테소리 종이 제공되었다.

표 6.1에 나타난 것처럼 스펙트럼 검사는 비교적 구조화된 과제와 목표지향적인 과제(예를 들어 수와 음악)에서부터 상대적으로 덜 구조화된 측정과 관찰(과학과 사회)에 이르기까지 다양한 요소로 구성되어 있다. 이런 검사는 일년에 걸쳐 시행되고, 이때 교실은 흥미 있는 자료, 게임, 퍼즐 등을 갖춘 검사 공간의 역할을 한다. 기록된 자료는 채점지들과 체크리스트에서부터 포트폴리오와 비디오기록에 이르기까지 다양하다. 대다수의 교사들은 모든 아동에게 15개의 검사를 시행하는 것이 실용적이라고 생각하지는 않지만, 연구 목적에 따라 그 절차를 그대로 따라왔다.

학부모들은 스펙트럼 보고서와 함께 '학부모 매뉴얼'을 제공받는다. 학부모 매뉴얼은 스펙트럼 프로젝트가 중시하는 서로 다른 영역의 활동들을 소개하는 책자다. 여기 나오는 대부분의 활동은 쉽게 구할 수 있는 자료를 사용하여 쉽게 시행할 수 있는 것들이다. 이때 학부모들은 아이의 월등한 성적 등을 목표로 해서는 안 된다. 스펙트럼 프로젝트는 아이를 특화된 영역의 신동으로 만드는 것을 목표로 하지 않는다. 그보다는 모든 아이에게 고유한 특성이 있다는 생각을 중시한다. 즉 학부모와 교사는 아이만의 강점과 약점에 적합한 여러 경험을 제공하고 신뢰할 만한 평가를 실시할 수 있는 방법을 제안 받는다.

표 6.1
스펙트럼 프로젝트가 평가하는 인지영역들

수
공룡게임 : 숫자의 이해, 숫자를 세는 기술, 규칙을 지키는 능력, 전략 사용 능력을 측정한다.
버스게임 : 효과적인 기호 체계를 만들고, 머릿속으로 계산을 수행하고, 정보를 하나 이상의 변인으로 조직할 수 있는 능력을 측정한다.

과학
조립활동 : 기계를 다루는 능력을 측정한다. 뛰어난 운동능력, 시공간능력, 관찰능력, 문제해결능력 등이 이 과제와 관련되어 있다.
보물찾기 : 논리적인 추론능력을 측정한다. 정보를 해석해서 보물을 숨길 때 적용된 규칙을 찾아낸다.

물활동 : 관찰에 근거해서 가설을 만들고 간단한 실험을 수행한다.
발견활동 : 자연현상에 대한 관찰과 평가와 이해를 이끌어낸다.

음악
음악산출활동 : 노래하는 동안 정확한 음정과 리듬을 유지하는지 측정하고 노래를 회상해내는 능력을 측정한다.
음악지각활동 : 음정을 변별할 수 있는 능력을 평가한다. 노래에 대한 지각, 실수에 대한 지각, 음정 변별로 구성된다.

언어
스토리보드활동 : 어휘·구문·연결어 사용, 기술적 언어와 묘사적 언어의 사용, 스토리 이해 능력을 포함한 다양한 언어 관련 기술을 측정한다.
보고활동 : 내용을 정확하게 보고하는 능력을 평가한다. 세부묘사, 구문, 어휘 등의 준거에 따라 하나의 사건을 기술할 수 있는 능력을 측정한다.

미술
포트폴리오 : 일년에 두 번 정도 만든다. 선, 모양, 색, 공간, 세부묘사, 표현, 디자인 등의 준거에 의해 평가한다. 또한 아이들은 3가지의 구조화된 그리기 활동에 참여한다. 이 활동 역시 포트폴리오 평가에 사용되는 것과 비슷한 준거에 의해 평가된다.

운동

창의적 운동 : 무용과 창의적 운동의 5가지 영역 즉, 리듬감, 표현력, 신체조절능력, 동작의 독창성, 음악에 대한 반응성 등을 평가한다.

신체운동 : 장애물 경주는 협응력, 시간감각, 균형감각, 힘 등 다양한 스포츠에서 발견되는 기술을 측정한다.

사회성

교실모형 : 교실 내의 사회적 문제와 경험을 관찰하고 분석할 수 있는 능력을 평가한다.

상호작용 체크리스트 : 아이가 다른 아이들과 상호작용할 때 어떤 능력을 발휘하는지를 체크리스트에 표시한다. 행동패턴에 따라 촉진자나 지도자 같은 서로 다른 사회적 역할을 하게 된다.

초기의 연구 결과

이제 스펙트럼 프로젝트의 초기 연구 결과에 대해 살펴보자. 이와 관련하여 세 가지 질문이 제기된다.

1. 아이들은 일반적인 강점뿐 아니라 특수한 강점도 지니고 있는가?
2. 다양한 활동의 성취도 사이에 상관관계가 있는가?
3. 하나의 영역에서 나타나는 강점이 다른 영역의 성취도에 영향을 주는가?

각각의 질문에 대해서는 다음과 같은 답변이 가능하다.

1. 우리는 매사추세츠 주 메드퍼드의 터프츠 대학교에 설치된 엘리엇-피어슨(Eliot-Pearson) 아동 학교에서 스펙트럼 검사를 실시했다. 이 때 3, 4세 아동 23명이 분석 대상이 되었다.

   우리는 아이들이 소속된 집단의 강점과 약점을 추적한 후 개인별 강점 및 약점과 비교해보았다. 하나의 영역에서 평균보다 1표준편차 이상의 점수를 올린 아동은 그 영역에 강점을 가지는 것으로 간주되었고 평균보다 1표준편차 이하의 점수를 받은 아동은 그 영역에 약점을 가지는 것으로 간주되었다. 아이들 중 대다수는 적어도 하나의 영역에서 강점이나 약점을 드러냈다. 한 개 이상의 강점을 드러냈으나 약점은 전혀 드러내지 않은 아이도 소수 있었고, 한 개 이상의 약점을 지녔으나 강점은 전혀 없는 아이들도 있었다.

2. 여러 활동의 성취도 사이에 어떤 상관관계가 있는지 밝히기 위해 우리는 열 쌍의 활동을 대상으로 표를 만들고 상관관계를 측정했다. 그 결과 상관관계는 거의 나타나지 않았고, 스펙트럼 검사는 서로 다른 영역의, 서로 중복되지 않는 능력을 측정한다는 생각이 강화되었다. 단 한 쌍만이 $p<0.01$ 수준에서 관련이 있었다. 그것은 숫자와 관련된, 공룡게임과 버스게임이었다($r=0.78$). 반면 두 개의 음악활동과 두 개의 과학활동은 유의미한 관련성을 보이지 않았다(각각 $r=-0.07$, $r=0.08$).

3. 하나의 영역에서 나타나는 강점이 다른 영역의 성취도에 영향을 미친다는 증거가 있다. 예를 들어, 우리가 검사했던 아이 중 색에 대해 예리한 민감성을 보이는 동시에 미술 영역에서 두각을 나타냈던 아이가 있었다. 논리적 추론능력에 중점을 둔 보물찾기게임을 하는 동

안 이 아이는 색으로 부호화된 깃발에서 보물을 숨길 때 적용된 규칙을 찾아냈다. 음악산출활동(노래 부르기)에서 강점을 보였던 또 다른 아이는 율동을 하면서 노래를 부르는—음악의 리듬에 동작을 일치시켜야 하는—창의적인 운동시간에 두각을 나타냈다. 그 아이의 음악적 재능은 스토리보드활동에도 활용되었다. 즉 그 아이는 이야기를 만들어내면서 주인공의 주제가와 죽음의 행진곡을 창작했다.

창의적인 운동에는 전혀 관심을 보이지 않았지만 이야기를 만들어내는 데 뛰어난 능력이 있었던 또 다른 아이는 스토리보드를 이용하자 창의적인 운동에 평균 정도의 관심을 보였다. 그 아이는 미술, 사회성, 수와 관련된 과제를 이야기를 만들어내는 기회로 활용하기도 했다. 미술시간에 이 아이의 그림에는 이야기가 곁들여지곤 했다. 그 아이는 자신이 읽은 책의 주인공을 닮은 인형을 만들곤 한다고 그 아이의 어머니가 보고했다. 또한 그 아이는 교실과 친구들의 그림을 그린 후 실제에 기반한 스토리보드로 사용했다. 그러나 버스게임을 할 때에는 버스에 타고 내리는 서로 다른 인물에 대해 너무 깊이 동기화되는 바람에 올바른 숫자 정보를 기록하지 못했다.

한 영역에서의 강점은 다른 영역의 성취도에 영향을 미치는 것 같다. 미술에 두드러진 강점을 보인 아이는 선과 색의 배합에 예민한 민감성을 보였다. 그러나 그런 민감성 때문에 +와 −가 표시된 주사위로 게임을 할 때 방향 신호를 잘못 해석하는 오류를 범했다. 그 아이는 교차된 기호(+)를 두 방향으로의 움직임으로, 수평의 기호(−)를 한 방향으로의 움직임으로 해석했던 것이다.

작업 양식

앞에서 언급했듯이 스펙트럼 프로젝트는 아이가 각각의 활동에 어떤 방식으로 접근하는지도 기록한다(표 6.2). 이 경우 1차적인 관심 사항은 두 가지다.

표 6.2

스펙트럼 프로젝트에서 평가되는 작업 양식

아동은:
활동에 쉽게 참여한다 vs. 억지로 참여한다
확신이 있다 vs. 주저한다
쾌활하다 vs. 진지하다
집중한다 vs. 산만하다
끈기 있다 vs. 쉽게 좌절한다
심사숙고한다 vs. 충동적이다
느긋하다 vs. 성급하다

아동은:
시각(청각, 운동) 단서에 반응한다
방법을 설명한다
개인적인 의제(강점)를 과제로 삼는다
내용에서 유머를 찾는다
독창적으로 자료를 사용한다
성취에 대한 긍지를 보인다

세부사항에 관심을 갖는다(관찰력이 있다)
'정답'에 지나친 관심을 보인다
성인과의 상호작용에 중점을 둔다
과제(자료)를 변형시킨다

1. 아이들은 서로 다른 영역의 문제들을 해결할 때 서로 다른 작업 양식을 활용하는가? 그렇다면 아이가 강점을 보이는 영역과 약점을 보이는 영역에서 그 본질적인 차이는 무엇인가?
2. 특정 영역에서 보다 효과적인 작업 양식이 있는가?

    대부분의 아이들은 전체 영역에 적용될 한두 가지의 일반적인 작업 양식을 지니고 있는 것처럼 보인다. 이런 일반적인 작업 양식을 제외한 다른 작업 양식들은 해당 영역의 내용에 크게 의존한다. 연구 대상이 된 아동의 4분의 3 정도는 일반적인 작업 양식을 나타냈는데, 특히 한두 가지의 작업 양식이 결합되어 그 영역에 특수한 작업 양식으로 발전했다. 예를 들어, 한 소녀는 자신의 강점 영역인 교실 모형에만 관심을 나타냈고 약점 영역인 음악지각활동에서만 충동적이었다. 또 다른 아이는 약점 영역의 과제도 수행 측면과 관련되어 있는 경우 자신있게 참여했다.
    강점 영역의 활동에 아이들이 '쉽게 참여하여' '확신이 있는' 모습과 '집중하는' 태도를 보이는 것은 놀라운 일이 아니다. 반면 약점 영역의 활동에는 '억지로 참여하여' '산만하고' '충동적인' 작업 양식을 보인다. '쾌활한' 작업 양식은 강점 영역과 약점 영역 모두에서 나타난다. 또한 많은 아이들은 자신의 강점 영역에서 심사숙고하는 태도를 보이며 세부사항에 관심을 갖는다. 또래에 비해 상대적으로 떨어지는 다섯 명의 아이 중 세 명은 심사숙고하는 태도를 전혀 보이지 않았고 8명의 아이들은 오직 자신의 강점 영역에서만 심사숙고하는 모습을 보였다.

다섯 명의 아이들은 매우 영역 특수적인 작업 양식을 보였다. 앞서 소개했던 제이컵은 자신의 강점 영역인 미술과 수 영역에서만 세부사항에 대한 관심, 진지함, 계획 수립 능력, 확신, 심사숙고하는 태도를 보여주었다. 다른 아이는 거의 대부분의 활동에서 집중하는 모습을 보여주지 못했다. 그러다가 조립활동을 하게 하자 주어진 물건을 완전히 분해하고 다시 조립할 때까지 집중력 있고 끈기 있는 태도를 보여주었다. 이런 결과는 수업에 주의를 집중시키기 위해 교사가 아이의 강점을 어떻게 사용해야 하는지를 시사해주었다.

두 번째 질문과 관련하여 모든 영역에서 일관된 작업 양식을 보이는 아이 중에는 그 내용중립적인 작업 양식에 의해 도움을 받는 아이도 있는 반면 오히려 방해를 받는 아이도 있었다. 한 아이가 여러 영역에 걸쳐서 진지하고 집중하는 태도를 보였다면, 이는 능력을 발휘할 때뿐 아니라 어려움을 극복할 때에도 도움을 줄 것이다. 모든 아이들은 적어도 한 가지 활동에서 자신감을 표현한다. 다섯 명의 아이들 중 아무 강점도 보이지 않았던 아이는 그럼에도 불구하고 또래보다 강한 자신감을 보였고, 이런 자신감은 부족한 능력을 보충하여 교과목에서 우수한 성적을 올리게 해줄 것이다. 반면 과도한 자신감이 때로는 방해가 되는 경우도 있다. 다섯 명의 아이들 중 가장 약점이 많고 강점은 없었던 아이는 과제에 임할 때 전혀 주저하는 태도를 보이지 않았으나 나머지 아이들은 세 명을 제외하고는 모두 한 번 이상 주저하는 모습을 보였다.

한 아이는 모든 스펙트럼 활동에서 자신의 문제를 드러냈다. 그 아이의 아이디어는 탁월했지만 활동에 참여하는 것을 꺼리는 바람에 대다수의 활동에서 저조한 성과를 올렸다. 예를 들어, 그 아이는 음악지각활동에서 똑같아 보이는 금속 종이 어떻게 서로 다른 소리를 내는지에 흥미를 보였다. 그 아이는 나무망치로 종을 두드렸을 때 떨림의 차이가 있음을 알아냈다. 또한 그 아이는 공룡게임에서 새로운 규칙을 만들어냈고 조립활동에서는 두 대의 분쇄기를 분해했다가 재조립했다. 때로 그 아이는 자신의 아이디어를 탐색하는 데 너무나 흥미를 느낀 나머지 다른 사람의 아이디어에는 전혀 관심을 보이지 않았다. 그 아이는 어려움에 부딪히면 좌절하면서 어른들의 관심을 다른 곳으로 돌리기 위해 유머를 활용했다.

한편 과제의 구조(또는 구조의 결여)가 아이들을 방해하는 경우도 있었다. 바로 위에서 기술했던 그 소년은 자신을 둘러싼 세계(스펙트럼 교실의 덜 구조화된 환경)에 대해 더 많은 것을 알아내기 위해 탁월한 실험 능력을 보였다. 그 아이는 지속적으로 가설을 세우고 검증했다. 한편 제이컵은 아주 최소화된 구조를 선호하는 아이였기 때문에 새로 주어지는 자료들에 푹 빠져들었다. 불행히도 아이든 어른이든 다른 사람을 배제해버릴 만큼 자료에만 집착하는 것은 향후 학문적 활동에 방해가 될 수 있다.

부모, 교사 그리고 스펙트럼에서의 관점 비교

스펙트럼 검사는 분명 아동의 영역 특수적인 강점을 알려준다. 그러나 그것이 지금까지 교사와 학부모에 의해서 인식되지 않은 능력을 드러내는지를 판단하는 것도 중요하다. 이를 위해 우리는 학부모와 교사에게 질문지를 보내 서로 다른 영역에서 아이가 어느 정도의 능력을 드러내는지를 조사했다. 우리는 또한 스펙트럼 프로파일에 대한 학부모의 반응을 알아내기 위한 질문지도 보냈다.

학부모들에게 보낸 질문지 20세트 중 17세트가 회수되었다. 일반적으로 학부모들은 아이들의 능력을 쉽게 인정하는 경향이 있다. 학부모는 자신의 아이가 30개 중 평균 여덟 개의 영역에 소질이 있다고 답했다. 반면 교사는 어떤 영역에서든 아이의 능력을 인정하는 데 인색했다. 아마도 교사에게는 유용하고 광범위한 비교 대상이 있어서인 것 같았다(교사들은 학생을 또래 집단 속에서 바라본다). 학부모들은 또래 다른 아이들의 강점을 볼 기회가 적기 때문에 자신의 아이를 편파적으로 평가한다. 학부모와 교사의 답변을 비교할 때에는 이런 요인들을 염두에 두어야 한다.

스펙트럼 검사에서 특정 영역의 점수가 적어도 평균보다 1표준편차 이상 높은 경우에만 그 영역의 강점을 인정할 수 있다. 스펙트럼 검사에서 17명의 아이들 중 여덟 명이 전에는 발견되지 않았던 뛰어난 강점을 드러냈다. 이들은 과학, 미술, 음악, 그리고 사회성 등 모든 영역에서 12가지의 강점을 드러냈다. 일곱 명의 아이들은 부모와 교사에 의해서 뛰어난 강점을 보인다고 확인된 것뿐이지, 스펙트럼 검사에서 그 강점이 드러난 것은 아니었다. 대부분의 경우 스펙트럼 검사는 상대적인 강점들을 확인시켜주지만, 그 강점들은 비교집단에 의해 드러난 것은 아니다. 평균보다 1표준편차 이상 높은 것은 아니지만 그에 근접한 편차를 보이는 강점은 스펙트럼 검사에 의해서는 드러나지만 부모나 교사에 의해서는 밝혀지지 않는다. 결국 부모의 답변, 교사의 답변, 스펙트럼 검사 결과를 비교하여 17명의 아이들 중 아홉 명에게서 강점을 찾아냈다.

언어와 수 같은 몇몇 영역들은 집에서든 학교에서든 비교적 쉽게 관찰할 수 있다. 그러나 음악지각, 기계기술, 사회성 같은 영역들은 쉽게 관찰되지 않는다. 실제로 스펙트럼 검사는 학부모나 교사가 찾아내지 못한, 언어나 수 영역의 강점을 밝혀낸 적이 없다. 그러나 언어와 같이 쉽게 관찰할 수 있는 영역에서조차 스펙트럼 검사는 그 구체적인 능력(어휘, 구문, 기술적 언어의 사용 등)의 손상 여부를 알려준다.

물론 유치원 교사가 아무리 유능하다 해도 모든 영역에서의 경험을 제공할 수는 없다. 특히 음악지각과 논리적 추론과 같이 비교적 친숙하지 않은 영역에서는 더더욱 그렇다. 특히 조립활동에서의 강점을 파악하기 위해서는 전통적으로 남성의 영역이라 여겨지던 이 활동에 여자아이들도 남자아이들과 똑같이 참여할 수 있게 함으로써 성에 대한 편견을 줄여주어야 한다. 스펙트럼 프로파일에 대한 학부모의 반응을 분석한 결과 학부모들은 음악지각, 기계적 능력, 창의적인 운동 영역 등에서 아이의 강점이 확인될 때 가장 놀라워했다. 스펙트럼 프로파일은 맥락이 있는 과제로부터 도출된 것이기 때문에 학부모들이 아이의 강점을 계발하는 데 실용적인 도움을 준다.

스펙트럼 검사와 스탠퍼드-비네 지능검사의 비교

전문가가 스탠퍼드-비네 지능검사를 같은 반 20명의 학생 중 19명에게 실시했다. 19명 중 두 명은 검사를 끝내지 못해 분석에서 제외되었다. 이 표집(標集)의 결과는 두 가지 검사를 어떻게 비교해야 할지 전반적인 방향을 제공하지만, 몇 가지 주의할 점이 있다.

첫째, 스펙트럼 검사는 일곱 가지 영역에 역점을 두고 15가지 활동 중 10개만 분석에 포함시켰고, 스탠퍼드-비네 검사는 네 가지 영역(언어추리, 추상적·시각적 추론, 수추론, 단기기억)을 여덟 개의 하위검사를 통해 분석한다. 둘째, 스펙트럼 검사는 일년 내내 실시되는 반면, 스탠퍼드-비네 검사는 1, 2시간에 걸쳐서 실시된다. 셋째, 스탠퍼드-비네 검사는 표준화된 검사지만, 스펙트럼 검사는 그렇지 않다.

스탠퍼드-비네 검사를 끝까지 치른 아이들 17명의 점수는 86점에서부터 133점까지 매우 편차가 심했고 그 점수 평균은 113점이었다. 추가 분석에서는 집단의 평균으로부터 1표준편차 위인 경우와 1표준편차 아래인 경우에만 스펙트럼 검사에서 강점이나 약점을 드러내는 것으로 간주했다.

스탠퍼드-비네 점수가 스펙트럼 검사의 일부 또는 전체 결과와 상관관계를 보이는지 알아내기 위해 스탠퍼드-비네 검사에서 높은 점수를 올린 상위 다섯 명(125점에서 133점까지)과 낮은 점수를 낸 하위 다섯 명(86점에서 105점까지)이 스펙트럼 검사에서 어떤 강점을 보이는지 관찰했다. 스탠퍼드-비네 검사 점수가 높았던 다섯 명의 아이들 중 한 명은 10개 영역 중 세 개 영역에서 강점을 보였고, 세 명은 두 개의 영역에서 강점을 보였으며, 나머지 한 명은 한 개의 영역에서 강점을 보였다. 이를 자세히 분석하면 언어영역에서 두 명, 음악영역에서 네 명, 미술영역에서 두 명, 사회성 영역에서 한 명, 그리고 과학(논리적 추론)영역에서 한 명이 강점을 보였다.

과학영역 중 운동, 수, 기계 등에서 강점을 보인 아이들은 없었고, 실제로 다섯 명의 아동 중 두 명이 운동과 수에서 취약점을 드러냈다. 더욱이 스펙트럼 검사에서 세 개 이상의 강점을 보인 세 명의 아이들 중 단 한 명만이 스탠퍼드-비네 검사의 최상위 다섯 명 안에 포함되어 있었다. 스펙트럼 검사에서 가장 좋은 성적을 올린 세 명의 아이 중 한 명은 수와 관련된 영역에서 최고 점수를 받은 아이였다.

이렇게 보면 스탠퍼드-비네 검사 결과는 스펙트럼 검사 결과와 큰 상관관계가 없는 것처럼 보인다. 그렇다면 스탠퍼드-비네 검사와 스펙트럼 검사의 음악영역에는 어떤 관련성이 없을까? 스탠퍼드-비네 검사에서 최고 점수를 받은 아이들은 스펙트럼 검사의 음악영역에서 강점을 보였다(음악영역에서 확인된 다섯 개의 요소 중 네 개의 요소에서 강점을 보였다). 한편 스탠퍼드-비네 검사에서 하위점수를 받았다고 해서 스펙트럼 검사에서도 그 결과가 그대로 이어지는 것은 아니었다. 물론 표집이 작았기 때문에 확실한 결론은 내릴 수 없지만 말이다.

스탠퍼드-비네 검사는 가장 낮은 점수를 받은 아이 중 세 명의 스펙트럼 검사 결과를 예측해냈지만(그들은 스펙트럼 검사에서도 아무런 강점을 보이지 못했다. 오히려 그들은 0에서 다섯 개의 약점을 보였다), 그렇다고 해서 스탠퍼드-비네 검사 점수로 스펙트럼 검사에서의 실패를 예측할 수는 없을 것 같다. 스탠퍼드-비네 검사에서 가장 낮은 점수를 보인 다섯 명의 아이들 중 나머지 한 명은 하나의 강점(사회성)과 하나의 약점(음악지각)을 나타냈고, 또 다른 한 명은 세 개의 강점(기계능력, 언어, 음악지각)만을 나타냈다.

스탠퍼드-비네 검사에서 가장 낮은 점수(86점)를 받은 아이는 스펙트럼 검사에서도 가장 성적이 좋지 않았다. 그 아이는 스펙트럼 검사에서 다섯 개의 약점만 드러냈다(두 개의 약점은 다른 아이들보다 훨씬 더 심했다). 그러나 스펙트럼 검사로 그 아이가 사회성과 창의적 운동영역에서 상대적으로 강점을 지니고 있는 것이 확인되었다. 또한 스탠퍼드-비네 하위 검사들은 산포 점수들도 보여주었다(언어추리기술과 문장기억기술 점수는 각각 백분위상에서 53번째와 49번째였고, 구술기억과 패턴분석 점수는 각각 백분위상에서 39번째와 40번째에 해당했다).

이런 자료는 스탠퍼드-비네 검사의 하위검사가 서로 관련을 맺고 있음을 암시하는 반면, 스펙트럼 검사는 보다 불규칙적인 프로파일을 나타낸다는 의미를 지닌다. 이러한 차이는 각각의 검사가 역점을 두는 영역의 수에 의해 나타나는 것 같다. 즉 스탠퍼드-비네 검사는 네 개의 영역과 여덟 개의 과제로 구성되어 있고, 스펙트럼 검사는 일곱 개의 영역과 15개의 과제(여기서는 10개의 과제)로 구성되어 있기 때문이다. 그러나 스펙트럼 검사는 스탠퍼드-비네 검사가 중점을 두고 있는 영역들을 좀더 확장시킨 것에 불과하다. 스탠퍼드-비네 검사는 일반지능을 적절하고 공정하게 측정하고 있다(Sattler, 1988). 그러나 스펙트럼 검사는 일반지능—정신 능력을 광범위하게 제시하고 서로 다른 영역에서의 수행을 설명하는―을 가정하지 않는다. 오히려 스펙트럼 검사는 균일하지 않은 프로파일이 실제의 문제해결능력을 반영하는 영역 특수적인 지능을 나타낸다고 주장한다. 예를 들어, 자신의 사회적 환경에 대한 분석, 기계조립, 이야기하기 등과 같은 능력 말이다. 따라서 스펙트럼 검사로부터 얻어진 정보는 적절한 교육적 개입을 설계하는 데 유용하게 활용될 수 있다.

스펙트럼 프로젝트의 강점과 약점

이제 독자들의 마음속에 몇 가지 논제가 제기될 만하다. 분명히 이 연구는 제한점이 있다. 스펙트럼 검사를 받은 집단이 소집단이기 때문에 이 연구는 결론을 내리기보다는 가설을 수립하는 데 적합한 자료를 제공하는 것으로 생각할 수 있다. 그러나 우리는 스펙트럼을 스탠퍼드-비네 검사와 같은 다른 평가방법과 비교하여 몇 가지 잠재적인 이점을 확인할 수 있다. 첫째, 스펙트럼 검사는 아이들이 평가에 더 적극적으로 참여할 수 있는 기회를 제공함으로써 그들에게 경험을 숙고하고 자신의 흥미와 강점에 대해 생각해볼 수 있는 기회를 준다. 예를 들어, 아이들은 자신이 만든 공작물을 포트폴리오로 모으고, 이야기나 노래를 녹음하고, 자연과학에 필요한 자료를 준비하는 등 스펙트럼 활동에 적극 참여하게 된다. 이러한 참여를 통해 아이들은 자신이 진지하게 받아들여진다는 느낌을 받고, 더 나아가 자신의 성장을 모니터하는 과정에도 참여하게 된다.

스펙트럼 검사는 아이들에게 맥락과는 관계없이 언어적 측면에만 의존하는 수업으로는 제공해줄 수 없는 정보를 제공한다. 예를 들어, 아이들에게 서로 다른 스펙트럼 활동을 보여주고 어떤 활동이 가장 마음에 드는지,

어떤 활동에서 최고의 성과를 올렸는지, 어떤 활동을 할 때 가장 노력했는지 물어보았다. 스펙트럼 검사에도, 스탠퍼드-비네 검사에도 참여하지 않았던 한 아이—결과에 대한 너무 큰 불안 때문에 스탠퍼드-비네 검사를 끝마칠 수 없었다—는 이러한 질문에 놀라울 정도의 흥미를 보여주었다. 그는 자신의 흥미와 강점에 대해 아주 정확하게 알고 있었다. 그는 스토리보드를 최고의 성과를 올린 활동으로 꼽았고, 실제로 그가 수행한 8개의 과제 중 평균보다 높은 점수를 얻은 단 하나의 활동이 바로 스토리보드였다. 그는 가장 마음에 드는 활동으로 물활동을 꼽았다. 그는 그 과제를 수행하는 동안 무엇인가를 물에 가라앉히거나 뜨게 하는 실험에 마지못해 응했지만, 일단 그 원리를 터득하자 너무 흥분하며 의욕을 보였다.

물론 스탠퍼드-비네 검사도 이점을 가지고 있다. 그것은 탁월한 내적 일치도와 높은 신뢰도를 갖춘 표준화된 검사다. 그 검사는 실시하기 쉽고, 효과적이며, 평가하는 영역도 정규교육과정에 부합하는 것이다. 아직은 스펙트럼 검사가 표준화된 측정도구로서 신뢰도와 타당도를 갖출 수 있을지 예측할 수 없다. 그럼에도 스펙트럼 검사는 학교 안팎을 넘나들며 아이들의 뚜렷한 강점 영역을 알려준다. 또한 스펙트럼 검사는 교사와 학부모에게 보편적인 발달단계(Feldman, 1980)를 관통하며 일반지능의 반영으로서 중요하게 여겨져온 영역에서의 개인차도 인지시켜준다.

그러나 스펙트럼 접근에는 위험성이 내포되어 있다. 아동의 조숙함을 조장하는 풍조는 모든 아이에게 기회를 주자는 다중지능이론의 취지와는 배치될 수 있다. 예를 들면, 성공지향적인 부모는 아이를 압박하여 전통적인 학문 영역뿐 아니라 스펙트럼 검사의 모든 영역에서도 뛰어난 성과를 올릴 것을 강요할 수 있다. 그리고 실제로 아이들에 대한 압박은 증가하고 있다. 더욱이 주류 문화에 속하지 못한 가족은 미술이나 음악 등에 관심이 적고, 언어와 논리처럼 사회에서 중요하게 여기는 영역에 더 많은 관심을 보인다.

    가족적인 배경에 따라 스펙트럼 프로파일의 사용 여부와 그 유용성이 결정될 것이다. 어떤 엄마가 보고한 것처럼 가족이 음악에 관심이 없다면, 그 아이의 음악적인 재능은 스펙트럼 검사 없이는 결코 인식되지 못할 것이고, 설사 인식되었다 해도 재능으로 인정받지 못할 것이다. 이는 음악을 삶의 중요한 일부로 여기고 음악에 대한 아이의 관심을 북돋아주려 애쓰는 엄마와는 대조되는 것이다. 음악에 관심이 없던 그 엄마는 아이가 음악 공연(예를 들면 오페라)을 꼼짝도 하지 않고 즐기는 모습을 보며 자신도 음악에 관심을 갖게 되었다고 보고했다. 어느 누구도 아이 때 나타나는 재능과 이후의 성취 사이에 어떤 상관관계가 있는지 정확히는 모른다. 그러나 강점을 조기에 발견하는 것은 일종의 자성예언(self-fulfilling prophecy)이 될 수 있다.

    스펙트럼의 관점이 초등학교 교육과정에 긍정적인 영향을 미칠 수 있을까? 지금까지 수집된 증거로 미루어보건대, 환경이 아이들의 재능 발견에 잠재적인 영향을 미치는 것으로 보인다. 따라서 다양한 영역에 걸친 풍부한 자극을 지속적으로 제공해주는 것이 중요하다. 교육과정에 창의적 운동과 기계기술 영역이 포함되지 않은 유치원의 경우 관련 강점이 나타나지 않는 것 같다. 미국의 경우 많은 아이들이 초등학교 1학년 때부터 미술, 음악, 운동, 과학 등을 전문가에게 일주일에 한두 번씩 배우게 된다. 만일 이들 전문가가 교사와 의사소통을 하지 않는다면, 특정 영역에서의 아동의 능력은 쉽게 발견되지 않을 것이다. 교사는 스펙트럼 내에서 아동에 대한 관찰과 개별화된 교육과정을 통해 자신이 훌륭한 교사로 성장할 수 있음을 깨달을 것이다.

    최종 상태를 강조할 경우 아동의 강점이 확인되었을 때 어떤 조치를 취해야 할지를 쉽게 결정내릴 수 있다. 도제 모델은 특히 매력적인 대안적 접근법이다. 일단 최종 상태가 규정되면, 교육방법을 어떻게 현실화시킬 것인지를 감독할 수 있게 된다. 이런 숙달의 단계를 규명함으로써 도제 관계는 사회적이고 기능적 맥락 속에 자리 잡게 된다. 도제 모델은 고도로 맥락화된 환경에서 학생의 성장에 대한 피드백을 비공식적으로 빈번하게 제공하므로 교육적으로 많은 가능성을 내포하고 있다. 따라서 제이컵과 같은 아이는 선택 영역에서 흥미를 계속 보이기만 한다면, 풍부하고 직접적인 학습 환경에서 전문가의 지도를 통해 좋은 성과를 올릴 수 있을 것이다.

결국 스펙트럼은 중산층과 연합되어 있는 다원주의의 가치체계를 반영하지만, 기득권층 출신이 아닌 아동들에게도 혜택을 줄 수 있다. 스펙트럼 검사는 예상치 못한 강점을 드러내주고 자존감을 향상시켜주는데, 특히 표준화된 교육과정에서 두각을 나타내지 못하는 학생들에게 더욱 그렇다.

추후 자료에 대한 예비관찰

학부모나 교사와의 인터뷰, 거기에 2년에 걸친 스펙트럼 프로그램에의 참여로 연구초에 확인되었던 강점이 계속 발전하고, 작업 양식도 보다 확실히 자리 잡는 것을 관찰했다. 강점은 그 가치에 대한 가족의 인정, 친구들 사이에서의 상대적 위치, 대상 아동의 흥미와 강점의 일치 여부 등 몇 가지 요인에 의해 재인식되거나 묻혀버린다.

이제 교사와 학부모는 능력의 발달 경로에 관심을 갖게 되었다. 예를 들어 교사, 학부모, 스펙트럼 평가가 일치하지 않는 영역은 사회 영역이었다. 교사는 아동의 사회적 기술에 낮은 가치를 부여한 반면, 스펙트럼 평가와 학부모는 그것을 강점으로 인식했다. 사회 영역은 능력이 어떻게 사용되었는지에 따라 판단이 달라지는 영역이다. 대개 학부모는 연극이나 역할

놀이로 사회성을 북돋아주는 데 이런 활동은 언어 및 운동 영역과 조합이 된다.

또한 아동의 행동 양식과 강점 영역이 합쳐지면서 그 강점이 다시 부각되는 경우도 있다. 예를 들어, 교사를 따라다니며 '잘난 척하는' 여자아이는 언어 영역에서 자신이 최고가 되지 못하면, 자신이 최고가 될 것 같은 예술 영역이나 건축 영역에 관심을 쏟게 된다. 조직 내에서의 상대적 위치가 주어지면, 이전에 확인되었던 언어 영역의 강점도 다시 발현되거나 발전될 기회를 얻지 못할 수 있다.

더욱이 아동의 흥미가 강점과 일치하지 않거나, 새로운 영역의 자료에만 초점이 맞추어진다면, 다른 영역에서 능력이 발현될 기회는 그만큼 줄게 된다. 예술 영역에 흥미도 있고 재능도 있던 한 여자아이는 유치원에서 글자를 배우는 데 더 큰 흥미를 가질 수 있다. 이런 관심사의 변화는 그 아이가 왜 예술 영역에서 재능을 보이지 못했는지를 설명해줄 것이다.

스펙트럼 프로젝트 접근의 확대

지금까지 고찰한 초기의 스펙트럼 프로젝트는 미국의 중산층을 위한 유치원에 적용될 목적으로 개발된 것이다. 여기 소개된 과제와 분석 자료는 모두 그런 역사적 배경을 반영하고 있다.

이에 따라 스펙트럼이 다른 환경에서는 어느 정도나 확대될 수 있는지에 대한 질문이 자연스럽게 제기된다. 이를 해명하기 위해 우리는 우선 스펙트럼을 여러 예비학교와 유치원, 그리고 매사추세츠 주 서머빌에 있는 1학년 교실들, 심각한 사회경제적 문제를 안고 있는 보스턴 근교의 빈민가에 활용했다. 스펙트럼을 다른 곳에 적용하는 것에 대한 우려의 목소리가 잦아들면서, 아이들은 스펙트럼에 열광적으로 반응했다. 실제로 학부모와 교사는 스펙트럼의 개방형 과제에 아이들이 열광적으로 호응할지 모른다는 두려움과, 학교에 대한 기존의 관점 때문에 많이 우려했다.

그런 스펙트럼 환경에서는 기존 교실에서 쉽게 간과되던 재능과 성향이 두드러지게 발현된다. 편부 가정에서 자라던 도니(6세)는 학교에서 실패할 가능성이 매우 높은 아이였다. 그 아이는 학교에 입학한 지 두 달 만에 학습장애를 겪었고 담임교사는 어쩔 수 없이 유급 결정을 내리게 되었다.

그러나 스펙트럼 프로젝트에서 도니는 조립활동에 소질을 보였다. 그 아이는 분쇄기나 문고리 등을 분해하고 조립하는 일을 그 나이 또래의 다른 아이들보다 잘해냈다. 실제로 대부분의 교사와 연구자도 도니만큼 조립활동을 잘해내지는 못했다. 우리는 도니가 물건을 분해했다 조립하는 장면을 비디오로 찍어 그의 담임교사에게 보여주었다. 사려 깊고 헌신적인 담임교사는 몹시 당황했다. 그녀는 학교에서 학습장애를 겪었던 어린 아이가 실생활에서 어른들만큼 능숙하게 과제를 수행하는 모습을 보고 믿기 힘들다고 했다. 그녀는 사흘 동안 잠을 잘 수 없었다고 한다. 도니를 성급하게 판단했다는 사실에 괴로워하던 그녀는 도니에게 다가갈 방법을 찾으려 애썼다. 결국 도니는 담임교사의 노력으로 학교성적도 향상되었다. 아마도 자신이 잘하는 일이 있다는 사실, 그것도 자신보다 나이가 많은 사람들보다 더 잘하는 일이 있다는 사실에 고무된 덕분인 것 같다.

스펙트럼은 아이들의 숨겨져 있는 강점을 찾아내는 데 탁월한 반면 엄청난 어려움도 야기할 수 있다. 1학년 때 매우 우수한 학생이었던 그레고리는 분명 장래가 촉망되는 아이였다. 그는 기호를 해석하고 개념을 터득하는 데 재능을 보였다. 그러나 그는 스펙트럼에서는 아무런 강점도 보이지 못했다. 그 아이의 담임교사는 정답이 있는 상황, 권위를 가진 누군가가 정답을 지시하는 상황에서만 그레고리가 놀라운 성취를 올리는 것 같다고 생각했다. 스펙트럼에서는 많은 활동이 개방형이고, 따로 정답이 없기 때문에 그레고리가 어려움을 느낀다는 것이었다. 실제로 그레고리는 무엇을 해야 할지 결정하지 못한 채 교사나 다른 학생을 쳐다보기 일쑤였다. 그레고리를 관찰한 담임교사는 그가 모험을 감수하게 하고, 새로운 시도를 하게 하고, 항상 정답이 있는 것은 아니라는 사실을 알게 하고, 어떤 행동에는 대가뿐 아니라 이점도 있다는 사실을 이해시킬 방법을 찾기 시작했다.

시간이 지남에 따라 스펙트럼은 강점을 평가하는 수단만이 아닌 교육 환경을 완성시키는 수단으로까지 발전했다. 우리는 교사들과의 협력하에 교육 자료들을 활용하여 '밤과 낮' 또는 '나에 대하여'와 같은 광범위한 교육 주제들을 개발하고, 그와 관련된 지능을 이끌어낼 수 있는 도구를 구축했다. 원래 이런 자료들은 탐색적으로 사용되었다. 아이들은 나이가 들수록 학교의 전통적인 목표에 더 얽매이게 된다. 따라서 아이들은 흥미와 재능을 보였던 과제를 수행하면서 읽고 쓰고 계산하는 것을 배우게 된다. 예를 들어 보드게임의 득점체계를 통해 숫자를 터득하고, 스토리보드를 꾸미면서 읽고 쓰는 법을 배울 수 있다.

스펙트럼의 융통성은 가장 흥미로운 특성으로 인식되어왔다. 전국 각지의 교사와 연구자는 스펙트럼을 다양한 교육적 목적에 활용해왔다. 스펙트럼 접근은 진단, 분류, 교육의 목적으로 4~8세의 아이들에게 적용되어 왔다. 스펙트럼은 연구를 목적으로 설계된 프로그램을 통해 보통 학생, 영재 학생, 장애 학생은 물론 부적응 학생에게까지 사용되어왔다. 또한 멘토링 프로그램 센터를 만들어 아이들이 다양한 직업을 가진 주변 사람들과 어울리게 함으로써 여러 지능이 협력하여 과제를 수행하는 모습을 관찰할 수 있게 했다. 이론가에서 실천가로 변모한 우리는 단 한 번도 만난 적이 없는 사람들과 모여 앉아 그들이 스펙트럼을 어떻게 활용했는지 경청할 기회도 가졌다. 그 결과 스펙트럼, 학교, 박물관의 조합이 서로 다른 흥미와 배경을 갖춘 다양한 연령층의 아이들에게 적합하다는 사실을 확인할 수 있었다.

우리는 어린이 박물관과도 긴밀하게 협력했다. 보스턴 어린이 박물관과 협력하여 학교뿐 아니라 집과 박물관에서도 사용할 수 있는 주제를 개발했다. 가정과 학교는 일상적인 자극을 제공해주는 반면, 박물관은 천문관에서 달과 별을 관측하는 것과 같이 경외심을 불러일으키는 비일상적인 자극의 기회를 제공해준다. 우리는 아이들이 이질적인 환경에서 유사한 주제, 자료, 기술을 접함으로써 그런 것들을 자신의 것으로 만들도록 돕고 싶다. 즉 이질적 환경에서 '공명(resonance)'함으로써 이해를 내면화하는 것이다.

이런 상호교류는 아이들이 박물관을 정기적으로 방문할 때 가장 효과적이다. 따라서 우리는 스펙트럼에서 영감을 얻은 모델을 워싱턴에 있는 캐피털 어린이 박물관(학교와 박물관을 통합한 형태)에 적용하게 되어 매우 기뻤다(Lewin-Benham, 2006). 그러나 박물관을 자주 방문하기 어려울 때에도 어린이 박물관의 전문가들과 상호작용하고, 그들의 강의를 집이나 학교에서 보다 여유 있게 다시 접할 기회를 가질 때 학생들은 이익을 얻을 수 있다.

동료인 지키 첸(Jie-Qi Chen)은 사회경제적으로 소외된 아이들을 대상으로 스펙트럼 접근을 확대했다(Chen & Gardner, 2005). 그녀는 불규칙한 인지 프로파일을 보이는 학습 부진아들을 대상으로 추가 연구를 실시했다. 그녀는 이들에 대한 개인별 교수의 영향력도 증명했다. 자신의 프로젝트인 '가교 : 교수를 위한 평가(Bridging : Assessment Teaching)'에서 첸은 아동의 강점이 확립되는 조기아동기에 적합한 교육과정을 구성했다. 이 프로젝트 팀은 개별 아동이나 아동군의 프로파일을 확인한 후 가장 적합한 교육과정과 방법을 결정했다. 예를 들어, 산수의 경우 수 감각, 공간 감각, 부분과 전체에 대한 이해, 수학적 이해, 작업 양식 등에 기초하여 아이를 평가한다. 교사는 이를 근거로 출발점과 최상의 수업(그리고 연습) 구조를 결정할 수 있다.

스펙트럼 프로젝트는 다중지능 접근의 전형으로 효과적인 교육을 위한 촉매 역할을 했다. 아이들의 학문적 흥미와 재능을 확인하면서 우리는 스펙트럼 전체가 검사로 자연스럽게 발전되는 것을 보아왔다. 이런 접근은 다중지능이론에서 영감을 얻은 것이지만 다중지능이론이나 스펙트럼에 대한 언급은 어디에도 없다. 우리는 관찰 결과와 부모·교사·연구자·학생들로부터의 피드백, 그리고 변화하는 조건에 따라 프로그램을 신중하게 수정해왔다. 스펙트럼은 미국 전역의 이론가들과 실천가들에게 매우 다양한 방식으로 사용되었고, 이러한 다양성이 통합되어 하나의 스펙트럼을 형성하게 되었다. 아이들의 개인차를 존중함으로써 스펙트럼 프로그램은 매우 개별화된 접근들이 모인 집합체의 형태를 띠게 되었다.

Chapter 7

초등학생을 위한
다중지능 교육 활동

프로젝트는 졸업 후 사회에서 수행하게 될 일들을 모방한 것이다. 프로젝트를 통해 학생들은 자신의 강점을 발견하고, 추후 그 강점을 계발하는 데 최선을 다하게 된다. 즉 깊은 참여감 혹은 몰입을 일으켜 외재적 동기를 내재적 동기로 대체하게 한다. 프로젝트의 가장 중요한 역할은 학생들이 정규교육과정으로 성취한 것들을 표출할 수 있는 최적의 장소를 제공한다는 점이다.

『마음의 틀』을 출간하고 2년이 지난 후 나는 펜실베이니아 주 쿠츠타운에서 강연을 하기로 되어 있었다. 쿠츠타운으로 떠나기 직전 인디애나폴리스에 사는 한 교사의 전화를 받았다. 그녀는 자신과 동료들이 『마음의 틀』을 읽었다며 그 책에 대해서 이야기를 나누고 싶다고 했다. 나는 쿠츠타운에서 만나자고 제안했다.

그리 길지 않은 만남을 위해 인디애나폴리스의 한 공립학교에 재직하는 여덟 명의 교사가 15시간이나 차를 몰아 쿠츠타운으로 왔다. 그들은 최근에 찍은 비디오테이프를 보여주면서 다중지능이론을 교육현장에 도입하고 싶다고 했다. 기쁘면서도 놀라웠다.

당시 그 이론을 실제 교육현장에 소개하고 싶다는 생각은 점점 커지고 있었지만, 실제로 누군가 그 이론에 기반한 학교를 세우고 싶어 할 줄은 몰랐다. 그래서 나는 그 교사들에게 솔직하게 그들을 도울 수 있어 "기쁘기는 하지만 학교에 대해서는 아는 바가 없다"고 말했다. 그리고 이렇게 덧붙였다. "학교에 대해서는 당신들이 잘 알고 있지 않소. 당신들이 세우는 학교는 당신들의 학교가 되어야 합니다."

다중지능 학교

2년 후, 인디애나폴리스에서 달려온 여덟 명의 교사보다 더 열정적인 사람들이 나타났다. 그들은 열정과 비전을 갖춘 퍼트리샤 볼라노스(Patricia Bolanos)의 영도 아래 기금을 모으고, 로비를 하고, 교육과정을 짰다. 그들은 수많은 걱정과 몇 번의 실망을 겪은 후에 결국 인디애나폴리스의 중심가에 학교를 세워도 좋다는 허가를 받았다(Olson, 1988; Winn, 1990). 그들과 정기적으로 만나 학교 설립 과정을 논의하면서 본의 아니게 나는 키스쿨에 영감을 준 사람으로 유명해지게 되었다.

이제 핵심 학습 공동체라 불리는 키스쿨은 다방면에서 큰 성공을 거두었다. 키스쿨의 근본원리들 중 하나는 모든 아동이 매일 다중지능을 자극받는다는 믿음이다. 따라서 모든 학생들은 교과목을 구체화하는 주제 중심의 교육과정에 참여하는 것은 물론 계산, 음악, 운동 등의 활동에도 정기적으로 참여한다.

핵심 학습 공동체의 다중지능 교육과정은 분명 혁신적인 것이기는 하다. 그러나 핵심 학습 공동체의 본질은 단순히 그것만이 아니다. 그 공동체는 다양한 방식의 교육을 제안한다. 여기서 그 핵심적인 세 가지 실제를 소개한다. 첫째, 학생들은 특정 기술이나 교과목에 통달한 유능한 교사가 이고는, 일종의 도제제도와 같은 '파드(pod)'에 매일 참여한다. 파드에는 다양한 연령층의 학생이 소속되어 있기 때문에, 수준에 따라 개별 활동에 참여할 수 있고 각자에게 적합한 속도로 발달할 수 있다. 자신보다 지식이 많은 사람들과 활동함에 따라 학생들은 전문가의 활동 모습을 옆에서 지켜볼 수 있는 소중한 기회를 가질 수 있게 된다. 핵심 학습 공동체에는 건축, 정원 가꾸기, 요리, '돈 벌기' 등 다양한 영역에 걸쳐 12개의 파드가 만들어져 있다. 일종의 도제제도를 바탕으로 한 파드는 실용적 기술에 중점을 두기 때문에 진정한 이해를 보장받을 기회가 더 많아진다.

파드를 보완하는 것은 지역사회다. 일주일에 한번 외부 전문가들이 학교를 방문해 자신의 직업이나 기술을 학생들에게 보여준다. 어떤 경우에는 학부모가 초빙될 수도 있다. 이때 주제가 '환경보호'라면, 초빙된 외부 전문가는 하수처리, 산림관리, 환경보호를 위한 정치적 활동 등에 대해 이야기하게 된다. 내가 바라는 바는 학생들이 앉아서 강의를 듣는 데 그치지 않고 초빙된 외부 전문가의 지도하에 후속 학습을 할 기회를 갖는 것이다. 인디애나폴리스 어린이 박물관의 탐색센터에 참여하는 것이 그중 한 가지 기회다. 이곳에서 학생들은 몇 개월 동안 만화영화제작, 선박제작, 신문잡지제작, 일기관측 등 지속적인 도제활동에 참여할 수 있다.

마지막으로 핵심 학습 공동체에는 학생들의 프로젝트가 중요한 역할을 한다(내가 가장 중요하게 생각하는 것이다). 해마다 학교는 다양한 주제를 약 10주 단위로 소개한다. 주제는 '패턴'이나 '관계'와 같이 매우 광범위할 수 있고 '르네상스 시대와 현재' 또는 '멕시코의 유산'과 같이 세부적일 수도 있다. 교육과정은 이런 주제에 집중되어 있다(이런 주제를 탐색하는 동안 문해력 같은 기본적인 능력이 길러진다).

학교에서는 학생들에게 이런 주제와 관련된 프로젝트를 수행하게 한다. 그리하여 학생들은 해마다 서너 개의 새로운 프로젝트를 수행하고 그 결과물들은 개별 주제에 주어진 기간이 끝날 때마다 전시되어 다른 학생들을 자극한다. 학생들은 다른 사람이 어떤 활동을 했는지 보면서 커다란 흥미를 느낀다. 학생들은 그 프로젝트를 시작하게 된 동기, 프로젝트의 목적, 주요 문제, 향후 제언들에 대해 설명하고, 동료 학생들과 교사들의 질문들에 답변을 해준다.

이런 프레젠테이션은 비디오로 녹화되고 학생들은 프로젝트마다 하나씩의 비디오테이프를 갖게 된다. 이렇게 만들어진 포트폴리오는 핵심 학습 공동체에서 아이가 어떻게 성장하는지를 예측해주는 발달 인지 모델로 간주될 수 있다. 학생들은 자신의 발달과정을 기록한 비디오 포트폴리오 사본을 졸업할 때 받는다. 핵심 학습 공동체와의 협력 연구에서는 이 비디오 포트폴리오의 활용 방안에 초점이 모아졌다.

프로젝트 평가

미국에서는 대부분의 학생들이 수백 번 혹은 수천 번 시험을 치른다. 이런 시험에 대비하여 학생들은 학교를 졸업하면 즉시 쓸모없어질 기술들을 개발한다. 학교 밖으로 나가면 어디에든 프로젝트가 존재한다. 어떤 프로젝트는 그 개인에게 적합하지만(경우에 따라 전적으로 그의 주도하에 진행되기도 한다), 대부분의 프로젝트는 개인과 사회의 필요와 목적이 혼합된 형태로 나타난다. 1920년대에서 1930년대에 진보주의자들은 이른바 '프로젝트 접근법'을 제안했고 학교들은 수년 동안 그 접근법에 따라 프로젝트들을 후원했지만, 그 과정에서 실제로 아동의 발달 기록을 보여주지는 못했다.

그럼에도 우리 연구팀은 편리하고 합리적으로 평가할 수만 있다면, 학생, 교사, 학부모, 지역사회가 프로젝트를 진지하게 받아들일 것이라고 믿었다. 그에 따라 우리는 발달의 정교화와 학생들의 프로젝트에 드러난 특성들을 평가하는 직접적인 방법을 구성하기 위해 노력해왔다. 우리는 프로젝트와 학생들의 포트폴리오를 다음의 5가지 차원으로 나누어 평가했다 (Krechevsky & Seidel, 1998 ; Seidel & Walters, 1991 ; Seidel 외, 1997).

개인의 프로파일 : 프로젝트는 장점, 약점, 경향성 등 학생들의 프로파일을 드러낸다. 이런 프로파일은 언어, 논리, 공간, 인간친화 같은 지적 소양뿐 아니라 위험에 대한 태도와 끈기 같은 경향성도 보여준다.

사실·기술·개념의 숙달 : 아직까지 프로젝트는 실제 교육과정과는 차이가 있거나 아예 다른 것으로 보일지 모른다. 이를 고려하여 표준적인 교육과정에서 요구하는 것들을 학생들이 프로젝트에서 드러낼 수 있는지를 평가할 수 있다. 관례적으로 학생과 교사 간에는 일종의 계약이 맺어진다. 교사는 학생에게 프로젝트를 수행하면서 학교에서 요구하는 지식과 이해를 드러내도록 요구하고, 학생은 프로젝트에 사실, 기술, 그리고 개념을 표출할 수 있다.

활동의 질 : 각각의 프로젝트는 연극, 벽화, 실험, 설화 같은 장르의 형태를 띤다. 이런 장르에는 평가를 가능하게 하는 기준들이 내재되어 있고, 이들은 강의 등의 방법으로는 평가될 수 없다. 평가 대상에 포함되는 것으로는 참신성, 상상력, 심미성, 기교, 특별한 개념의 표현, 퍼포먼스가 있다. 학생들이 한 장르의 결과물을 내놓음에 따라 그 장르의 기준들에 더 친숙해지게 되고 그 영역의 상징체계 내에서 생각하는 법도 터득하게 된다.

의사소통 : 프로젝트는 좀더 광범위한 청중 즉, 함께 노력하는 동료학생들과 교사들, 그리고 다른 어른들에게 자신이 중요하게 생각하는 목적

과 관심을 알릴 수 있는 기회를 준다. 연극, 연주회의 경우 이런 의사소통이 명백하게 이루어지지만 과학, 역사 등 정적인 프로젝트의 경우 의사소통은 매우 기술적으로 이루어져야 한다.

반성 : 지적 발달에서 중요하지만 무시되어 온 특성 중 하나는 객관성을 유지한 채 목표를 점검하고, 어떤 진전이 이루어졌는지를 평가하고, 과정을 평가하고, 습득한 지식을 어떻게 사용할지에 대해서 고민하는 등의 능력이다. 프로젝트는 '상위 인지적' 또는 반성적(反省的) 활동의 기회를 제공한다. 교사와 학생은 함께 프로젝트 활동을 재고할 수 있고, 이전의 활동이나 작업 양식이 현재의 활동과 어떤 관련이 있는지 생각해볼 수 있다. 학생들은 이런 반성적인 실제를 내면화하여, 외부 대리인이 없는 경우에도 자신의 활동을 평가할 수 있게 된다.

위에서 논의한 차원에는 하한선이나 상한선이 없다. 각각의 차원은 우리 집단에서 이루어질 수많은 논의를 반영하고 미래의 발전 가능성을 예고하는 것이다. 이런 차원들이 학생들의 활동을 평가하는 아주 강력한 렌즈의 구실을 할 수 있으리라는 믿음이 있다. 그러나 이를 학교 등의 체제에 도입하는 것은 쉽지 않다. 오히려 이런 차원들에 대한 고려가 자연스럽게 이루어져 교사와 학생이 협력하는 방법을 배우고 이를 통해 프로젝트의 발전을 꾀할 수 있기를 바란다(Seidel 외, 1997).

아직까지는 이러한 노력에 연구 초점이 맞추어져 있다. 연구자는 교사에게 논의를 위한 사례들을 제시해줄 수 있고, 목적이나 차원이 뒤섞여 있는 용어를 정리해줌으로써 논의의 지침을 제시할 수 있다. 학생의 노력을 신중하게 평가해온 교사는 분명 앞서 논의한 것과 비슷한 차원을 자신의 평가 기준으로 삼았을 것이다. 그런 의미에서 5가지 차원은 모든 평가 체계의 모체로 작용할 수 있다. 이런 체계가 적용된다면, 학교는 학생의 활동

결과를 다른 학생의 활동 결과와 비교할 수 있게 되고, 그 결과 평가과정은 개선될 것이다.

프로젝트 평가는 자연스럽게 프로젝트 수준에 초점이 맞추어져 있다. 그러나 우리는 다른 두 가지 측면에도 관심을 갖는다. 하나는 프로젝트가 학생 개개인의 특별한 강점과 약점, 특이성과 지능 프로파일을 드러내준다는 사실이고, 다른 하나는 프로젝트가 도서관이나 컴퓨터 데이터베이스 등 다른 자원들의 사용뿐 아니라 다른 학생, 교사, 그리고 외부 전문가들과의 협력까지도 이끌어낼 수 있다는 사실이다.

혼자 또는 다른 사람과 협력하여 프로젝트를 수행했다고 해서 평가가 달라지는 것은 아니다. 오히려 이런 특성들은 프로젝트에의 참여를 활성화하므로 효과적으로 활용하는 것이 좋다. 특히 학생들은 다른 사람과 협력함으로써 프로젝트를 수립하고 진행하는 다양한 방법을 터득하게 된다. 더욱이 학생들은 자신의 스타일과 역할 등을 프로젝트에 반영함으로써 졸업 후 사회에서 참여하게 될 프로젝트 활동에 대비할 수 있게 된다.

프로젝트의 토대

우리는 또한 연구자로서 프로젝트에 참여하기도 했다. 처음에 연구자와 교사는 학생이 스스로 프로젝트를 만들 수 있으리라 생각했다. 그러나 학교의 도움 없이는 대부분의 프로젝트들이 부모에 의해 수행되거나, 또는 이전의 다른 프로젝트를 모방했다(기상도처럼 생긴 전시물 앞에서 기상캐스터처럼 발표하는 것이 특히 그렇다). 학생들이 그들의 프로젝트를 개념화하고 발전시켜 발표하려면 어느 정도의 지도가 필요하다. '비계설정 (scaffolded)'이라는 용어는 그 활동의 다양한 국면과 측면에서의 선택을 의미한다.

    비계설정 같은 지원 활동은 프로젝트에 대한 학생들의 도전을 전혀 훼손하지 않고, 오히려 학생들의 적극적인 참여를 유도하여 프로젝트 실행 능력을 성장시키는 것 같다. 교과목이나 파드 등에서 도제관계의 도움을 얻듯이 학생들은 프로젝트의 구성과 실행에서도 도제관계의 도움을 얻을 수 있다. 어떤 학생들은 스포츠나 음악 교습 등에서 형성되는 것과 같은 도제관계를 가정이나 지역사회 활동에서도 맺게 된다. 그러나 이런 기회가 없는 거의 대부분의 학생들에게는 학교가 바로 프로젝트를 통해 도제 경험을 쌓을 수 있는 유일한 장소다. 학교에서 도제 경험을 하지 못하면 그들은 실제 사회의 도제관계에 대해 아무런 준비 없이 학교를 졸업하게 된다.

    프로젝트를 수행하는 과정은 새로운 이해를 촉진시킨다. 어떤 프로젝트는 학생들이 이전에 숙달했던 개념, 새로운 목표, 기획의 기술 등을 정리할 기회를 갖게 해준다. 이렇게 표상에 대한 이전의 형태를 어떻게 그리는지에 대한 지식이나 새로운 도전에 부딪히기 위한 이해는 아주 중요한 학습이 된다. 프로젝트를 계획하고, 자신의 자원을 조사하고, 최종 결과물을 만들고, 동료 학생이나 교사의 질문에 대답하고, 활동 상황을 비디오로 찍은 후 비판적으로 시청하는 것은 프로젝트의 현실화에 기여할 뿐 아니라 프로젝트의 주제에 대한 학생들의 이해를 증진시킨다.

    핵심 학습 공동체의 이런 특성은 아동 중기에 몇 가지 교육적 장치의 효과를 두드러지게 한다. 프로젝트에 의해 제공되는 자원들을 풍부한 환경 속에 활용하기 위해서는 다소 형식적인 도제관계가 요구된다. 기술은 영역에 적합한 형태로 학습되고, 그 기술의 목적과 활용은 도제의 의식에 생생하게 남는다. 이와 동시에 과목은 거의 동기 유발을 하지 못하는 분리된 형태로 제시되기보다는 학교 교육과정 전반에 걸쳐 반향할 수 있는 주제로 제시된다. 학생들의 새로운 지식과 기술은 프로젝트 수행 과정에 동원되는데, 이는 학생과 그 가족, 그리고 더 넓은 지역사회에 의미가 있는 것이다. 이러한 기술과 프로젝트는 일상적인 학교생활에서 평가를 받으며, 여기에는 교사뿐 아니라 동료학생들, 더 나아가 학생 스스로가 수행하는 평가를 포함한다. 학생들은 그 프로젝트 자체의 다양한 관점은 물론이고 다양한 관찰자의 관점까지 이해하게 되고, 프로젝트가 점점 발전하는 모습을 볼 수 있게 된다. 이런 과정은 가끔 전혀 예측하지 못한 방식으로 이루어지기도 한다.

프로젝트를 모든 교육적 병폐에 대한 만병통치약이나, 지식의 열반으로 나아가는 왕도로 간주하는 것은 잘못이다. 어떤 내용은 좀더 전통적인 방법(기계적인 암기, 또는 단순연산 등)으로 가르쳐야 한다. 어떤 프로젝트는 학생에게 아무 것도 주는 것 없이 빈둥거리게 할 수 있고, 또 어떤 프로젝트는 필수교과내용에 대한 기초적인 이해의 부족을 숨기는 데 일조를 하기도 한다. 그러나 최상의 경우 프로젝트는 수많은 목적을 아주 우수하게 달성해낸다. 프로젝트는 학생을 자극하여 밑그림을 그리고, 그것을 수정하고, 그에 대해 재고하도록 한다. 또한 협동성을 촉진하여 학생 각자가 집단의 활동에 기여하게 한다. 프로젝트는 졸업 후 사회에서 수행하게 될 일들을 모방한 것이다. 프로젝트를 통해 학생들은 자신의 강점을 발견하고, 추후 그 강점을 계발하는 데 최선을 다하게 된다. 즉 깊은 참여감 혹은 몰입을 일으켜 외재적 동기를 내재적 동기로 대체하게 한다(Csikszentmihalyi, 1990b). 프로젝트의 가장 중요한 역할은 학생들이 정규교육과정으로 성취한 것들을 표출할 수 있는 최적의 장소를 제공한다는 점이다.

프로젝트 교수법은 미국 교육계에서 오랫동안 활용되어왔다. 그러나 지난 20년간 내가 프로젝트 교수법의 가능성을 탐구할 수 있었던 것은 순전히 핵심 학습 공동체 덕분이었다. 프로젝트 교수법은 미국은 물론이고 전 세계에서 비판받기 쉬운 위치에 놓여 있다. 이렇게 말하는 이유는 간단하다. 다양한 국가적, 국제적 검사들은 이제 거의 모든 교육체계에서 핵심적 위치를 차지하고 있기 때문이다. 그런 검사에서 한 국가의 성적이 향상(또는 다행히도 유지)된다면 그 국가의 교육과정과 교수법이 전 세계로 퍼져나간다. 그렇게 온갖 검사도구들이 교육제도를 좌지우지하는 한, 완결된 프로젝트를 수행하기는 어려울 것이다.

프로젝트가 없어지는 것은 비극이다. 특히 중학생 때 프로젝트를 수행해보지 못한다면 정말 슬플 것이다. 아주 잘 설계된 프로젝트가 제시되지만 학생들은 깊이 없는 연구와 미디어의 모방 등에 의해 무가치한 수업을 받는다. 프로젝트는 학생들의 동기를 강화하고 기억에 오래 남는다. 학생들은 많은 시간과 노력을 투자한 가장 좋은 프로젝트만을 기억하기 때문이다. 프로젝트를 가치 있게 생각한다면 교육과정에 우수한 프로젝트가 채택될 수 있도록 최고의 사례를 만들어야 한다. 학생들의 프로젝트 활동을 평가할 수 있는 합리적인 방법이 있다면 그 사례를 뒷받침해줄 수 있을 것이다.

Chapter 8

'훈련받은 이해'에 도달하는 방법

교실에서 학생들은 내용을 이해한 것처럼 보인다. 그들은 그들이 기억하고 있는, 규칙이 내포되어 있는 사실적 정보를 교사에게 내보이곤 한다. 그러나 학교에서 배운 개념, 사실, 기술을 새로운 상황에 적용하라는 요구를 받는다면, 곧 그들은 몰이해를 드러낼 것이다. 아마 다시 다섯 살배기 아이의 수준이 되어버릴 것이다.

많은 사람들이 지난 수십 년간 미국 등지에서 이루어진 교육개혁에 지대한 관심을 보이고 있다. 그러나 놀랍게도 아이들을 교육시키거나 우리가 교육받아야 하는 이유에 대해서는 거의 논의가 이루어지지 않았다. 여기서는 인간의 지적 잠재 능력에 초점을 맞추고, 지금까지 교육목표에 대한 논의가 부족했던 이유를 조명해보고자 한다.

여기서는 이러한 불균형이 해소되기를 바라며 교육의 주된 목적을 논의하고 전 연령층을 대상으로 이러한 목적을 달성할 수 있는 방법을 탐색해볼 것이다. 또한 중등학교 이후의 과제로 볼 수 있는 훈련받은 이해(disciplinary understanding)에 대해서도 집중 조명해볼 것이다. 특히 중요한 학습 과제를 각각의 지능과 관련된 다양한 관점으로 학습할 경우 어떻게 결정적인 생각과 개념들이 획득되는지 보여주고자 한다.

교육의 최우선 목표, 이해

교육이 이해를 추구해야 한다는 주장에 의문을 제기할 사람은 거의 없을 것이다. 그러나 "이해란 무엇인가? 그리고 이해에 도달한 것을 어떻게 알 수 있는가?"라는 질문을 던져보면, 이해라는 개념의 난점이 쉽게 드러난다. 교육계의 수많은 인사들은 이해의 본질을 분명하게 알지 못하며, 마찬가지로 이해에 도달했음을 어떻게 파악하는지도 모르는 것 같다.

나의 저서인 『교육받지 않은 마음(The Unschooled Mind, 1991c)』에는 이해의 정의가 제시되어 있다. 즉 한 개인이 교육을 통해 획득한 지식, 개념, 기술(추후에 지식이라는 말로 요약할 수 있는 것)을 새로운 사례나 상황에 적용할 수 있을 때 '이해'한 것이다. 추론하면 지식을 적용할 수 없거나 새로운 상황에 부적절한 지식을 사용하려 한다면 이해를 하지 못한 것이다.

이해를 보여주는 사례를 1991년에 터진 걸프 전쟁에서 찾아보자. 미국은 이라크의 위협을 받던 쿠웨이트를 해방시키기 위해 다국적군을 이끌었고, 그 과정에서 전 세계의 힘의 균형이 재편되었다. 그 지역에 대해 정치적으로나 역사적으로 이해한 사람들은 이런 상황을 설명할 수 있고, 전쟁 이전의 상태가 영원히 지속될지를 비롯해서 전쟁 후에 일어날 혹은 일어나지 않을 일을 예측할 수 있다. 물리학의 원리를 이해하는 사람은 이라크군이 발사한 스커드미사일을 무력화하기 위해 패트리엇미사일을 어떻게 조준·발사해야 하는지를 알고 있고, 폭발 후 미사일 파편이 어떻게 떨어질지를 예측할 수 있다. 마지막으로 경제학의 원리를 이해한 사람은 예상치 못했던 많은 지출이 미국 경제에 어떤 영향을 미칠 것인지 예견할 수 있다(2006년 초 내가 이 글을 쓰고 있을 때에도, 2003년 3월에 시작된 이라크 전쟁의 결말은 지어지지 않고 있었다).

지난 몇 십 년간 이루어진 상당량의 인지 연구로, 매우 우려스러운 사실이 알려졌다. 즉 미국을 비롯한 산업화된 국가의 학생들 대부분이 학교에서 배운 내용을 이해하지 못한다는 것이다. 아무리 우등생이라도 낯선 상황에 직면하면 학교에서 배운 개념을 활용하지 못한다. 그 결정적인 증거를 물리학에서 확인할 수 있다. MIT나 존스 홉킨스 대학교 같은 물리학 명문 대학에서 좋은 성적을 받은 학생들도 학교에서 배운 지식을 학교 밖의 게임에 적용하지 못한다(실제로 그들은 물리학과 관련된 질문에 '교육받지 않은' 다섯 살배기 아이들처럼 답을 하곤 한다).

그러나『교육받지 않은 마음』에서 제시했듯이 이러한 문제는 비단 자연과학에만 국한된 것은 아니다. 사실 통계학, 수학, 심리학, 문학, 역사, 예술 분야에서도 똑같은 상황이 벌어진다. 교실에서 학생들은 내용을 이해한 것처럼 보인다. 그들은 그들이 기억하고 있는, 규칙이 내포되어 있는 사실적 정보를 교사에게 내보이곤 한다. 그러나 학교에서 배운 개념, 사실, 기술을 새로운 상황에 적용하라는 요구를 받는다면, 곧 그들은 몰이해를 드러낼 것이다. 아마 다시 다섯 살배기 아이의 수준이 되어버릴 것이다. 우리 사회에서 그렇지 않은 사람이 있다고 말하는 것은 불필요하다. 왜냐하면 걸프 전쟁의 예에서 확인한 것처럼 우리 사회에서 특정 사건과 그 진행 과정을 이해하고 있는 사람은 그리 많지 않기 때문이다.

두 말할 나위 없이 이런 상황은 고민거리다. 학생들에게 기초적인 읽기, 쓰기, 셈하기를 성공적으로 가르친 훌륭한 학교가 보다 급박하고 기본적인 시험에서는 낙제한 것이다. 심지어 우수한 학생들조차도 과학, 수학, 인문학, 예술 등을 제대로 이해하지 못했다는 말을 듣는다. 10년 또는 20년간의 교육이 '그 체제'의 기대에 합당한 목표를 성취하지 못했다고 지적해도, 결코 과장은 아닐 것이다.

이해를 성취하는 방법과 이해를 증명하는 방법

주요 학문 영역에서 이해를 성취하는 것은 미국의 교육 체제에서 가장 중요한 목표가 되어야 한다. 슬픈 일이지만, 만약 이것이 교육의 핵심적 목표가 되지 못한다면 이해는 결코 달성되지 않을 것이다. 우선 교사들은 학생이 획득해야 할 일련의 이해에 대해 합의해야 한다. 나는 국가적 수준에서 그러한 합의가 이루어지는 것이 타당하다고 생각한다. 그리고 그것은 국제적 수준에서도 유익할 것이다. 각 학교는 '이해의 문제'에 고심하면서도, 자신만의 이해를 규명하기 위해 무(無)에서 시작하는데 이것은 적절하지 않다. 몇 가지 학문적인 이해의 기준들을 살펴보자.

- 물리학도는 물리학 실험실의 다양한 목적을 위해 설계된 실험뿐만 아니라 일상세계에서 만나는 대상과 현상의 작용에 대해 설명할 수 있어야 한다.
- 수학도는 상대적인 양을 삶의 장면 속에서 측정할 수 있어야 하고, 효과적으로 장·단기간의 투자를 할 수 있어야 하며, 보험이나 주택의 대부금 원리를 이해할 수 있어야 하고, 납세 신고서를 쓸 수 있어야 한다.
- 역사학도는 일간지나 주간지를 읽고 관련된 역사적 규칙을 이끌어낼 수 있어야 하고, 이를 바탕으로 현재 어떤 일이 일어나고 있으며, 이후 어떤 일이 발생할 것인지를 예측할 수 있어야 한다.
- 문학도나 예술학도는 적절한 장르에서 간단한 작품을 만들 수 있어

야 하고, 자신의 문화권 내외부에서 만들어진 작품의 질을 평가할 수 있어야 한다. 그리고 스스로 창작하거나 평가한 작품에 대한 의견을 제시할 때에도 작품을 자신의 삶이나 관심과 관련시켜 생각할 수 있어야 한다.

이러한 목표는 특별히 논쟁의 여지가 있거나, 달성하기 어려운 것이 아니다. 그러나 소수의 학교는 실제로 '이해 목표' 같은 것을 추구하고 있고, 극소수의 학교에서는 '이해의 수행'을 학생들에게 궁극적으로 요구하고 있다는 사실에 주목해야 한다.

내가 『열린 마음(To Open Minds, 1986b)』에서 사용했던 것처럼 수행과 이해를 대조하는 일은 때로 유용하다. 어떤 교육 시스템은 수행을 강조한다. 여기서 말하는 수행이란 교사가 처음에 보여주었던 의례적이고 암기된 일련의 과정이나 패턴을 학생들이 충실하게 본받는 것이다. 중국 등의 다양한 전통적 교육체제가 수행을 강조하는 체제의 예로 흔히 인용된다. 대조적으로 서양의 교육 제도는 이해를 강조한다. 이해란 표면 이면의 것을 밝히고, 기저의 원인을 파악하고, 글이나 예술 작품을 분석하고, 그것의 원리를 기술하는 능력이다. 공자가 수행을 강조하는 대표적인 사례라면, 소크라테스는 이해를 강조하는 전형적인 사례라 할 수 있다.

치밀한 연구를 통해 이해란 학생들의 수행을 통해서만 확인되고 평가될 수 있음이 명확해졌다. 우리는 학생이 관련된 수행을 보이지 않는다면 물리학의 원리를 이해했는지 알 수 없다. 분명 이러한 수행은 두 변인 사이의 관계를 설명하는 공식을 활용하거나 특정 환경에서 두 사물이 충돌했을 때 어떤 일이 발생하는지 예측하는 것을 포함한다. 이들 모두 이해의 수행이다. 마찬가지로 학생들이 미국의 역사와 관련된 수행을 보이지 않는다면 그들이 정말로 미국 역사의 특정 시기를 이해했는지 알 수 없다. 우리는 미국 역사에 무지한 사람들에게 특정 시기를 자세히 설명하거나, 사건 전후 시기를 관련지어 보이거나, 중요한 역사적 전례에 비추어 오늘 신문에 소개된 사건을 해석하거나, 작품에 생명력을 불어넣는 인물이나 사건을 연상시킴으로써 각 시기의 예술 작품을 새롭게 조명할 수 있다.

내가 하버드 대학교의 티나 블라이스(Tina Blythe), 베로니카 부아-만실라(Veronica Boix Mansilla), 로이스 헤틀랜드(Lois Hetland), 데이비드 퍼킨스(David Perkins), 비토 페론(Vito Perrone), 스톤 위스크(Stone Wiske) 등이 참여한 것으로 교사들이 그러한 수행을 정의내리는 것이 결코 쉬운 일은 아니지만, 그렇다고 불가능한 일도 아니라는 것을 보여주었다. 일단 이러한 정의가 내려지면 다음에 이어지는 단계는 학생과 이러한 수행을 공유하는 것이다. 학생은 교사가 그들에게 궁극적으로 혼자서 혹은 다른 동료 학생들과 함께 해내기를 원하는 수행에 친숙해져야 한다. 그리고 교사들은 그러한 수행을 수업이나 단원의 마지막에 개별적으로 시행하기보다는 첫 수업부터 학생들이 연습할 수 있게 해야 한다. 마찬가지로 학생들은 가능한 빠른 시간 내에 평가의 과정에 동참해야 한다. 평가는 학기 마지막에 교사나 외부 평가자에 의해 시행되기보다는, 학생들이 성숙한 태도로 참여할 수 있도록 이전에 구성되어야 한다. 이러한 평가 활동은 학생들이 보여줄 수행의 본질을 반영해야 하며 동시에 향상을 위한 수단이 되어야 한다. 그리고 학생들은 이러한 활동에 책임감 있게 참여해야 한다.

교육과정에 적용하기

이해를 위한 교육에 앞서 가장 중요한 것은 교육과정을 대폭 축소하는 것이다. 만약 이해를 시키고자 한다면 모든 것을 다 가르치려는 잘못된 노력은 그만두어야 한다. 광범위한 학습 범위는 피상적인 학습만을 낳게 된다. 기껏해야 머릿속을 단답형 시험이 끝나자마자 잊혀질 온갖 사실적인 지식들로 채울 뿐이다. 오히려 우리는 '적은 범위(un-coverage)'을 지향하고, '적을수록 좋다'는 원리를 모토로 삼아야 한다.

이해를 위한 교육에서는 학생들에게 이해시키고 싶은 개념과 학생들이 수업을 끝마쳤을 때 보여주기를 원하는 수행에 대한 정의가 중요하다. 이러한 최종 상태나 최종 결과물(final exhibition)은 교육과정이나 평가가 만들어지는 과정 및 수정되는 과정의 기반이 된다. 학습 초기에는 가능한 수준까지 학생들에게 이러한 개념과 수행을 명백하게 제공해야 하고 그것을 정기적으로 활용할 기회도 마련해야 한다. 예를 들어 민주주의 제도를 이해시키는 것이 역사와 사회 수업의 중요한 목표라면 교육과정과 평가는 학교생활이 시작되는 첫 해부터 이러한 이해를 추구해야 한다. 마찬가지로 진화의 과정과 원리를 이해하는 것이 생물 수업의 중요한 목표라면 초등학생들에게 진화 현상에 익숙해질 수 있는 활동과 그들이 재미있어 할 만한 수행을 제공함으로써 그것을 연습하도록 해야 한다. 즉 이해를 위한 교육은 풍부하고 생성적인 주제를 초등교육에서 고등교육에 이르기까지 반성적으로 반복하는 나선형 교육과정인 것이다.

이러한 과정은 각 학년 교사들 간의 정기적 교류와 학습들 간의 연속성을 요구한다. 한 학년을 담당하는 교사들은 그들의 학생이 이전 학년에 무엇을 했는지, 그리고 내년에는 무엇을 하게 될지 전혀 모르는 경우가 많다. 마치 각 학년이 침범하면 안 되는 시기라도 된 듯이 매 학기는 무에서 시작된다. 물론 학생과 학부모도 잘못이 있다. 으레 그들은 학년 간, 학기 간, 심지어 서로 연결된 수업 간의 연속성에조차 관심을 갖지 않는다. 작년 수학 시간, 혹은 영어 시간에 배운 것이 올해의 과제와 관련되어 있다고 생각하지 않는다. 역사 수업에서 얻은 글쓰기에 관한 정보는 영어나 과학 수업의 작문 과제와는 거의 관련이 없는 것처럼 여겨진다. 이것은 학교 간, 지역 간 교육과정의 관련성이 필요하다는 사실을 다시 한 번 일깨운다.

앞선 논의에서 내가 모든 학생들이 알아야 할 학습 내용인 '핵심 지식(core knowledge)'을 지지한다는 사실이 명백해졌을 것이다. 이러한 선호가 책이나 원리의 규범적 목록의 형태로 받아들여지는 것이 아님을 명심하라. 그런 위임은 적절하다거나 탁월하다는 것이 아니다. 오히려 진화나 민주주의같이 풍부하고 생산적인 특정 개념에 대한 합의나 새롭게 직면하는 생물학적 현상이나, 최근의 정치적인 사건에 이러한 개념을 적용하는 것과 같이 이해를 드러낼 수 있는 수행에 관심을 가져야 한다. 모든 교육받은 사람들이 새로운 생물학적 발견의 의미를 이해하고, 경제적 쇠락이 갖는 정치적인 의미를 예견하며, 오랜 기간 지속된 법적 사건에 대해 자신만의 의견을 갖게 되기를 기대한다.

전문화된 지식과 종합적인 지식의 균형

그러나 다중지능이론의 두 가지 핵심인 사회 내부에서 일어나는 일반적인 형태의 지식에 대한 욕구와, 개인의 재능이나 흥미를 인식해야 한다는 필요성은 어떻게 중재될 수 있을까? 서로 다른 발달 수준 및 단계에 대한 교육학적 이해가 이러한 질문에 해답이 될 수 있다.

전 세계 아이들이 7세 전후에 학교교육을 시작하는 것은 분명 우연이 아니다. 이 시기에 아이들은 물리적이고 사회적인 세계를 알게 되고, 자연스러운 학습과정을 통해 상징체계를 깨닫게 된다. 어느 정도는 아무런 교육도 받지 않고 자연스럽게 습득한 상징체계만으로 충분할 수 있다. 실제로 기술문명의 지배를 받지 않는 문화에서는 이러한 아이들을 어린 성인으로 간주하기도 한다.

그러나 문명화된 기술 중심의 문화에서는 유능한 어른들의 능력과 관심을 따라잡기 위해 아이들은 수학적 표기체계, 과학적 표기체계, 그래픽 기술(지도, 표), 그리고 음악·춤·공학에 사용되는 전문적인 표기체계 등 문화의 다양한 표기체계를 읽을 수 있어야 하고, 여기에 숙달해야 한다. 십여 년에 걸친 이러한 지식의 전수는 학교의 임무다.

학령기 아동은 더 어린 아동과는 몇 가지 점에서 다르다. 학령기 이전 아동은 탐험, 환상, 제한적인 실험을 자유롭게 즐긴다. 그들은 은유적인 이야기를 많이 하고, 쉽게 관련성에 공감한다. 그러나 8, 9세가 되면 대부분의 아이들은 다소 다른 사람으로 변해간다. 그들은 특정 직업 등에서 통용되는 원리나 문화의 규율을 익히고자 한다. 그들은 암시적인 언어 대신 정확한 언어를 구사하고자 한다. 그들은 공상적이거나 추상적이지 않고 사진처럼 실물과 유사한 그림을 그리고자 한다. 또한 의복, 행동, 게임, 도덕적 상황, 그외 문화적 활동에서 요구되는 규율에 충실하고자 하며, 거의 탈선하는 법이 없다.

이러한 마음가짐과 초점의 변화는 교육적 기회를 제공한다. 분명히 학교교육이 처음 시작되는 해는 아이들이 각 문화의 상징체계를 익힐 수 있는 중요한 시기다. 대체로 아이들은 이러한 기호체계를 혼자서 습득할 수 없다. 그 때문에 형식적인 학교교육이 6, 7세에 시작되는 것이다. 아무 것도 모르는 지식의 진공상태에서 이러한 표기체계를 배우는 것이 아니므로 표기체계를 학습하는 것은 생각보다 훨씬 어렵다. 아이들은 학령기 이전에 획득한 이해를 기반으로 삼는다. 그래서 활자는 구두 언어 기술, 악보는 아이들이 음악에 대해 가지고 있던 직관적인 혹은 수식적인 감각, 과학적 개념은 물리적 세계에 대한 상식적인 이해와 관련짓고자 한다. 이것은 중요한 도전 과제다. 그렇지 않으면 아이들은 하나의 통합된 이해보다는 현실과 유리된 두 가지 지식 체계를 떠안아야 하기 때문이다.

또한 이 연령이 되면 아이들은 특정 영역에 대한 기술을 배울 준비가 된다. 그리고 배우고자 하는 마음도 커진다. 그들은 원근법을 이용하여 그림을 그리고, 작곡을 하며, 화학 실험을 수행하거나 컴퓨터 프로그램을 만들고 싶어 한다. 아이들이 가능한 모든 영역에서 이러한 활동을 하나하나 접하는 것은 바람직하다. 그러나 인간의 유한성으로 인해 그러한 목표는 이상일 뿐이다. 아이들에게 모든 형식의 예술, 운동, 학문 활동을 가르치려고 한다면 기껏 피상적인 수준의 지식밖에 전달할 수 없을 것이고, 행복하지 않은 상황에서 과도한 부담을 느끼게 되어 오히려 퇴보할 수도 있다.

그런 이유로 아동 중기(대략 8~14세)에 몇 가지 특정 영역에서 전문적으로 배울 것(specialization)을 추천한다. 아이들은 문해 능력(literacy)을 익히면서, 몇몇 영역에서 중요한 기술에 숙달할 기회를 가져야 한다. 평균적으로 예술 분야, 신체적인 훈련 분야, 한두 개의 학문 영역(과목)에서 이러한 기회를 가져야 한다. 그래서 10세가 되면 음악과 미술 수업을 듣고, 방과 후에 운동 · 체조 · 무용 활동에 참여해야 하며, 역사학, 생물학, 수학과 같은 과목의 수업을 정기적이며 점증적으로 들어야 하다.

이러한 초기 전문화가 바람직한 이유는 두 가지다. 우선 아이들이 일찌감치 학습 내용이나 일련의 기술에 숙달하기 위해 매일 시연을 받는 것이 중요하다. 이것은 아이들이 연습하고, 실천하고, 자신의 수준을 점검하고, 그것을 동일 영역에서 공부하는 동료의 수준과 비교함으로써 가능해진다. 이러한 기회가 없다면 아이들은 특정 직업 영역에서 능숙함을 보여야 할 때 상당한 어려움을 겪게 된다. 현대의 미국처럼 숙달에 대한 요구에 민감한 곳은 없다. 미국의 문화는 장기에 걸친 숙련보다는 신속함을 선호한다.

두 번째 이유는 그 후에 이어지는 학습 과정(career)과 직결된다. 개인은 자신의 적성에 부합하는 직업이나 취미를 갖게 되면 만족스러운 삶을 살고, 사회에 공헌하며, 자긍심을 획득한다. 어린 나이에는 다양한 지능과 광범위한 영역에 충분히 노출되었다가 아동 중기에는 관심의 폭이 좁혀지는 것이 바람직하다. 그 후 아이는 이후의 삶을 위해 전문성을 획득하게 된다. 아이들은 적어도 그러한 과정을 관리하고, 역량을 얻는 경험을 하게 된다.

어떻게 이러한 영역들을 선택하게 되는가? 다원화되고 민주적인 사회에서 선택은 아이와 가족의 몫이 되어야 하며, 이는 정보나 조언을 최대한 활용하여 이루어져야 한다. 아이들의 강점에 대한 합당한 평가는 아동 중기에 가능해진다. 이때 아이에게 맞는 학문 영역을 찾을 수 있다. 그러나 이와 같은 연결이 임의로 이루어진다 해도, 그 결과가 불행한 것만은 아니다. 중국의 사례를 관찰한 결과 조기에 비체계적인 방법에 근거하여 이러한 연결이 시도되는 것을 볼 수 있었다. 그런데 이렇게 연결된 영역에 관심을 가지고 기술을 계발하는 과정에서 아이들은 그 영역에 애착을 보이는 경우가 많았다.

학생이 전문화 영역을 찾은 후 도제교육을 통해 명확한 기술을 습득하는 것은 다소 심각하며 어려운 경험이다. 그러나 전문화를 고통스러운 다이어트처럼 생각할 필요는 없다. 열정적인 교사, 살아 숨쉬는 교육과정, 공감적인 멘토, 마음이 맞는 동료집단은 초기 숙달 단계를 멋지고 즐겁게 만들어줄 것이다. 사실 어떤 전문화 단계든 매개체나 상징체계가 다양하게 제시된 상태에서 이루어지는 비구조적인 서치라이트 기간이 있다. 그 후 보다 치밀한 레이저형 훈련 과정이 진행되며, 이러한 훈련 과정은 교사들이 보다 확실하고 개별적인 방법을 매개함으로써 통합될 수 있다.

이런 과정을 완수하기 위해 단 한 가지의 정답이나 방법만을 제시할 필요는 없다. 왜냐하면 이 연령의 아이들은 잘못된 가설을 세울 가능성이 높기 때문에 교사 등 성인들이 다양한 관점과 반응을 제시해주어야 한다.

'아동 중기(middle-aged child)'와는 대조적으로 청소년의 세계는 적어도 3가지 방향으로 개화된다. 그들이 접하는 영역은 넓어진다. 청소년의 영역은 가족이나 지역사회뿐 아니라 보다 큰 사회, 심지어 세계가 될 수도 있다. 또한 그들은 영역의 상위 수준을 접한다. 청소년은 보다 추상적인 형태의 논리적 사고를 하고, 사색을 하며, 가설적이고 이론적인 것을 다룰 수 있다. 또한 그들이 접하는 영역은 보다 심원해진다. 청소년들은 이전보다 훨씬 충만한 방법으로 개인적 감정, 공포, 포부를 처리하고, 자신의 삶을 끊임없이 탐색한다.

피아제의 형식적 사고는 더 이상 그대로 수용되지 않지만, 그의 이론이 제공하는 개념적 기반은 청소년이 총체적인 사고체계를 보다 용이하게 다룰 수 있음을 암시한다. 청소년기 이전의 아동은 사실, 법칙, 기술 그 자체에 관심을 가지는 반면 청소년은 가치, 보다 폭넓게 적용되는 원리, 의미심장한 이견, 적합한 기술의 활용에 관심을 가진다. 청소년들은 다양한 지식체(body of knowledge), 다양한 관점, 생산적인 산출을 가능하게 하는 다양한 분야 간의 관계에 새롭게 관심을 갖는다. 그들은 자아 정체감, 진로·학교교육·이성(異性)이나 다른 문화권의 사람들을 포괄하는 개인적 관계에 대한 결정을 개인적인 관심사와 관련시킨다.

청소년기는 고등교육 기간(고등학교, 대학교)에 해당한다. 선진국이든 개발도상국이든, 전 세계의 수많은 국가에서는 이 시기가 전문화를 증진시키는 기간으로 간주된다. 그러나 발달적 관점에서 볼 때 이러한 경향성은 발달시기상 적절하지 않은, 잘못된 것이다. 청소년들은 보다 폭넓은 삶의 영역과 관련지어 자신을 정의하기 때문에 그들이 보다 광범위한 화제, 주제, 학습 문제, 가치체계 등을 접하고 이러한 주제와 관련하여 생각해보도록 격려하는 것은 특히 중요한 일이다.

그래서 아동 중기의 교육과는 대조적으로 14~21세에는 보다 종합적인 지식이 강조되어야 한다. 이것은 예전 용어로 자유 교과라 표현할 수도 있지만 인문학 고전뿐만 아니라 과학적이고 기술적인 학문까지도 포괄하는 것으로 정의되어야 한다. 또한 이것은 교육과정 속에 윤리 문제, 최근 사건, 지역사회나 범세계적인 고민을 포함시켜야 한다는 요구를 내포하고 있다. 이러한 교육과정은 폭넓게 표본을 선택하고 동기화하여 다양한 관련성을 찾도록 격려하는, 보다 풍부하고 다방면에 걸친 프로젝트에 학생들의 참여를 유도한다.

물론 아동 중기의 제약이 청소년기가 된다고 해서 사라지는 것은 아니다. 7~14세에 세상을 탐색할 수 없었다면 분명 그 이후의 7년(14~21세)도 마찬가지일 것이다. 그럼에도 청소년기에 보다 종합적인 지식을 강조하는 것은 다음의 3가지 이유에서다. (1)광범위한 교육과정과 그에 대한 관심은 청소년기에 나타나는 정보 처리 특성에 부합한다. (2)모든 아이들이 주요 학문에 어느 정도 접하는 것이 바람직하다. (3)이 시기의 청소년들은 학제적인 사고를 좋아하고 영역을 넘나들며 사고한다.

거의 모든 교육자들은 학생들에게 이러한 경험을 주기 위해 애쓴다. 예를 들어 그들은 모든 정보를 제공하기보다는 사고방식이나 개념을 전달하는 교과과정, 핵심 교육과정, 주지 교과 및 비주지 교과 같은 지름길을 찾는다. 어떤 사람들은 교육받은 사람들이라면 알아야 할 지식이나 용어의 목록을 제안하기도 한다.

나는 청소년기에 보편적 교육과정을 마쳤지만 이 책에서는 굳이 그것을 소개하지 않을 것이다. 모든 학생들이 모든 과목을, 또는 동일한 과제를 배울 필요는 없다. 오히려 내가 강조하고 싶은 것은 인생을 7년 주기로 나누었을 때 세 번째로 맞이하는 7년(14~21세)은 첫 번째로 맞이하는 7년(0~6세)과 마찬가지로 협소한 영역에서의 전문화는 잠시 미뤄두고 비교적 폭넓은 영역을 탐색하는 시간이 되게 하자는 것이다. 그래서 많은 학생들이 학교에서 배운 지식을 학문적인 것 이외의 문제에 전이시키는 활동을 장려받고 심지어 그렇게 하도록 요구받아야 한다.

이를 위해 이해를 교육의 최적 목표로 소개하되 그에 대한 수행의 종류를 개괄적으로 제시하고, 학교에서 채택한 교육과정의 선택권을 함께 소개했다. 미국 등의 대부분의 교실에서는 이러한 교육이 거의 이루어지지 않아 학생 혼자서 이 모든 일을 해내야 하는 상황이다. 20~50명의 학생이 한 교실에 앉아 교사의 전달식 수업을 듣는 상황이 지속되는 한, 학생의 의견이 반영되지 않은 채 시간표에 따라 독단적으로 이 과목 저 과목 옮겨 다니는 수업이 지속되는 한, 이해를 위한 교육은 사실상 불가능하다.

이해의 발판이 되는 박물관

이해를 방해하는 방법은 많지만 이해를 성취하는 정형화된 방법이나 공식은 없다. 그럼에도 고대의 도제제도와 현대의 어린이 박물관은 보다 효과적인 교육을 위한 중요한 시사점을 던져준다.

7, 8세 아이들이 공식적인 학교에 다니지 않고 어린이 박물관, 과학박물관, 탐구센터 등에 참여하는 것을 상상해보라.[1] 이런 교육의 일부로서 어른들은 다양한 전시물 또는 표현물을 통해서 학문이나 창작물을 보여주는 역할을 한다. 컴퓨터 프로그래머는 기술 센터에서 일하고, 조련사나 동물학자는 동물과 함께 일하고, 자전거 기술자는 아이들 앞에서 자전거를 조립하며, 일본인 어머니는 일본식 집에서 다례 의식을 보여준다. 전시 계획자와 전시 기술자들도 아이들 앞에서 자신들의 일을 해나간다.

학교 교육을 이수하는 동안 아이들은 수많은 성인들과 함께 각 영역별로 독립된 도제교육에 참여하게 된다. 각각의 도제 집단은 연령과, 해당 영역(또는 과목)에서 지녀야 할 전문성의 수준이 다양한 학생들로 구성된다.

도제교육의 일환으로 아이들은 읽고 쓰는 능력을 다양하게 활용할 수 있게 된다. 예를 들어, 컴퓨터 프로그래머와 함께 일하면서 수나 컴퓨터 언어를 배우고, 자전거 기술자에게서 사용 설명서 읽는 법을 배우며, 일본인 가족과 상호작용하면서 일본어를 배우고, 전시 계획자와 벽에 포스터를 붙이면서 그들의 노하우를 얻게 된다. 학생을 대상으로 한 도제교육은 예술 활동, 운동, 손재주를 요하는 활동, 보다 학문적인 활동에 이르기까지 다양한 목표를 신중하게 다루고 있다. 전체적으로 이러한 활동은 각 문화에서 요구하는 기본적인 문해 능력인 우세 언어나, 언어들, 수학적이고 계산적인 활동, 다양한 직업 및 취미에 사용되는 표기체계를 다루는 기술을 포함하게 된다.

  대다수의 학습과 평가는 상호협력적으로 이루어진다. 학생들은 팀 내에서 서로 다른 수준의 기술과, 상호보완이 되는 기술을 요구하는 프로젝트에 참여하여 함께 작업한다. 따라서 자전거 조립팀은 부품의 위치를 잡고 조립하는 것에서부터 새로 조립한 자전거를 검사하고 설명서를 수정하며 광고 전단을 만드는 것에 이르기까지 총 여섯 명의 아이로 구성될 것이다. 또한 학습의 평가는 다양한 형식을 가정하여 "자전거는 실제로 만족스럽게 굴러가는가?" "구매자는 있는가?" 등과 같은 현장 검증 일지를 써나감으로써 학생 스스로 자가 점검하는 식이 된다. 각 팀의 연장자나 코치는 숙련된 전문가로서 학생들을, 장차 훈련을 받고 각각의 분야에 뛰어들 미래의 구성원으로 바라보기 때문에 활동 근거가 분명하고, 기대 수준이 높으며, 일이 순로롭게 진행될 때 만족감을 느낀다. 학생들은 의미 있으면서도 도전적인 활동에 처음 참여하기 때문에 자신들(또는 동료)이 올린 성과에 순수한 기쁨을 느낀다.

  어린아이들이 공립학교 대신 강도 높은 박물관 프로그램에 참여하는 것을 회의적으로 바라보는 시선도 있을 것이다. 그 두 종류의 교육방법은 극단적으로 다르다. 샌프란시스코에 엑스플로러토리움을 세운 프랭크 오펜하이머(Frank Oppenheimer)가 "박물관에서는 실패라는 것이 없다"라고 한 것처럼 박물관은 임의적이고, 자유로우며, 재미있고, 즐길 수 있는 교육을 제공한다. 이와 달리 학교는 진지하고, 정규적이며, 형식적이고, 상당히 맥락과 동떨어진 교육을 제공한다. 학생들을 학교 대신 박물관에 보내면 그들을 망치게 될까?

아마도 그 반대일 것이다. 우리는 학교(모든 학교가 그런 것은 아니다)에 아이를 출석시키는 것만으로도 아이를 망칠 수 있다. 학교교육이 대다수의 아동에게 어떤 의미를 갖든, 이제는 더 이상 그 많은 사람들을 지배하지는 못한다. 너무나 많은 학생들(그리고 너무나 많은 학부모와 교사들)이 학교를 다녀야 하는 정당한 이유를 찾지 못하고 있다. 학교에 다녀야 하는 이유를 학교 내의 경험에서는 찾을 수 없을 뿐 아니라, 학교에서 배운 것을 미래에 실제로 사용할 것이라는 믿음도 없다. 도심에 사는 고등학생이나 학부모에게 2차방정식이나 나폴레옹 전쟁을 배워야 하는 이유를 설명해보라! 실제 세계는 학교 밖에 존재한다. 즉 실제 세계는 미디어와 시장, 마약과 폭력 속에 더 빈번하게 존재한다. 학교에서 벌어지는 많은 일들은 학교의 정당성이 납득되어서가 아니라, 이전 세대부터 전해 내려오던 방식이기 때문에 유지되는 것이다. 학교는 진리의 보고나 교육의 항구라기보다 아동을 보호하고 관리하는 곳이라는 말을 종종 들어왔다.

물론 모범적으로 운영되는 학교도 있을 것이고, 허술하게 운영되는 박물관도 있을 것이다. 그러나 학습기관으로서 학교는 다소 시대에 뒤떨어진 반면, 박물관은 학생의 참여를 유도하고, 그들을 가르치며, 그들의 이해를 자극하고, 무엇보다도 학생이 자신의 학습에 대해 책임감을 느끼도록 돕는다.

두 제도가 이런 극적으로 상반된 의미를 갖게 된 것은 두 가지 상호보완적인 이유 때문이다. 우선 특권층의 아이들뿐 아니라 모든 아이들은 이전 시대와 비교할 수 없을 정도로 자극적인 시대를 살면서 비디오 게임부터 우주 탐험에 이르기까지, 초고속 교통수단에서부터 직접적이고 즉각적인 범세계적 의사소통 수단에 이르기까지 매력적인 미디어와 기술에 매일 노출되고 있다. 많은 경우 이러한 미디어는 놀라운 결과물을 만들어내는 데 활용된다. 교실에서 어린아이들과 동떨어진 교과목에 대해 수업을 하는 것은 아쉽게도 아이들을 동기화시키지 못한다. 반면에 과학관이나 어린이 박물관은 어린아이들의 참여 등을 통해 훌륭한 역할모델이 되었다. 과학관이나 박물관에 갖추어진 물건들은 여러 직업, 기술, 열망을 표현하는 것으로 학생들을 적절하게 자극하고 동기화시키는 역할을 한다.

앞에서 학생들이 학교에서 겪게 되는 몇 가지 어려움을 살펴보았다. 물론 박물관에서도 학생들은 어려움을 겪을 수 있다. 박물관 교육의 경우 낙제는 없지만, 전시물의 의미나 함의를 평가하고 감상하는 데 실패하는 일은 있을 수 있다. 실제로 이러한 잘못된 이해는 박물관을 일회적으로 방문했을 때 흔히 일어날 수 있다.

그러나 도제교육에 적극적이고 지속적으로 참여한다면 이해를 위한 보다 많은 기회를 접하게 될 것이다. 이러한 장기적인 관계 속에서 초보자는 다양한 기술, 절차, 개념, 상징, 표기체계를 배워야 하는 이유를 매일 발견하게 될 것이다. 그들은 역량을 갖춘 성인이 쉽고 자연스럽게 방법을 바꾸어가며 지식을 설명하는 모습을 관찰할 것이다. 그들은 잘못 유도된 분석의 영향을 직접 경험할 것이고, 성인이 훌륭한 사고 절차에 따라 일하는 모습을 보면서 즐거움을 느낄 것이다. 그들은 처음에는 성인 모델을 따라하다가 점차 자기만의 방법을 시도하는데, 이는 숙련자의 지원이나 비판으로 가능해지는 것 같다. 학생들은 최근 팀에 합류한 동료들에게 도움을 주는 한편, 더 뛰어난 학생들에게는 조언을 구할 것이다. 이를 통해 학생들은 무언가 할 수 있는 능력을 갖추어간다. 학생들은 기술과 개념을 적절하게 사용함으로써 자신이 이해했음을 보여준다.

 미래 세계에 적합한 형태의 이해를 교육목적으로 한다면, 박물관과 도제제도가 주는 시사점을 진지하게 받아들여야 한다. 모든 학교를 박물관으로 만들고 모든 교사를 숙련된 장인으로 갈아치울 필요는 없지만 박물관, 도제제도, 프로젝트 등의 대안을 가정, 학교, 작업장 등 모든 교육 환경에 보급하는 방법을 생각해보아야 한다. 학생의 지적 프로파일에 대한 정보는 학생들에게 멘토를 선정해주거나 흥미를 줄 만한 전시물을 찾아주는 데 도움을 줄 것이다. 그러나 지적 프로파일은 불변하는 것이 아니며, 멘토나 전시물을 통해서 지능 발달도 자극할 수 있을 것이다. 마지막으로 어린이 박물관과 도제교육의 장점을 통합시키려는 노력이 중요하다. 이상과 같은 기본 특징은 모든 교과목과 모든 연령대(학령 전기부터 은퇴 이후까지)에 걸친 교육 환경에서 핵심적인 위치를 차지할 것이다.

'훈련받은 이해'를 위한 일곱 가지 도입방법

 내가 인간의 재능과 학생들의 지적 강점을 구분하는 데 크게 관심을 기울이지 않는 것이 이상하게 보일 수도 있다. 그러나 이것은 오랜 생각 끝에 내려진 결정이다. 나는 교육목표와 과정을 계획하면서 학생들의 전반적인 성취에 대한 적정선의 기대와 학생들 사이의 일반적 관계를 알아야 했다.

 그러나 이제 지금까지 간과했던 사실에 다시 눈을 돌릴 때가 왔다. 앞에서는 개인이 다양한 방법으로 배우고, 다양한 지능 형태와 경향성을 보여준다는 사실을 방대한 증거와 함께 살펴보았다. 만일 이런 차이를 무시하고 모든 학생에게 동일한 방법으로 동일한 내용을 가르치려 한다면 이는 다중지능이론의 가장 중요한 뼈대를 없애는 것과 마찬가지다.

우선 다중지능이론은 더 어려운 교육적 임무를 제안하는 것처럼 보일 수 있다. 모든 개인이 동일한 재능을 보이고, 완전히 동일한 방법으로 배운다면 이보다 더 좋을 수는 없을 것이다. 그리고 실제로 교사는 한 번에 30명의 학생을 대상으로 하루 4, 5시간의 수업을 하기 때문에, 개별화 교육은 요원한 일로 보일 수 있다. 그러나 실제로 개인차가 존재하고 학생 고유의 지적 특성이 그들의 삶의 궤적과 성취물의 빛깔을 결정하기 때문에 이를 무시하는 것은 위험한 일이다.

학교에서 배우는 엄청난 학습량을 모두 감당하려 한다면 다중지능의 관점을 조금이라도 교육에 반영하려는 시도는 할 수 없다. 그러나 이해를 위한 가르침을 실천하기로 하고 주제를 깊이 있게 탐구한다면, 인지 프로파일에서 나타나는 개인차는 오히려 도움이 될 수 있다.

내 연구에 따르면 풍부하고 풍요로운 주제(가르칠 만한 가치가 있는 개념)를 가르칠 때 최소한 일곱 가지의 접근방법이 있다. 우리는 주제를 일곱 개의 문이 있는 방으로 생각했다. 어떤 도입방법이 적합한지, 어떤 방법으로 학습할 때 높은 성과를 올리는지는 학생마다 다르다. 이런 사실을 알면 교사들은 학생들이 보다 쉽게 이해할 수 있는 방법으로 새로운 학습 내용을 가르칠 수 있게 된다. 또한 학생들은 서로 다른 도입방법을 탐색함으로써 자신의 관점을 다각도로 개발하고 고정관념을 불식시킬 수 있게 된다.

여기서는 일곱 가지 도입방법을 살펴보고 각각의 방법이 자연과학(진화)과 사회과학(민주주의)을 배우는 데 어떻게 사용되는지 사례를 제시한다.

구술식 도입방법(narrational entry point)을 사용할 때에는 우선 의문스러운 개념에 대해 설명을 제시한다. 진화의 경우 추상적인 개념보다 한 개체의 진화와 같은 구체적인 사례를 추적해가거나 특정 유기체의 세대 변이를 추적할 수 있다. 민주주의의 경우라면 고대 그리스나 미국의 사례로 이야기를 풀어갈 것이다.

논리적인 도입방법(logical entry point)을 사용할 때에는 구조화된 논쟁을 통해 개념에 접근한다. 다윈은 너무나 많은 개체가 황량해진 공간에서 생존해야 할 때 인간 존재에게 어떤 일이 일어나는가를 유추하면서 진화론을 발전시켰다. 민주주의는 대중의 직접적인 참여 또는 선출된 대표를 통한 간접적인 참여로 이루어지는 정치 형태다.

수량적인 도입 방법(quantitative entry point)은 수치와 숫자의 관계를 다룬다. 다윈은 갈라파고스 섬에서 여러 종의 되새 개체수가 다르다는 사실에 주목하고 진화에 대해 숙고하기 시작했다. 헌법에 근거한 투표 유형을 조사하면 민주주의 제도가 제대로 작동하거나 난관에 봉착하는 여러 과정을 설명할 수 있게 된다.

근원적인(실존적인) 도입방법(foundational/existential entry point)은 철학적인 접근을 하거나 개념에 의문을 품는 접근법이다. 이러한 시도는 실제적이고 현실적인 사고를 가진 중년보다는 "왜?"와 같은 근원적인 의문을 가지는 어린아이들이나, 철학자처럼 사고하는 것을 즐기는 사람들에게 적절하다. 진화에 대한 근원적인 접근은 우리의 기원이나 변화를 탐구하는 이유, 점진적인 진화와 급진적인 변화의 차이, 목적과 최종적인 산물에 대한 인식론적인 상태 등에 대해 고민하는 것이다. 민주주의에 대한 근원적인 접근은 그 본질적 의미가 무엇인지, 각각의 의사결정 방식이나 통치 형태가 민주주의와 어떤 관계를 맺는지, 한 국가가 전제주의 대신 민주주의를 채택하는 이유가 무엇인지에 대해 탐구하는 것이다. 철학자 매슈 립먼(Matthew Lipman)은 아동 중기 학생들에게 근원적인 접근 방법을 소개하기 위해 학습 자료를 만들기도 했다(Lipman, Sharp, & Oscanyan, 1990).

이제 미학적인 접근(aesthetic approach)으로 옮겨가보자. 미학적인 접근은 삶의 경험에 대해 예술적 입장을 선호하는 학생들에게 효과적인 방법으로 감각적이거나 표면적인 특징을 강조한다. 진화의 경우 다양한 진화 계통을 조사하거나 시간에 따른 유기체의 형태 변화를 조사한다면 미적인 감각이 활성화될 것이다. 민주주의와 관련해 흥미로운 접근 중 하나는 여러 연주자의 조화로운 연주가 돋보이는 현악 사중주와, 한 사람의 지휘하에 일사불란하게 움직이는 오케스트라 연주를 들어보는 것이다. 이외에 좀더 익숙한 방법으로는 선거와 관련된 다양한 이익집단 사이의 협력 또는 반목이 어떻게 표출되는지 생각해보는 것이다.

여섯 번째 도입방법은 경험적인 접근(experiential approach)이다. 어린 아이뿐만 아니라 좀더 나이가 많은 아이도 개념이 내재되어 있는 학습 자료를 직접 다루어봄으로써 효과적으로 학습할 수 있다. 진화의 개념에 숙달하고자 하는 사람은 초파리를 기르면서 돌연변이가 나타나는 모습을 관찰할 수 있을 것이다. 물론 이제는 이런 반복 관찰이 컴퓨터 시뮬레이션으로도 가능해졌다. 사회 수업에서 다양한 통치과정에 따라 의사결정을 내리는 집단을 실제로 만들어보고, 다른 통치 형태와 비교하면서 대의 민주주의에 대한 찬반 의견을 관찰할 수 있을 것이다.

마지막 도입방법은 학생들 간의 협력적인 접근(collaborative approach)이다. 최근에는 모둠학습의 장점이 널리 알려지고 있다. 다른 학생들과 쉽게 어울리는 학생들은 모둠 프로젝트, 토의, 토론, 역할극, 직소(jigsaw) 활동[2]이 효과적인 것 같다. 토론을 좋아하는 학생들은 헉슬리(T. H. Huxley)와 새뮤얼 윌버포스(Samuel Wilverforce) 사이에 있었던 유명한 '진화' 관련 토론을 재현할 수 있다. 앞서 지적한 것처럼 학생들은 직선제, 대의제도, 지방자치제 등 민주주의의 다양한 제도를 재현해보면서 그 장점과 한계를 볼 수 있게 된다.

숙련된 교사는 한 가지 개념을 수많은 접근방법으로 제시할 수 있어야 한다. 숙련된 교사는 진화와 민주주의에 대해 정의를 내리고, 사례를 제시하고, 양적으로 생각하는 데서 그치지 않고 장기간에 걸쳐 여러 도입방법을 유용하게 사용한다. 효과적인 교사는 '교육의 중개인'으로서 다양한 학습 양식을 가진 학생들에게 가능하면 참여를 유도할 수 있는 효과적인 방법으로 관련 내용을 전달하려 할 것이다. 이를 위해서는 교과서, 영화, 컴퓨터 같은 교육 보조물에 관심을 가져야 한다.

다양한 도입방법을 사용함으로써 학생들의 오해, 편견, 고정관념을 해소할 수 있는 것으로 드러났다. 어떤 개념이나 문제에 단일한 관점을 가지고 있는 학생들은 제한되고 편협한 방식으로 개념을 이해할 게 뻔하다. 반대로 다양한 각도에서 바라본다면 학생들은 현상을 다양한 방식으로 이해하게 될 것이다.

다양한 도입방법은 두 가지 장점이 더 있다. 우선 주제에 한 가지 이상의 방법으로 접근함으로써 보다 많은 학생들에게 적합한 교육을 할 수 있다. 어떤 학생들은 이야기로 배울 때 더 잘 이해하고, 어떤 학생들은 미술작업으로 배울 때 더 잘 이해할 수 있다. 어떤 학생들은 과학은 수량적인 도입방법으로 배울 때 더 잘 이해하고 시는 근원적인 도입방법으로 배울 때 더 잘 이해한다. 둘째, 다양한 도입방법을 사용함으로써 전문적인 지식을 갖는다는 것이 무슨 의미인지를 알게 된다. 전문가는 자신의 전문 영역에 대해 구두로 기술하고 그림으로 표현하며, 행동으로 표출하고 공연 등 다양한 방법으로 표현할 수 있는 사람이다. 핵심 아이디어를 다양한 형식으로 접하고 다양한 방법으로 생각할 기회를 가짐으로써 학생들은 전문가들의 지식에 한 발 다가서게 된다.

특수 집단에 대한 조언

　모든 학생이 핵심 교육과정을 정복하고자 하는 경우에도 다중지능을 활용할 수 있다. 물론 교육은 상식을 전수해야 한다. 모든 학생들이 자신의 삶의 터전과 관련된 역사와 문학을 이해하고 세상을 지배하는 주요 생물학적, 물리학적 원리를 알아야 하는 만큼 자신의 강점을 알고 자신이 원하는 영역을 추구하는 것 역시 중요하다.

　내가 관찰한 바에 따르면 인간의 운명은 불가항력적인 것에 의해 결정되는 경우가 별로 없다. 삶의 궤적은 상당 부분 각자가 개발해온 능력과 기술로 구성되고, 각자가 타고난 또는 생의 초기에 발달시킨 지능 프로파일이 하나의 척도가 되어 삶의 궤적에 영향을 미친다. 토머스 에디슨(Thomas Edison), 윈스턴 처칠(Winston Churchill), 피카소, 아인슈타인과 같이 인류 역사상 가장 창의적이었던 사람들 중 상당수는 학습에 심각한 문제를 보였다. 그러나 그들은 이러한 문제로 좌절하는 대신 자신의 강점을 십분 활용하여 각자의 고유 영역에서 비범한 공헌을 했다. 따라서 교육의 책임을 위임받은 사람들은 어린아이의 강점과 성향에 특별한 관심을 기울여야 하는 막중한 책임을 지고 있다.

　따라서 내가 연구 초기부터 영재성을 갖춘 아이들, 특별한 재능을 보이는 아이들, 학습 장애를 가진 아이들, 장애가 있는 아이들, '특별'하다고 여겨지는 아이들에게 관심을 가진 것은 우연이 아니다. 이런 아이들의 특징은 평범한 방법으로 학교 수업을 들을 수 없다는 것이다. 그래서 이 아이들을 가르치는 사람들은 포기하거나 다른 효과적인 처방을 찾아야 하는 양자택일의 기로에 서게 된다(교육적인 기준에서 장애가 있다고 판단되는 학생뿐 아니라 고도의 영재성을 갖춘 학생도 마찬가지라는 사실이 최근 확인되었다).

　다중지능이론은 바로 이 부분에 상당한 도움이 될 수 있다. 다중지능이론은 진단이나 훈련에 유용한 도식과 정의를 제공할 뿐 아니라 드물게 한 가지 이상의 학습 유형을 보이는 학생들에게 유용하게 사용될 수 있다.

예를 들어, 읽기 장애가 있는 아동의 대다수는 시공간적인 활동으로 읽기 능력을 향상시킬 수 있다. 다중지능을 활용한 이러한 접근법은 우리에게 많은 시사점을 준다. 나는 어느 누구도 장애의 짐을 지는 것을 원하지 않으며 장애를 극복하는 경험 그 자체가 이후의 어려움을 극복하는 힘이 될 것이라 생각한다. 이것은 발명가 에디슨부터 정치가 넬슨 록펠러(Nelson Rockefeller), 시스코 시스템의 CEO인 존 체임버스(John Chambers) 등이 어린 시절 읽기 장애로 고통받았다는 사실에서도 알 수 있다.

또 다른 사례는 영어를 제2의 언어로 배우는 사람들과 관련되어 있다. 새로운 언어를 배우는 것은 하나의 언어를 다른 언어로 대체하는 것이라는 생각은 상황을 지나치게 단순화한 것이다. 다양한 문화권에서 언어는 다양한 방식으로 사용된다. 예를 들어, 어떤 문화권에서는 이야기나 판타지가 강조되고, 어떤 문화권 그리고 그 하위문화권에서는 사실적인 표현이 강조되며, 어떤 문화권에서는 간결하고 비유적인 표현이 선호된다. 게다가 언어는 몸짓, 노래, 감정표현 등 다양한 의사소통 방식과도 상호작용한다. 교사는 언어지능이 의사소통 과정에 관여하는 다른 지능과 적절하게 상호작용할 수 있는 방법뿐 아니라 새로운 언어를 가르치는 가장 효과적인 양식을 결정할 때에도 다중지능이론의 도움을 받을 수 있다.

그 외 다른 학습 장애가 있는 학생들에게도 다양한 방법으로 다중지능이론을 활용하는 것이 가능하다. 가장 직접적인 방법은 스펙트럼 형태의 평가 도구와 같이 강점 영역을 확인하고 아이에게 강점을 개발할 기회를 주는 것이다. 그렇게 하면 아이들은 직업이나 취미와의 연계하에 보다 숙련된 단계로 들어설 수 있다. 이때 생기는 자존감은 아이들이 이전에는 두려워 시도조차 못했던 과제에 맞설 용기를 줄 것이다.

강점을 확인하면 교육적인 성취에 보다 결정적인 영향을 미칠 수 있다. 때로 강점 영역을 활용하여 약점 영역을 효율적으로 가르칠 수도 있다. 예를 들어, 특별히 이야기에 재능이 있는 아이의 경우 이야기라는 편하고 쉬운 방식으로 어려운 수학, 음악, 과학 등을 배울 수 있을 것이다.

때때로 아이들의 강점 영역과 약점 영역 사이에는 구조적인 동질성이 나타나기도 한다. 예를 들어, 수학과 음악에는 수식적인 구조, 지리와 미술에는 공간적 구조가 공통적으로 나타난다. 감각적인 방법으로 전이를 시도한다면 미술이나 음악에 재능이 있는 아이들이 전통적인 교과에서 보다 높은 성취를 보일 수 있을 것이다. 이는 일반적으로 완전히 이질적인 것으로 여겨지는 영역들 사이에 존재하는 구조적인 동질성을 탐색함으로써 가능한 일이다.

교육은 평등하게 실행될 때조차도 매우 복잡한 과정이다. 교사, 학생, 학부모, 주지사, 학교 운영위원회, 장학사, 여론 주도자, 일반대중 등 교육과 관련된 이익 집단과 교과서, 시험, 교육과정, 지침서, 지도계획, 교수 과정, 지도 내용, 건물, 운동장, 학습보조물 등 교육과 관련된 온갖 항목들을 간단히 적은 목록만으로도 우리의 정보처리능력은 압도당한다. 이 목록은 더 늘어날 수도 있다!

나는 중요도에 따라 네 가지 요소를 제시하려 한다. 네 가지 요소는 다음과 같다. (1)이해에 맞추어진 교육 목표와, (2)실제 맥락 속에서 평가할 수 있는 이해의 수행, (3)서로 다른 개인의 강점에 대한 재인식, 그리고 (4)이러한 요소를 교육에 생산적으로 활용하려는 열정이다. 이런 요소들을 조화시켜 교육적 처방에 반영하려는 노력은 결코 하찮은 것이 아니다. 오히려 이 요소들은 발전을 가속시키고, 인간 공동의 유산, 우리의 문화적 배경, 개개인의 고유한 개성을 존중하는 교육을 가능하게 한다.

Chapter 9

고등학교에서의 숙련된 탐구, 아트 프로펠

예술교육이 창의성을 기르는 데 어느 정도나 활용되어야 하는가? 예술을 표준화된 교과과정에 포함시켜야 하는가, 아니면 따로 가르쳐야 하는가? 서구의 예술 중심으로 교육시킬 것인가, 아니면 우리의 예술은 다른 문화권의 예술과 동등한 위치를 차지해야 하는가? 예술교육은 창작에 초점을 두어야 하는가, 아니면 감상에 초점을 두어야 하는가? 예술적인 지식은 주로 사실적인 것인가, 아니면 인지와 메타인지의 독특한 형태를 포함하는 것인가?

    1990년대 초반 교육에 대한 관심이 예술 분야에서 부활했다. 다양한 이유로 예술 분야는 1980년대 미국의 교과과정에서 확고한 자리를 차지하게 되었다. 그러나 슬프게도 여전히 갈 길은 먼 것 같다. 21세기의 첫 10년 동안 점수로 모든 것을 판단하려는 풍조가 주류를 이루면서 대부분의 재원이 풍부한 공립학교는 높은 수준의 예술 교육을 실시하지 못했다. 그럼에도 예술 교육을 포기하는 것은 '반쪽짜리 머리를 가진' 것으로 여겨지기 때문에 우리는 예술 교육을 계속 지지하며, 예술이 교육과정의 기본이 되도록 노력할 것이다.

    수사학적인 차원에서 예술 교육 운동에 참여하는 사람들의 합의점을 찾는 것은 간단한 일이다. 거의 모든 사람들은 예술에 배정하는 수업 시간을 늘리고, 잘 훈련받은 교사를 확보하며, 예술 교육을 필수적인 졸업요건으로 하자고 주장한다. 그러나 그런 표면적인 일치 아래에는 첨예한 논쟁을 낳을 수 있는 골치 아픈 문제들이 숨어 있다(Burton, Lederman, & London, 1988; Davis, 2005; Dobbs, 1988; Eisner, 1987; Ewens, 1988; Getty, 1986; Jackson, 1987; Winner & Hetand, 2000; Zessoules, Woolf, & Gandner, 1988).

그런 문제들 중 일부는 실제적인 것과 관련되어 있다. 예술 분야의 전문가 교사를 확보하거나 정규 교사를 훈련시켜야 하는가? 한두 가지 형식의 예술에 초점을 두어야 하는가, 아니면 모든 형식의 예술에 초점을 맞추어야 하는가? 모든 지역이 단일한 교과과정을 갖추어야 하는가? 표준화된 검사를 활용해야 하는가? 그러나 곧 실제적인 문제를 초월하는 쟁점들이 나타난다. 예술교육이 창의성을 기르는 데 어느 정도나 활용되어야 하는가? 예술을 표준화된 교과과정에 포함시켜야 하는가, 아니면 따로 가르쳐야 하는가? 서구의 예술 중심으로 교육시킬 것인가, 아니면 우리의 예술은 다른 문화권의 예술과 동등한 위치를 차지해야 하는가? 예술교육은 창작에 초점을 두어야 하는가, 아니면 감상에 초점을 두어야 하는가? 예술적인 지식은 주로 사실적인 것인가, 아니면 인지와 메타인지의 독특한 형태를 포함하는 것인가?

예술 교육자들에게 이런 질문들은 새로운 것이 아니다. 그러나 자원의 배분이 문제가 될 때 이런 질문들이 특히 중요해진다. 그리고 결정이 내려지면 반향이 일어난다.

여기서는 주로 고등학교 수준에서 실시되는 예술 관련 교과과정과 평가에 대한 접근법 즉, 아트 프로펠(Arts PROPEL)을 소개하고자 한다. 아트 프로펠의 수많은 특징들은 동시대의 주요 접근법과 공통되는 것이지만, 지적 근원과 그것을 구성하는 구성요소에는 차이가 있다. 그러므로 여기서는 하버드 교육대학원의 프로젝트 제로(Project Zero)가 지난 40년간 개발해온 예술 교육과 그 실제에 대해 대략적으로 소개할 것이다.

수십 년간 수백 명의 연구자들이 프로젝트 제로에 참여했고, 프로젝트 제로는 인문학과 사회과학 분야에 기여해왔다. 우리의 공동 작업은 수많은 간행물에 소개되었고(Gardner, 1982, 2000; Goodman, Perkins, & Gardner, 1972; Perkins & Leondar, 1977; Winner, 1982; www.pzweb.harvard.edu도 참조하라), 「심미적 교육 저널(Journal of Aesthetic Education)」의 주제였다(Gardner & Perkins, 1988). 따라서 여기에서 우리의 주요 연구 업적을 소개하는 것은 불필요한 일로 보인다.

그러나 아트 프로펠과 직접적으로 관련된 일련의 분석을 소개하는 것은 당연한 일인 듯싶다. 초기에 우리는 넬슨 굿맨이 기술한 일종의 상징 활용 역량에 대해 아동을 대상으로 연구했는데(Nelson Goodman, 1968), 이때 피아제가 고안한 혁신적인 연구방법이 적용되었다. 그 결과 연구의 세 가지 주요 방향이 확립되었다. 첫째, 상징 활용 역량의 '자연적인' 발달 경로를 확인하기 위해서 특정 능력을 대상으로 한 횡단적 실험 연구를 수행한다(Gardner, 1982). 둘째, 초기 아동기에 다양한 상징을 사용하는 능력이 **발달**하는 경로를 관찰하기 위해 종단 연구를 수행한다(Wolf & Gardner, 1981, 1988; Wolf 외, 1988). 셋째, 두뇌가 손상된 상황에서 상징 활용 역량에 어떤 영향이 나타나는지 탐구한다(Kaplan & Gardner, 1989). 이러한 초기 연구로부터 수많은 중요한 사실들이 드러났고, 때로 예기치 못했던 결과들을 얻기도 했다.

1. 대부분의 영역에서 나이에 따른 발달이 관찰된다. 그러나 여러 예술 영역에서 놀라운 역량을 보이는 어린아이들도 아동 중기에 어느 정도의 퇴보를 겪는다는 증거가 제시되었다. 발달에 있어 이러한 불균

형성, 또는 U자 모양의 발달 곡선은 지각과 관련된 다른 영역에서도 나타날 수 있는 것이지만 특히 예술적 산출 영역에서 두드러진다(Gardner & Winner, 1982).

2. 취학 전 아동은 수행에서 일종의 결함을 보이지만 예술 영역에서만큼은 수많은 지식과 역량을 획득한다. 언어의 습득처럼 이러한 과정은 부모나 교사의 명시적 지도 없이 일어날 수 있다. 아동의 그림은 자생적인 학습과 발달을 보여주는 생생한 사례라고 할 수 있다(Gardner, 1980). 이런 점에서 예술 학습은 전통적인 교과목과는 대조적이다.

3. 거의 모든 영역에서 개인의 지각이나 이해 능력은 산출 능력보다 먼저 발달한다. 그러나 복잡성이 입증된 예술, 특히 그중 몇몇 영역에서는 훨씬 더 복잡한 것임이 입증되고, 그리고 적어도 몇몇 영역에서 그렇다고 할 때, 실제로 이해가 수행보다 뒷전으로 밀려나는 듯이 보인다(Winner 외, 1983). 이러한 발견은 어린아이에게 그림을 그리거나 만들 기회를 충분히 제공하는 것이 중요하다는 사실을 보여준다.

4. 고전적 발달 이론에 따르면 한 가지 인지 영역에서 나타나는 아동의 역량은 다른 영역에서의 능력 수준을 예측해준다. 그러나 우리는 영역 일반적인 공시성이 그리 많지 않다는 사실을 발견했다. 이는 다중지능이론으로 쉽게 설명될 수 있다. 실제로 아이가 한두 영역에서 강점을 보이는 것은 극히 정상적인 것이다. 예를 들어 조각에서 강점을 보이나 그림에서는 평균 이하인 경우가 있는 것이다(Gardner, 1983b; Winner 외, 1986).

5. 수십 년 동안 뇌는 인간 능력을 촉진할 수 있는 각 영역과 동일한 잠재 능력을 가진 것으로 생각되어왔다. 이러한 발견에 대해 신경심리학적 연구는 이의를 제기했다. 보다 개선된 설명에 따르면 특정 피질

영역은 특정한 인지적 기능을 담당하고, 아동 초기가 지나면 신경 체계가 인지 능력을 대리하는 것에는 상대적으로 가소성이 적어진다(Gardner, 1975, 1986a).

우리가 언어능력의 발달을 규명한 수준까지 예술적 발달을 이해하게 되었다고 주장하는 것은 오해를 불러일으킬 수 있다. 우리가 수행한 프로젝트 제로에서 '제로'가 암시하듯이, 이 주제에 관한 연구는 아직 초기 단계임을 기억해야 한다. 우리는 다만 예술적인 발달이 복잡하고 다중적인 경로를 따른다는 사실을 확증했다. 예술적 역량의 발달은 일반화시키기 어렵고, 종종 중간에 사라지기도 한다. 그럼에도 예술적인 발달과 관련된 우리의 주요 발견들을 한데 묶으려는 노력은 중요하며, 이런 시도는 다양하게 펼쳐져왔다(Davis, 2005; Gardner, 1973, 1990a, 1990b; Winner, 1982; Wolf & Gardner, 1980).

예술지능은 있는가?

나의 연구에서 이러한 다양한 통찰은 특히 다중지능이론으로 집약된다(1, 2장 참조). 지능에 대한 다원론적 관점에서 볼 때 분리된 예술지능이 있는지, 질문이 제기된다. 나의 분석에 따르면 예술지능은 존재하지 않는다(Gardner, 1983a; 5장 참조). 오히려 각각의 지능들이 예술적인 목적으로 사용될 수는 있다. 다시 말하면 지식의 영역에 포함된 상징들이 심미적인 방식으로 집약될 수 있는 것이다. 예를 들어 언어지능은 법률 규정을 만들어 내기 위해 사용될 수도 있고, 일상 대화에서 사용될 수도 있다. 이 두 가지 경우 모두 언어가 심미적으로 활용된 것은 아니다. 그러나 이 지능이 시나 소설 창작에 사용되면 심미적으로 사용된 것이다. 마찬가지로 공간지능도 항해자나 조각가에 의해 사용될 수 있고, 신체운동지능은 무용가, 마임배우, 운동선수, 외과의사 등에 의해 활용될 수 있다. 심지어 논리수학지능이 심미적인 목적으로 사용될 수 있는 것처럼 음악지능은 전혀 심미적이지 않은 목적에 사용될 수 있다(예를 들면 군대의 기상나팔 소리). 지능이 심미적인 목적에 활용되는지 혹은 심미적이지 않은 목적에 활용되는지는 개인적 혹은 문화적 판단으로 결정되는 것이다.

예술 교육에서의 대안

오랫동안 인간의 지능은 두 가지 상반되는 방법으로 훈련되어왔다. 그 중 하나는 어린 시절부터 지능을 동원하고 활용하는 활동에 참가하게 하는 것이다. 이러한 과정은 관찰, 시연 등을 통해 가르치는 비형식적 교육 활동뿐만 아니라 전통적 도제관계에서도 나타난다(Collins & Brown, 1988; Gardner, 1991a; Resnick, 1987; Schon, 1984). 또 다른 방식은 보다 공식적인 교육 환경에서 인간의 지능을 훈련시키는 것이다. 학생들은 다양한 교과목과 관련된 강의를 듣거나 교과서를 읽은 후 그 내용을 이해하고 기억해야 한다. 그리고 이러한 자료는 숙제, 시험, 더 나아가 이후의 삶에 활용된다. 나의 분석에 의하면 학문적인 접근은 학습에 대한 우리의 사고를 지배했고, 학교 활동에서 발전을 저해했다. 게다가 사람들은 비공식적인 혹은 비학문적인 방식을 통해서도 다양한 지능을 훈련할 수 있다.

이러한 두 가지 방식의 차이점은 예술 교육 분야에서 보다 두드러지게 나타났다. 수천 년은 아니지만 수백 년 동안 학생들은 도제제도를 통하여 수많은 예술적 기교를 익혔다. 그들은 작업장에서 장인들을 관찰하고 점차 이러한 활동에 참여하게 된다. 처음에는 스승의 지원을 받지만, 그러한 지원은 점차 줄어들고 과제의 난이도는 올라가게 된다. 분명 이것은 르네상스시대의 아틀리에(공방, 화실)에서 벌어진 일이었다. 이는 오늘날에도 미술이나 음악 교육에서 지속되고 있다. '학교의 예술가(Artists-in-the-Schools)' 프로그램은 이러한 전통적인 학습 방법을 구현하기 위한 노력이다. 여기에는 광범위한 언어적, 논리적, 기호적 개입이 필요하지 않으며, 직접적으로 적절한 지능이 활용된다.

지난 몇 백 년에 걸쳐서 예술 교육의 제2막이 열렸다. 예술사, 예술 비평, 미학, 커뮤니케이션, 기호학 등의 출현으로, 예술을 학문적으로 이해하고자 하는 노력이 중요해졌다. 이는 관찰, 시범, 도제제도를 통하기보다는 역사학, 경제학, 사회학에 동원되는 강의, 읽기, 쓰기 등의 전통적인 교육 방법을 통하여 주변 예술적인 지식을 습득하려는 것이다.

이러한 예술 분야와 교수방법 사이에는 필연적인 연관성이 없다. 제대로 배울 수 없을지는 모르지만, 그림이나 바이올린 연주를 강의나 교과서를 통해 배울 수 있는 것처럼, 예술사를 관찰이나 시범을 통해 배울 수 있다. 그러나 분명한 사실은 각각의 예술 분야마다 선호되는 교육방법이 있다는 것이다.

예술 교육 현장

일반적으로 미국 교육에 대한 다양한 연구는 하나의 동일한 양상을 드러낸다. 저학년일수록 풍부한 예술 교육이 제공된다. 가끔 일반 교사가 예술 교육을 실시하고, 이때 초점은 작품 제작에 맞추어진다. 아동은 그리고, 칠하고, 점토로 만들고, 노래를 부르고, 박자에 맞추고, 악기를 연주하고,

춤을 추고, 이야기를 한다. 교사가 재능이 있거나 의욕이 있을 때에는 높은 수준의 작품이 만들어지지만 대개의 작품은 별로 주목할 만한 수준은 아니다. 아동기 중기에 예술 교육은 쇠퇴하고, 고등학교 때에는 전문가가 가르치기는 하지만 참여하는 학생은 소수다. 몇몇 예외를 제외하고는 작품에 대한 강조는 점점 줄어든다. 고학년으로 올라갈수록 도제적인 방식이 사용되기도 하지만 대개의 경우 작품에 대한 주도권은 학생들이 쥐게 된다.

몇몇 학교는 예술사나 예술 비평 같은 예술과 관련된 활동을 실시하고자 했다. 전통적으로 이러한 활동은 별 후원을 받지 못한다. 1980년대 초 창작 이외의 분야에 적용될 훈련 기반 예술 교육이 게티 재단(Getty Trust)에 의해 계발되었다.

수십 년 동안 예술 교육 전문가들은 작품 창작만으로는 충분하지 않다는 데 동의했다. 예술 교육자들은 예술적 작품의 중요성에 대해서 (그리고 창의력과의 관계에 대해서도) 의견이 다르지만 창작만을 강조하는 것은 옳지 않다는 데 동의한다. 그러므로 예술 교육을 개혁하기 위한 모든 노력들은 예술 작품 자체에 대한 토론과 분석뿐 아니라 그 작품이 만들어진 문화적 배경에 대한 이해까지도 포괄해야 한다.

예술 교육에 대한 프로젝트 제로의 접근법

예술 교육에 인지적으로 접근하는 경향은 프로젝트 제로 내에서 각광을 받았다. 실제로 최근 일고 있는 예술 교육의 변화에 우리가 어느 정도 공헌한 것은 사실이다. 우리는 창작 활동을 하는 예술가, 작품을 문화적인 맥락에서 분석하고 비평하고 연구하는 사람 등 예술에 몸담고 있는 사람들의 사고방식을 학생들에게 소개해주어야 한다고 생각한다.

그러나 훈련에 기초한 예술 교육을 지지하는 사람들과는 달리 우리는 이러한 입장의 미묘한 차이를 밝히고자 한다. 과거와 현재의 프로젝트 제로의 모든 것을 밝히려는 것은 아니지만 프로젝트 제로와 관련된 주요 사항들을 다음과 같이 제시하고자 한다.

1. 예술의 형태와 관계없이 어린 아동들(10세 이하)에게는 창작 활동이 핵심이 되어야 한다. 아동들은 자신의 연구 주제에 적극적으로 참여할 때 가장 효과적으로 배운다. 그들은 자료와 매체를 가지고 직접 작업하기를 원한다. 예술 분야에서 이러한 강점과 경향은 무언가를 만드는 것으로 이어진다. 게다가 어린 아동은 예술적 대상의 중요한 요소나 형태를 알아내는 데 상당한 재능이 있으므로 그러한 요소나 형태를 '찾아낼' 기회를 가질 수 있어야 한다(Bamberger, 1982b). 이러한 것은 진보주의 시대의 유산이지만, 보다 규율이 강조되는 시대에도 필요한 것이다(Dewey, 1959; Lowenfeld, 1947).

2. 감각적, 역사적, 비판적, 그리고 다른 '유사 예술적인(peri-artistic)' 활동들은 아동 자신의 작품들과 밀접하게 연관되고, 가능하다면 언제든지 아동의 작품 속에 나타나야 한다. 다시 말해 다른 사람의 작품을 이질적인 맥락 안에서 소개하기보다는 아동 자신이 관련된 예술 작품이나 문제들을 통해 대상을 소개해야 한다. 유사 예술적인 활동의 경우 고학년이나 성인들도 맥락에 어울리는 작품을 대상으로 할 경우 효과를 볼 것이다.

3. 예술 교과과정은 예술적 매체로 생각하는 방법을 잘 아는 교사 등에 의해 제시되어야 한다. 음악의 경우 교사는 음악적으로 생각할 수 있어야 한다. 그것은 음악을 언어나 논리를 통해 소개하는 것과는 다르다. 마찬가지로 미술 교육은 시각적 또는 공간적으로 생각할 수 있는

사람이 맡아야 한다(Arnheim, 1969). 이러한 기술이 없다면 교사는 관련 인지 능력을 계발할 수 있는 훈련에 참여해야 한다.

4. 예술 학습은 유의미한 프로젝트를 통해 조직되어 학생들에게 피드백을 얻고, 토론을 하고, 성찰을 할 수 있는 상당한 시간과 기회가 주어져야 한다(7장 참조). 그러한 프로젝트는 학생들의 흥미와 동기를 유발하고, 기술을 계발하도록 격려함으로써 장기간에 걸쳐 아동의 역량과 이해에 영향을 준다. 따라서 가능하면 일회적인 학습 경험은 사라져야 한다.

5. 대부분의 예술 영역에서 K-12 교육과정을 엄격하게 시간순으로 계획하는 것은 좋지 않다. 내가 너무 단순하게 생각하는 것인지 모르지만, '네 가지의 색깔 이름을 안다', '노래할 때 세 가지 음정을 구분한다', '시 두 편을 암송한다'와 같이 대부분 지나치게 복잡한 교육과정 목표를 가지고 있다. 이러한 것은 매력적으로 들릴지 모르지만 사람들이 기술이나 학문에 숙달하는, 전체적이고 맥락에 민감한 방식은 배제된 것이다. 예술은 다양한 발달 수준에 따라 형식, 구성, 장르와 같은 핵심 개념에 지속적으로 노출되고, 느낌을 실어 하나의 악절을 연주하거나 강렬한 예술적 이미지를 창조하는 등의 활동에 지속적으로 노출되는 것이다. 교과과정은 이러한 '나선형'의 예술 학습에 기초를 두어야 한다. 교육과정은 개념과 문제를 점점 정교화된 방법으로 다루어야 한다는 점에서 연속적이고 순차적일 수 있지만, 그렇다고 일련의 문제, 개념, 용어는 2학년 때 배워야 하고 또 다른 문제, 개념, 용어는 3학년 때 배워야 한다는 식으로 정해두어서는 안 된다.

6. 예술 영역에서 학습 평가는 중요하다. 예술 프로그램의 성공은 단언할 수도, 그대로 믿을 수도 없는 것이다. 평가를 할 때에는 관련된 특정 지능을 중시해야 한다. 즉 음악적 기술은 언어나 논리가 아닌, 음

악적 수단을 통해 평가되어야 한다. 또한 예술에 있어 가장 핵심적인 능력과 개념을 규명할 수 있어야 한다. 평가에 적합한 교육과정을 만들기보다는 각각의 예술이 중요하게 생각하는 것들이 고르게 반영된 평가를 고안해야 한다.

7. 예술 학습은 단지 일련의 기술이나 개념에 숙달되는 것만을 의미하지 않는다. 예술은 학생들이 다른 사람뿐 아니라 자신의 가장 내밀한 감정과 접하기 때문에 극히 개인적인 영역이다. 학생들에게 그러한 탐험을 가능하게 하는 교육적 수단을 제공해야 하며 개인적 성찰은 존중받아야 할 중요한 활동임을 알려주고, 개인의 사생활은 침해받지 않도록 한다.

8. 예술적인 기호(嗜好)를 가르치거나 판단을 직접적으로 평가하는 것은 때로 불필요하고 때로 위험하다. 그러나 학생들은 관련된 사람들의 기호와 가치가 예술에 널리 스며 있음을 알아야 한다. 이를 위해 자신의 가치를 기꺼이 소개하고 옹호하며, 토론과 대안적 관점에 도호의적인 사람들과의 접촉이 중요하다.

9. 예술 교육은 매우 중요하기 때문에, 예술 교육자는 특정 집단이 전담해서는 안 된다. 오히려 예술가, 교사, 행정가, 연구자, 그리고 학생들의 참여과 협력이 필요하다.

10. 모든 학생들이 모든 형태의 예술을 배우는 것이 이상적이기는 하지만 현실적으로는 불가능한 일이다. 왜냐하면 너무나 많은 과목(내용어로는 지능)에 비해 수업일수는 부족하고 학교생활은 지나칠 정도로 파편화되어 있기 때문이다. 어떤 형태의 예술이 다른 형태의 예술보다 더 우월하다고 할 수 없다. 그러므로 특정 형태의 예술을 열렬히 지지하는 사람들의 반발을 살지 모르지만 학생들은 특정 형태의 예술에 노출되어야 하고 그것이 꼭 미술의 한 분야일 필요는

없다. 학생들이 몇몇 예술에 피상적으로 노출되기보다는 음악, 무용, 연극 등 한 분야에 숙달되기를 바란다. 그러면 그들은 영원히 아마추어에 머물거나 예술 세계를 떠나기보다는 최소한 특정 예술 형식으로 사고한다는 것이 무슨 의미인지를 알게 될 것이고, 이후 다른 형태의 예술을 흡수할 수도 있을 것이다.

아트 프로펠[3]

지금까지 기술한 내용에 따라 여러 예술 교육 프로그램이 탄생했다. 우리 프로젝트 제로 연구팀은 아트 프로펠이라는 프로그램을 고안했다. 프로젝트 제로팀은 1985년 록펠러재단 인문학 분과의 지원으로 교육평가원(Educational Testing Service) 및 피츠버그 공립학교와 공동으로 5년간의 연구를 시작했다. 이 연구의 목적은 초등학교 고학년부터 고등학생까지 예술 학습을 진단하는 평가 도구를 만드는 것이었다.

교육적인 실험에 참여한 사람이라면 누구나 쉽게 깨달을 수 있듯이 목표를 진술하는 것은 목표를 실행하는 것보다 훨씬 쉬운 일이다. 우리는 측정하고자 하는 능력을 서술함으로써 이 프로젝트를 시작했다. 음악, 미술, 창의적인 글쓰기를 대상으로 세 가지 역량을 측정하기로 했다. 여기서 세 가지 역량이란 산출(Production:예를 들면 작곡이나 연주, 그리기나 칠하기, 상상적인 혹은 창의적 글쓰기), 지각(Perception:예술적 형태를 구별 또는 식별하는 것, 예술적으로 사고하기), 그리고 성찰(Reflection:자신이나 다른 예술가들의 지각이나 작품으로부터 한 걸음 물러서는 것, 그리고 성취된 목표, 방법, 어려움, 효과를 이해하는 것)을 의미한다. 프로펠(PROPEL)은 세 가지 역량의 약자를 딴 것으로 마지막 철자 L은 학습(Learning)에 관한 관심을 나타낸다.

이상적으로 우리는 적절한 평가도구를 고안해서 대상 집단에 실시하려고만 했다. 그러나 우리는 곧 단순하지만 중요한 진실에 도달했다. 학생이 관련 예술 분야에 참여한 경험이 없다면, 능력, 심지어 잠재 능력조차도 평가할 수 없게 된다. 야구 선수를 선발할 때 이미 야구를 하고 있는 학생을 대상으로 하듯이 교육 평가자들도 이미 예술 활동에 참여하고 있는 학생들을 평가해야 한다. 또한 야구 초보에게는 잘 훈련되고 숙련된 코치가 필요하듯이 예술을 배우는 학생들도 교육 프로그램의 목표를 잘 알고, 필요한 예술적 기술과 이해를 보여줄 수 있는 교사가 필요하다.

그러므로 이러한 목표를 달성하기 위해 교육과정 단원을 고안하고 관련된 평가 도구를 개발하기로 했다. 우리는 신중하게 교육과정과 평가도구를 개발했다. 각각의 예술 형태를 담당할 팀을 구성하여 각 형태에 중요한 능력들이 무엇인지를 정의 내렸다. 글쓰기의 경우 학생들이 시를 쓰고 연극 대본을 만드는 등 서로 다른 장르의 작품을 만들 수 있는지 조사했다. 음악의 경우 학생들이 진행 중인 작품의 연습으로부터 어떻게 배우는지를 관찰했다. 그리고 여기서 가장 많이 언급되는 미술의 경우 유형(style)에 대해 민감한지, 구성의 다양한 형태를 이해하는지, 초상화나 정물화 등을 계획하여 그려내는 능력이 있는지를 평가했다.

두 가지 교육적 수단

우리는 이렇게 선별된 능력들을 위해 지각적, 산출적, 반성적 요소들이 포함된 영역 프로젝트(domain project)라는 것을 만들었다. 영역 프로젝트 자체가 완전한 교육과정은 아니지만, 서로 양립할 수 있는 교육과정이어야 한다. 다시 말해 표준적인 예술 교육과정의 일부로 자연스럽게 녹아들어야 한다.

처음에는 교사들이 영역 프로젝트를 탐색하고 비평한다. 수정을 거쳐 학생들에게 시험적인 형태를 시행한다. 그 다음 교사들이 예비적인 평가체계를 실시한다. 모든 사람들로부터 적절하다는 평가를 받을 때까지 이런 단계는 반복된다. 이 프로젝트가 완성되면 교사는 그대로 활용하든지 아니면 교육과정, 교수유형, 목표에 맞춰 다양한 방식으로 응용하게 된다. 평가 절차 중에는 학생과 교사에게 학생이 배우고 있는 것에 대한 느낌을 물어보는 아주 단순한 부분도 있다. 그러나 중앙의 행정기관이 활용할 수 있도록 총 점수로 환산하는 것뿐만 아니라 보다 세밀한 분석도 가능하다.

예를 들어 현재 아트 프로펠에서 널리 사용되고 있는 구성 영역 프로젝트를 간략하게 살펴보자. 이 프로젝트는 형태의 배열과 상호관계가 예술 활동에 어떤 영향을 미치는지를 학생들에게 주지시키기 위해 고안된 것이다. 학생들은 스스로 구성에 대해 결정을 내리고, 그 결정이 자신의 작품과 유명한 예술가의 작품에 미치는 영향을 성찰할 기회를 갖게 된다.

처음에 학생들은 특이하게 생긴 검은색의 기하학적 도형 세트(10개로 구성되어 있다)를 받게 된다. 그들은 흰 종이에 이 도형들을 배치해보라는 지시를 받는다. 그 다음에는 학생들이 원하는 방식으로 배치해보게 한다. 그리고 나서 무작위적으로 배치한 것과 계획적으로 배치한 것의 차이점을 노트에 기록해보게 하고, 자신이 도형을 그렇게 배치한 이유를 써보게 한다. 학생들은 처음에는 어떻게 해야 할지 잘 모를 수도 있지만, 대개는 재미있어 한다.

두 번째 수업시간에 학생들은 비공식적으로 특정 구성 원리에 접하게 된다. 교사는 학생들에게 그 원리를 그대로 따르거나 따르지 않은, 다양한 균형과 조화를 드러내는 작품들을 양식과 시대를 망라하여 소개한다. 학생들은 작품들 간의 차이점을 기술하고, 이러한 차이점들을 표현하는 적절한 단어를 찾아내 다른 사람들에게 전달한다. 조화, 응집력, 반복, 지배적인 힘, 방사상의 패턴, 놀라움, 긴장 등이 발견될 것이다. 마지막으로 학생들은 서로 대조되는 슬라이드들을 본 후 그 유사점과 차이점을 기록한다. 그들에게는 과제가 주어진다. 즉 일주일 동안 일상적인 환경에서 예술가에 의해 만들어진 것이나 자연환경에서 학생들 자신의 틀에 들어맞는 창작물이 있는지 찾아보게 한다.

세 번째 수업시간에는 자신의 환경에서 관찰한 구성에 관해 보고하고, 이를 수업시간에 본 것과 비교하게 한다. 그 다음 학생들은 첫 번째 수업시간의 계획적인 구성 작업으로 돌아가게 된다. 이제 그들은 '최종 작품'을 만들어야 한다. 그러나 이 작품을 시작하기 전에 계획을 먼저 세워야 한다. 그 다음에 그들은 실제로 작업에 들어가고 또 수정작업을 거치게 된다. 그들은 보고서에 자신의 작품에서 발견한 가장 놀라운 사실과 장차 더 나은 작품을 만들기 위해 바꾸고 싶은 부분이 어디인지 기록한다.

학생들의 작품, 지각적 변별, 성찰에 덧붙여 교사는 자신의 평가서를 작성한다. 교사는 학생이 시도하고 완성한 작품에 따라 평가를 내린다. 학생들이 환경 속에서 흥미로운 구성을 발견해내는 능력, 자신의 작품과 다른 유명한 예술가의 작품을 연결 짓는 능력 등도 평가된다. 이런 영역 프로젝트는 학생들이 구성의 문제를 이해하는 능력이 어느 정도나 발달했는지를 파악하기 위해 초기 형태나 변경된 형태로 반복된다.

구성 영역 프로젝트는 미술의 전통적인 요소인 형태의 배열과 함께 진행되어 이러한 요소를 학생들의 생산적이고 감각적인 경험과 연관시킨다. 두 번째 영역 프로젝트는 첫 번째 영역 프로젝트와는 매우 다른 '작품의 일대기(biography of a work)'라는 것이다. 여기서의 목표는 보다 광범위하다. 학생들이 이전의 영역 프로젝트에서 학습한 구성, 유형, 표현을 종합하고, 완성된 작품의 발달과정을 추적하는 것이다.

우선 학생들은 앤드루 와이어스(Andrew Wyeth)가 「브라운 스위스(Brown Swiss)」를 완성하기 전에 했던 수많은 스케치들을 관찰하게 된다. 학생들은 피카소의 「게르니카(Guernica)」의 초안과 밑그림을 살펴본다. 이런 대작들의 기초 작업을 눈으로 탐색한 후에, 학생들은 그들 자신을 표현하는 방법으로 자신의 방을 그려오라는 지시를 받는다. 그리고 학생들에게 잡지와 슬라이드 같은 자료뿐 아니라 종이, 연필, 목탄, 펜과 잉크 등 각종 도구들을 준다. 처음에는 학생들에게 자기 방에 있는 어떤 것을 선택하고, 여기에 자신을 드러낼 수 있는 대상을 추가한 후, 기초 스케치를 할 때 이 모두를 활용하게 한다. 학생들이 중점을 두어야 하는 것은 구성이지만, 그림에 실제로 표현되는 것만이 아니라 자신을 드러낼 수 있는 예술적인 요소들은 모두 생각해보아야 한다. 형태가 개인의 특성들을 어떻게 드러내는지에 관해 몇 가지 예를 제시한다.

학생들은 두 번째 수업시간에 슬라이드를 보며 예술가들이 작품에서 대상을 어떻게 은유적으로 사용했는지, 특정 대상이나 요소가 어떻게 다양한 의미를 전달하는지를 살펴보게 된다. 또한 예술가들의 작업실이나 방을 슬라이드로 보여주면서 작업실이나 방의 환경이 예술가들의 관점에 어떻게 영향을 주었는지 보게 한다. 다음에 학생들은 밑그림을 그리면서 어떤 유형, 색깔, 선, 질감을 사용할 것인지, 어떤 매체를 사용할 것인지에 대해 잠정적인 결정을 내린다. 처음에 그랬던 것처럼 학생들은 그런 결정을 내린 이유와 그 심미적 결과를 기록한다.

학생들은 세 번째 수업시간에 밑그림과 연습한 종이들을 살펴보고, 그것이 만족스러운지 생각해본 뒤 마지막 작업을 시작한다. 학생들은 다른 학생들과 함께 작업 중인 작품에 대해서 토론한다. 다음 주에 학생들은 작업을 완성하고, 서로 비평하며, 자신의 밑그림과 연습한 종이와 기록 등을 검토한다. 마지막 주에 수행되는 이러한 작업은 학생들의 포트폴리오에 포함된다.

아트 프로펠에서 우리는 각 예술 형태마다 일련의 영역 프로젝트를 만들고자 했다. 여기에는 각각의 예술 형태를 구성하고 있는 중요한 개념들이 망라되어야 했다. 또한 누군가는 영역 프로젝트에 합당한 활동이 무엇인지, 어떤 유형의 학습이 일어날지, 하나의 영역 프로젝트 내에서 또는 여러 영역 프로젝트에 걸쳐서 학생들을 평가하는 최상의 방법은 무엇인지 등을 설명해주는, 영역 프로젝트의 일반 이론을 개발해야만 했다.

영역 프로젝트 외에도 우리는 두 가지 교육적 도구를 소개했다. 이것을 종종 포트폴리오(portfolio)라 부르지만 나는 프로세스폴리오(processfolio)라는 단어를 더 선호한다. 예술가들의 포트폴리오에는 경쟁에서 높은 평가를 받을 수 있는, 그들의 최고 작품만 들어 있다. 그러나 프로세스폴리오에는 미완의 작품들이 훨씬 더 많이 들어 있다. 프로세스폴리오에는 완성된 작품만이 아니라 최초로 그린 밑그림, 중간에 그린 밑그림, 자신과 다른 사람들의 비평, 그들이 좋아하거나 싫어하는 사람들의 작품, 그리고 현재의 프로젝트에 영향을 준 작품들이 들어 있다. 때로 학생들은 이 모든 자료를 제시하도록, 때로는 자신의 발달에 아주 도움이 되거나 중요한 작품들을 선택하도록 요구받는다(Brown, 1987; Wolf, 1988a, 1988b, 1989).

예술 교육 프로그램이 성공하기 위해서는 높은 기준을 유지하는 것이 중요한데, 이는 작품과 생산성에 대해 교사가 취하는 태도에 따라 크게 달라진다. 시간이 지남에 따라 학생들끼리 주고받는 영향도 기준을 전달하고 유지하는 데 중요한 역할을 한다. 프로세스폴리오에서 교사의 역할은 전통적인 도제제도에 나타나는 장인의 역할과는 다르다. 도제제도는 교수의 근간이 되는 단일한 발달 모형(즉 불연속적인 단계들)을 가정하지 않기 때문이다. 그러나 교사는 생산적인 예술성의 전형이고, 공동체의 기준을 드러내는 상징이라는 점에서 아트 프로펠의 교실은 고전적인 장인의 작업실과 유사하다.

　본래 목적 대로 아트 프로펠은 평가 체제를 구축하는 데 많은 노력을 기울였다. 영역 프로젝트는 그 프로젝트가 진행되는 동안 지속적으로 사용될 수 있는 자기 평가 절차로도 기능한다. 구성 영역 프로젝트의 경우 학생들은 한걸음 물러나서 각 구성들의 강점과 단점, 각 구성 단계에서 성취한 결과, 그리고 어떻게 그러한 결과들이 실현될 수 있었는지(혹은 실현되지 않았는지) 성찰할 기회를 가진다. 작품의 일대기에서 학생들은 자신이 변화시킨 것을 생각하고, 그 변화를 가능하게 한 것이 무엇인지, 그리고 처음 그린 밑그림과 나중에 그린 밑그림 간의 관계가 어떤지를 성찰한다. 이러한 성찰과 함께 학생들의 밑그림과 최종 작품을 참여, 기술적인 면, 상상력, 비판적 평가기술 등과 같은 질적인 차원에서 평가한다. 영역 프로젝트에 대한 평가는 주로 교실 내에서 이루어지지만 교실 밖에서도 이루어질 수 있다. 예를 들어 교육평가원의 후원으로 외부의 예술 교육가에 의해서도 성공적으로 평가될 수 있다.

　영역 프로젝트는 수많은 평가방법을 제공해주지만, 그중에서도 프로세스폴리오는 참신하고 정교한 방법이다. 프로세스폴리오는 여러 차원으로 평가될 수 있다. 어떤 것들은 시행의 규칙성과 완성도 등과 같은 직접적인 것들이고, 또 어떤 것들은 완성품의 전반적인 수준, 기술적이고 상상적인 측면 등 복잡하고 주관적인 것들이다. 우리가 특히 흥미를 갖는 것은 학생들의 독특한 잠재 능력을 확인하는 것이다. 자신의 강점과 약점에 대한 인식, 정확한 사고력, 자기 비평 능력, 다른 사람의 비평에 귀 기울이는 능력, 자신의 발달에 대한 민감성, 영역 프로젝트에서 얻은 교훈을 생산적으로 활용하는 능력, 새로운 문제를 찾아 해결하는 능력, 과거에 수행한 프로젝트를 현재 또는 미래에 연관시키는 능력, 하나의 심미적인 관점에서 또 다른 관점으로 오가는 능력 등이 이에 해당한다. 프로세스폴리오의 목표는 독립적인 능력을 평가하는 데 그치지 않고, 여러 차원에 따라 학생들이 능력을 발달시키도록 격려하는 것이다. 그러한 평가 체제는 무엇을 토론할 것인지, 무엇이 가치 있는지에 대한 생각을 변화시킬 수 있다.

엘렌 위너(Ellen Winner)의 지휘 아래 아트 프로펠 팀은 학생들의 프로세스폴리오와 프로젝트에 적용할 수 있는 산출, 지각, 성찰, 그리고 작품에의 접근법 등의 차원을 정리했다. 4가지 차원은 표 9.1에 요약되어 있다. 이러한 차원들을 일목요연하게 나열하는 것은 평가의 어려움을 보여주는 동시에 새로운 장을 여는 계기가 되었다. 그러나 평가와 관련된 문제들이 모두 해결되었다고 생각하는 것은 잘못된 것이다. 간혹 농담 삼아 말하듯이 우리의 경험은 어떤 것이 효과적이지 않은지를 인식하는 데 도움이 될 뿐이다. 현재의 표준화된 검사가 등장하기까지 100년의 시간이 걸렸고, 그럼에도 그리 만족스러운 상태가 아니라는 사실을 감안하면 몇 년 내에 영역 프로젝트와 프로세스폴리오 평가가 개발되리라는 기대는 불합리한 것이다. 그러나 현재까지 이루어온 발전과 그 가치에 대한 우리의 신념 덕분에 우리는 연구를 계속해나갈 것이다.

표 9.1

프로세스폴리오 평가 체계

(미술, 음악, 작문에 기초한 평가체계로, 다른 영역으로도 확장될 수 있다.)

Ⅰ. 도입: 영역 내에서의 사고

증거 : 생산적인 차원에서 작품에 대한 평가 근거는 작품 그 자체다. 그러므로 이러한 차원에서 담임교사뿐 아니라 외부인사가 작품 초안과 완성품을 보고 점수를 매길 수 있다.

A. 기교 : 학생이 그 영역에 필요한 기술과 원리를 활용한다.
B. 추구 : 학생은 시간이 지남에 따라 생산적이고 신중하게 작품을 수정함으로써 발전시켜 나간다. 학생들은 문제를 깊이 있게 탐구하고 문제나 주제를 다각도로 살펴본다.
C. 발명 : 학생은 창조적으로 문제를 푼다. 자료를 가지고 실험하고 위험을 감수하며 자신이 풀어야 할 문제를 설정한다.
D. 표현 : 학생은 작품(음악의 경우 작품 연주)으로 하나의 생각이나 느낌을 표현한다.

Ⅱ. 성찰 : 영역에 관한 사고

증거 : 사고를 평가하는 근거는 학생들의 일지, 스케치북, 그리고 수업시간에 하는 말 등이다. 그러므로 이러한 차원들은 그 학생을 잘 아는 담임교사에 의해 점수가 매겨진다.

A. 자신의 작품을 평가하는 능력과 성향 : 학생이 자신의 작품을 평가할 수 있다. 학생은 자신의 작품에서 관찰할 수 있는 강점과 약점을 정확하게 표현하고 스스로를 방어할 수 있다. 자신의 작품을 평가하는 작업에 참여할 수 있다.
B. 비평가의 역할을 할 수 있는 능력과 성향 : 학생이 다른 사람(동료나 유명한 예술가)의 작품을 평가할 수 있다. 학생은 그 영역에서 작품의 수준에 대한 기준을 가지고 있다. 학생들은 타인의 작품에 대하여 평가할 수 있다.
C. 비평과 제안을 활용하는 능력과 성향 : 학생은 자신의 작품에 대

한 비판을 고려하여 적절한 조언은 받아들인다.
D. 그 영역의 다른 작품으로부터 배우는 능력 : 학생은 다른 예술가의 작품으로부터 자극과 영감을 얻는다.
E. 예술적인 목표를 구현하는 능력 : 학생은 자신을 예술가라 생각하는데, 이는 특정 작품이나 일반적인 예술적 목표를 이해함으로써 증명된다.

Ⅲ. 지각 : 영역에 대한 인식

증거 : 학생이 지닌 지각적 기술을 평가하는 기준은 학생의 일지, 학생이 수업시간에 한 비판의 말 등이다. 그러므로 이 차원과 관련하여 담임교사만이 학생을 평가할 수 있다.

A. 그 영역에 속한 작품을 구별하는 능력 : 학생은 장르, 문화, 역사적 시기에 따라 작품을 변별한다.
B. 경험의 감각적인 측면에 대한 인식 : 학생은 영역과 관련된 환경의 물리적 속성에 고도의 민감성을 보인다(예를 들면 그림자에 의해 만들어진 형상, 다른 음조를 내는 자동차 경적 소리, 구입할 식료품 리스트에 올라 있는 단어 등).
C. 자료의 물리적 속성과 질에 대한 인식 : 학생은 작품을 발달시킬 때 자료의 특성(예를 들면 서로 다른 종이의 질감, 악기의 음색, 단어의 소리)에 민감하다.

Ⅳ. 작업에 접근하는 방법

증거 : 학생이 작업에 접근하는 방법은 교실에서 보이는 상호작용과 학생의 일지 등을 통해 알 수 있다. 그러므로 작업에 대한 학생의 접근법은 담임교사에 의해서만 평가될 수 있다.

A. 참여 : 학생은 열심히 작업하고, 자신의 일에 흥미를 가지고 있다. 마감일을 지키고 최종 프로젝트 발표에서 세부 사항에도 관심과 주의를 기울인다.
B. 독립적으로 일하는 능력 : 필요한 경우 학생은 독립적으로 일할 수 있다.
C. 협력하여 일하는 능력 : 필요한 경우 학생은 협력하여 일할 수 있다.
D. 문화적인 자원을 사용하는 능력 : 학생은 도움을 받기 위해 책, 박물관, 도구, 다른 사람 등을 활용한다.

프로세스폴리오의 측정심리학적 평가가 우리의 목표에 미치지 못하더라도 우리의 노력은 유용하다. 앞에서 살펴보았듯이 예술 학습의 주요 목적은 학생들에게 의미 있는 프로젝트에 참여할 기회를 줌으로써 이해와 성장을 돕는 것이다. 이미 학생과 교사 모두 이러한 프로세스폴리오 활동이 매력적이고, 흥미롭고, 유용하다는 사실을 알고 있다. 교실은 활기가 넘친다. 프로세스폴리오를 장려하고, 그것을 호의적이고 체계적으로 바라봄으로써 우리는 학교에서 이러한 자료의 사용과 활동을 증가시킬 수 있다. 대학이 프로세스폴리오와 같은 방법에 기초하여 신입생을 선발하게 될 것이라 기대하는 것은 지나친 일이지만, 그런 교육적 수단은 학생들이 자신의 인지적 강점을 인식하고 계발할 수 있는 계기가 되어줄 것이다.

교육자들과 교육 비평가들은 이론과 실제, 이론가들과 실천가들 사이의 입장 차이를 안타까워한다. 두 집단의 직업적 목표가 다르다는 것은 의심할 여지없는 사실이다. 즉 이론가들의 승리는 실천가들에게 아무 의미가 없고, 실천가들의 기쁨은 이론가들에게 아무 관계도 없는 일이다. 한때 프로젝트 제로는 교육의 실제와 동떨어져 있다는 이유로 공공연히 비판을 받았다. 그것은 두 가지 관점에서 비롯된 것이다. 첫째, 프로젝트 제로는 교실에서 가르치는 것보다는 자연스러운 발달에만 초점을 두었고, 둘째, 아무리 흥미로운 이론이라도 실제 교실에 적용할 수 없다는 것이다.

이러한 비판들은 때로 우리의 기분을 상하게 하고, 때로 우리를 방어적으로 만들었지만, 어느 이론이든 초창기에 자연스럽게 겪는 현상이라 생각하며 편하게 받아들였다. 교육적 개입에 앞서 자연적 발달을 살펴보는 것이 중요하고, 실제 행동에 나서기 전에 교육 철학과 심리적 사실을 정립하는 것이 더 중요하다.

예술 교육은 상아탑에서 비교적 호사를 누려왔기 때문에 우리가 교육적 실험에 보다 직접적으로 참여하게 된 것은 시의적절한 일이었다. 현재 예술 교육에 대한 논의가 활발한 만큼 좀더 적절한 연구 활동이 요구된다. 아트 프로펠은 바로 그런 노력의 하나다. 그 노력이 얼마나 성공적이었는지 판단하기에는 너무 이르고, 그것이 '온실'에서 성공했다 하더라도 다른 토양에서도 성공하리라는 보장은 없다. 그러나 연구자들이 이를 실제 교육 현장에 적용함으로써 많은 점을 배운 것도 사실이다. 우리가 야기할 수 있는 혼란이 무엇인지 빈틈없이 경계한다면, 이론과 실제를 결합시키는 작업이 모든 사람들에게 긍정적인 영향을 끼칠 것이다.

1990년대 초 미국의 시사주간지인 「뉴스위크(Newsweek)」는 미국의

'교육 프로그램 모델' 두 개를 선정했는데 그중 하나가 바로 아트 프로펠이었다. 다른 하나는 캘리포니아 공학대학의 졸업생 교육이었다(Chideya, 1991). 아트 프로펠이 공식 목적이 된 지 여러 해가 지났고, 그에 따라 확고한 발판이 마련된 것은 분명해 보인다. 아트 프로펠은 훈련된 교사와 충분한 자원을 필요로 하기 때문에 경비를 절감하려는 움직임이 있을 때마다 가장 먼저 타깃이 되어왔다. 그럼에도 미국을 비롯한 여러 국가에서 아트 프로펠을 경험해본 미술교사나 음악교사를 종종 만나곤 한다.

놀랍게도 아트 프로펠은 다른 과목의 교사들에게도 인기를 끌고 있다. 예술 교육에서 시작되었지만, 풍부하고 참여적인 프로젝트와 자신의 작품을 돌아보며 일지를 작성하는 프로세스폴리오는 역사부터 수학에 이르는 다양한 영역에도 적용될 수 있다. 오랜 시간 예술 교육가로서 예술 교육이 홀대받는 모습을 지켜봐온 나로서는 현재의 상황에 특히 만족한다. 우리의 이론과 실천은 전통적으로 더 특별한 대접을 받아온 교육과정에도 영향을 주리라 생각된다.

Chapter 10

표준화된 시험의 대안을 찾아서

미국 사회는 시험을 남발하는 경향이 있다. 유용한 시험도 있지만 미국의 시험 산업은 상식적으로는 도저히 이해할 수 없을 정도로 비대해졌다. 그 저변에 깔려 있는 이론적이고 개념적인 배경을 알게 되면 사람들은 실망할 것이다. 시험은 어떤 필요에 의해서라기보다는 시험 그 자체를 위해 만들어진 인상을 준다.

오늘날 미국에서는 어디를 가든 똑같은 장면이 연출된다. 시험장에 들어간 수백 명의 학생은 밀봉된 봉투가 전달되기를 초조하게 기다리고 있다. 예정된 시간에 책자가 배부되고 간단한 지시사항을 들은 후 형식적인 시험이 시작된다. 학생들은 각자의 책상에 앉아서 연필로 번호에 표시를 하며 답안지에 색칠을 한다. 몇 시간 후 시험은 끝나고 시험지는 회수된다. 일정 기간이 지나면 성적표가 각 가정이나 학생들이 지원한 대학에 발송된다. 시험 결과가 학생들의 미래를 결정하는 가장 강력한 요인이 된다.

산업혁명 이전 수세기 동안에는 다음과 같은 장면이 반복되었다. 10, 11세의 아이가 어떤 분야에서 기술이 뛰어난 장인의 집으로 찾아간다. 처음에 아이(즉 도제)는 장인이 일을 시작할 수 있도록 작업 준비를 하고 하루 일과가 끝난 후 작업장을 청소하는 일을 한다. 그러면서 아이는 장인이 일하는 모습을 지켜보고 장인은 아이의 강점이나 약점이 무엇인지 살펴본다. 몇 달 후 도제는 직접 작업에 참여하게 된다. 처음에는 사소한 일을 돕다가 나중에는 전반적인 일에 참여하면서 기술을 익힌다. 장인들은 초보자였던 도제들이 도제수습을 마치고 기능인이 될 수 있도록 책임지고 지도한다. 몇 년간 장인의 지도 아래 훈련을 마친 도제는 자신만의 기술을 발휘할 준비가 된다.

현실을 너무 단순화시킨 것 같지만, 젊은이의 교육과 평가에 관심을 가진 사람이라면 누구나 위의 두 장면을 이해할 수 있을 것이다. 두 경우는 극과 극의 상황을 보여준다. 첫 번째의 형식적인 시험 모형은 어디에서든 같은 결과가 나오리라는 확신하에 이루어지는 평가로 객관적이고 탈맥락적인 형태다. 두 번째 도제교육은 자연스러운 맥락에서 이루어지는 모형이다. 이때 평가는 특정 분야의 기술이 무엇인지를 분석하는 일에서 시작되어 도제에 대한 장인의 개인적 견해나 다른 장인들과의 관계, 그리고 도제가 어떤 노력을 더해야 하는지 등에 대한, 지극히 주관적인 요인에 의해서도 영향을 받는다.

이러한 두 가지 형태의 평가는 분명 서로 다른 필요에 의해 고안되었다. 도제교육은 취업을 위해 특정 분야의 기술이 중요한 도시 젊은이들에게 적합했다. 형식적인 검사는 수많은 학생들의 성적을 비교하기 위한 현대적인 평가 수단이다. 그러나 이러한 평가 방식이 전술한 두 가지 상황에만 제한적으로 사용된 것은 아니다. 중국 사회는 농경사회였지만, 지난 2000년 동안 관료를 선발할 때에는 형식적인 시험을 활용했다(Gardner, Kornhaber, & Wake, 1996). 반면 고도로 산업화된 사회에서도 예술, 운동, 과학적인 연구 등에는 도제교육와 맥락적인 평가방식이 여전히 사용되고 있다(Polunyi, 1958).

그러므로 도제교육을 적용할지, 형식적인 시험을 실시할지는 시대 배경이나 경제 환경에 의해서만 결정되는 것은 아니다. 도제교육은 훨씬 폭넓게 활용될 수 있다. 오늘날에는 도제교육이 노동착취적이거나 성차별적이라고 비판받는 일은 거의 없다. 몇 가지 점에서는 형식적인 시험이 더 공정하고 타당한 평가 형식일 수 있다. 그러나 도제교육이 개인의 교육과 평가에 대한 최신 정보에 부합되는 모델이다.

우리 사회는 형식적인 시험을 맹신한다. 나는 도제식의 교육과 평가—내가 '맥락 속에서 이루어지는 학습'이라 표현했던—야말로 우리의 교육제도에 도움이 될 것이라고 생각한다(Collins, Brown, & Newman, 1998). 여기서는 표준화된 시험의 기원과 거기 내포된 단편적인 정신 작용에 대해 설명한 후 인간의 정신과 학습에 대해 이전보다 더 폭넓은 관점을 제안하려 한다. 여기서 나의 과제는 교육 목적을 분명히 밝히고, 최근의 과학적 이해에 뿌리를 둔 평가 방법과 교육 형태를 계획하는 것이다. 이 장의 후반부에서는, '평가를 중시하는 사회'의 특성에 대해 이야기할 것이다.

비네, 시험 중심 사회 그리고 획일화된 학교 교육

20세기 초 비네와 그의 동료들이 지능검사를 실시하면서 형식적인 시험이 널리 보급되었다(1장 참조). 비네의 검사 방법은 상당히 매력적이었기 때문에 곧 미국에도 도입되어 미국의 교육 및 평가 환경에 중요한 특징을 이루었다. 캘리포니아 주의 학업성취도 평가(California Achievement Tests)에서 SAT에 이르는 일부 표준화된 검사는 지능검사의 직접적인 부산물이 아니었다. 그러나 스탠퍼드-비네 검사, 아미 알파, 웨슬러 지능검사 등이 큰 인기를 끌면서 수십 년 만에 이런 표준화된 검사가 널리 확산될 수 있었다(Brown & Herrnstein, 1975).

특히 미국에서는 양적 측정과 교육의 효율성에 지나치게 치중하여 가능하면 모든 사회적 목적에까지 이를 확대하고자 하는 광적인 지지자도 있다(Gould, 1981; Hoffmann, 1962). 학생뿐 아니라 교사, 교장, 군인, 경찰에게까지 표준화된 검사가 적용된다. 이러한 도구는 표준화된 교육과정뿐 아니라 시민 활동과 예술에까지 활용된다. 심지어 성격, 권위의식, 데이트의 성공을 측정하기 위해서도 단답형 측정도구를 만들 수 있다. 미국은 '시험 사회'라고 해도 과언이 아니다. 따라서 중요한 것이 있다면 이런 방법으로 측정해야 하고, 만약 측정할 수 없다면, 무가치한 것이다. 이런 접근방법이 적절하지 않거나 최선이 아니라고 생각하는 사람은 거의 없다. 많은 사람들은 이전의 평가방법이 지녔던 장점을 잊은 지 오래다.

『정신능력 측정 연감(Mental Measurements Yearbooks)』에 실린 수천 개의 형식적인 검사를 일반화하는 것은 위험하다. 그러나 어떤 대가를 지불하게 되더라도 이런 도구의 일반적인 특성을 확인해보는 것은 필요한 일이다.

시험 전문가는 유전적으로 타고난 '순수한 잠재력'이 있다고 믿는다(Eysenck, 1967; Jensen, 1980). IQ나 SAT 등 널리 실시되는 시험은 능력이나 잠재력을 측정하는 도구로 여겨진다. 시험이 터득한 것을 평가하지 못할 이유는 없고, 실제로 많은 성취검사가 이런 목적에 활용된다. 그러나 검사는 드러나지 않은 능력이나 잠재 능력을 측정하기 위한 것이므로 성적이 교수에 의해 향상되지 않는다는 점은 중요하다. 그렇지 않다면 이런 검사는 잠재 능력을 측정하는 타당한 지표가 될 수 없기 때문이다. 대부분의 시험 전문가들은 성적이 타고난 능력을 반영한다고 생각한다.

검사를 지지하는 사람들은 어린 유기체가 성숙한 유기체보다 지식이나 능력은 미숙하지만 시간이 지나도 능력이나 행동에는 어떠한 질적 변화도 나타나지 않는다고 주장한다(Bijou & Baer, 1965). 이러한 가정을 세우면, 모든 연령층을 동일한 측정도구로 측정할 수 있게 된다. 검사 제작자들은 인간의 마음이나 행동을 측정하는 데 동일한 척도를 사용했기 때문에 특정 시점에 측정된 지수는 더 나이가 든 후에도 유효성을 잃지 않는다.

대부분의 검사 제작자들은 미국 사회에 널리 퍼져 있는 경제성에 대한 요구와 기술적인 압박을 고려해야 했다. 결국 그들은 효율적이고 단순하여 쉽게 실시할 수 있는 시험도구를 선호하게 되었다. 검사가 실시되던 초기에는 평가가 개별적으로 몇 시간에 걸쳐 이루어졌지만, 현재는 집단적으로 실시되는 검사가 더 성행한다. 사실 널리 사용되는 검사도구는 모두 요약판이 만들어졌다. 실제로 형식적인 지능검사를 열렬히 지지하는 사람들은 이 검사를 더욱 단순화하려 했다. 아서 젠센은 반응시간(Arther Jensen, 1987), 마이클 앤더슨은 감각 차별(Michael Anderson, 1987), 한스 아이젠크는 뇌파의 유형을 조사했으며(Hans Eysenck, 1979), 유전학의 성과에 자극을 받은 많은 연구자들은 인간의 능력을 지배하는 유전자와 염색체를 확인하고자 했다.

형식적인 검사에 충실한 교육은 '획일적인 교육'이라고 할 수 있다. 이 관점에 따르면, 학교에서의 향상 정도는 동일한 조건하에 형식적 검사를 시행함으로써 평가될 수 있을 것이다. 그리고 학생, 교사, 학부모는 학생의 향상 정도 및 부족한 점을 양적인 점수를 통해 확인하게 될 것이다. 이러한 검사는 비교의 정확성을 위해 전국적으로 표준화된다. 수학이나 과학 같은 주요 과목의 경우 쉽게 그러한 평가를 시행할 수 있다. 그러나 다른 영역에서는 효율적으로 평가될 수 있는 부분만 중요하게 다루어진다(작문에서는 표현력보다 문법을, 역사에서는 해석보다는 지식을 강조하는 식이다). 예술 같이 형식적인 시험을 적용하기 어려운 과목은 가치 없는 교육으로 여겨진다.

비네, 시험 중심 사회, 획일적인 학교교육에 대해 언급하면서 형식적 검사와 깊이 연루된 사람들에 대해 내가 너무 편파적이고 부정적으로 말한 것은 사실이다. 사실 검사와 밀접한 관련을 맺은 사람들도 나와 비슷한 우려의 목소리를 내고 있다(Cronbach, 1984; Messick, 1988). 만일 20~30년 전에 내가 이런 의견을 냈다면 혹독한 비판을 받았을 것이다. 1980년대 이후 미국 교육은 내가 지금까지 대략적으로 소개한 관점과 매우 유사하다. 그러나 형식적 검사를 지지하는 관점은 이번 장 후반부에서 맥락에 기초한, 개별화된 평가와 학교교육을 설명할 때 대조적인 사례로서 유용하게 활용될 것이다.

대안적인 평가를 위한 자료

시험 중심 사회는 과학적인 타당성보다 실용적인 필요성에 의해 발전해 왔고, 동시에 인간 본성도 어느 정도 반영하고 있다. 시험 중심 사회는 인간의 인지와 발달에 대하여 행동주의자, 학습이론가, 연합주의자의 관점이 우세했던 시대에 탄생한 것이다(Gardner, 1985). 이러한 관점에 따르면, 인간의 능력은 '선천적'이고, 학습은 유아기부터 노년기까지 완만한 선형 곡선을 그리며, 학문에도 상하관계가 있고, 잠재력과 성취도에 대한 평가는 엄격하게 통제된 탈맥락적인 상황에서 이루어져야 한다.

지난 수십 년 동안 시험의 전제조건들에 대해 발달론적, 인지론적, 교육학적 비판이 있었고 아주 다른 관점이 등장했다. 이러한 심리학적 개념 변화를 뒷받침할 사례를 여기서 모두 다루는 것은 불가능하다. 그럼에도 평가에 대한 나의 대안적인 관점은 인간 발달에 대한 새로운 청사진을 제공해주기 때문에 새로운 관점의 특징을 소개하고, 이것이 기존 시험에 대한 표준화된 관점과 어떻게 다른지 살펴보는 것이 중요하다.

발달적인 관점의 필요성

　피아제의 선구적인 연구에 힘입어 아이들이 단순히 어른의 축소판이 아니라는 사실이 널리 알려지게 되었다. 신생아나 유아는 내적인 일관성에 의거하여 세상을 지각하면서도, 보다 성숙한 사람들과는 매우 다르게 세상을 인지한다. 아이들은 감각운동기, 전조작기, 구체적 조작기, 형식적 조작기라는 질적으로 서로 다른 단계를 거친다. 특정 지식 영역의 특정 단계에 있는 아동은 필연적으로 다른 영역에서도 동일한 단계에 머물게 된다. 연구자들 중에는 이러한 구조화된 관점을 고수하는 사람이 거의 없으며, 이를 반증하는 연구 결과도 상당수에 이른다(Brainerd, 1978; Gelman, 1978). 그러나 대부분의 발달심리학자들은 여전히 신생아나 유아가 그들만의 고유한 구조를 지니고 있다고 믿고 있고, 특정한 경험 영역(언어, 도덕적 판단, 물리학의 인과론에 대한 이해) 내에서는 단계적인 성장이 이루어진다고 생각한다. 따라서 그들은 아동의 관점과 이해 수준을 고려해야 한다고 주장한다(Case, 1985; Feldman, 1980; Fischer, 1980).

　이러한 관점에 따르면 발달은 완만하지도 않고, 비선형적이지도 않으며, 무턱대고 혼란스럽지도 않다고 한다. 물론 구체적인 내용은 연구자들마다 차이가 있지만 대개는 특정 내용을 익히는 것이 특별히 쉽거나 또는 특별히 어려운, 결정적인 시기 또는 민감한 시기가 있다고 생각한다. 비슷하게 어린아이들은 나이가 듦에 따라 대부분의 영역에서 향상을 보이지만, 급성장하거나 정체하는 시기가 있을 수 있다. 일부 연구자들은 특정 영역에서는 U자형의 발달 곡선이 나타난다고 주장한다. 즉 U자형 곡선의 양극단에 해당하는 어린아이나 청소년이 아동 중기의 학생들보다 정교하고 통합적인 과제를 잘 수행해낸다는 것이다(Strauss, 1982).

이러한 발달론적 연구 결과를 반영하는 측정도구를 개발하는 일도 가능하다. 사실 어떤 검사는 피아제 학파나 그와 연관된 개념에 근거하여 고안되었다(Dzgiris & Hunt, 1966). 그러나 미국에서 실시되는 대부분의 검사는 발달론적 관점에는 그리 관심을 보이지 않는다.

상징체계적 관점의 출현

행동주의자가 우세했던 시대에는 생각, 사고, 신념, 상징 등 인간의 정신과 관련된 것들은 인정을 받지 못했다. 심리학자들은 이른바 생각이라는 것을 발성을 담당하는 근육의 '조용한' 움직임이라고 간주했고, 행동이나 행위를 가능하면 정밀하게 관찰하고 규명하고자 했다.

수십 년간 심리학자들은 다양한 상징과 상징체계를 사용하는 능력이 중요하다는 것을 인식하기 시작했다(Gardner, Howard, & Perkins, 1974; Goodman, 1968). 뛰어난 의사소통능력을 지닌 인간은 언어, 그림, 몸짓, 숫자, 음악 기호 등 상징을 통해서 의미를 전달한다. 이러한 상징체계는 모든 사람에게 공통된 것으로 우리는 문자, 수, 그림, 도표, 몸짓 등을 이해한다. 그러나 이러한 상징을 처리하는 정신 과정은 한 개인이 수행하는 다양한 과제를 통해 나타난다. 컴퓨터의 발달과 사용은 인간이 상징을 조작한다는 사실을 강력하게 뒷받침해주었다. 즉 인간이 만든 기계가 상징을 사용한다면 그 기계의 개발자인 인간이 이를 해내지 못할 이유가 없는 것이다(Newell & Simon, 1972).

상징을 사용하는 인간의 능력을 조사하기 위한 노력은 다양한 영역으로 확대되고 있다. 신생아는 상징을 사용하지 못하며 2세 전후에 나타나는 상징의 사용은 인지발달의 중요한 분기점이 된다는 생각이 널리 받아들여지고 있다(모두가 인정하는 것은 아니다). 그 후 인간은 그 문화권에서 통용되는 상징과 상징체계를 사용하는 능력을 급속도로 획득하게 된다. 5, 6세가 되면 많은 아이들이 이야기, 음악, 그림, 간단한 과학적 설명을 할 수 있는 '1차 단계'의 지식을 얻는다(Gardner, 1982).

문명사회에는 상징을 사용하는 2차 단계가 있다. 아이들은 문자나 숫자 등 문화권 내에서 고안된 상징체계(표기체계)를 배워야 한다. 대부분 이러한 학습은 상대적으로 탈맥락적인 학교에서 일어난다. 표기체계를 익히는 것은 많은 학생들에게 쉽지 않은 일이 될 수 있으며 이는 실제적인 지식이나 1차 단계의 상징체계를 별다른 문제없이 습득한 아이도 마찬가지다. 표기체계를 쉽게 획득한 아이도 사소한 문제는 겪기 마련이다. 왜냐하면 이전에 배운 실제적인 지식과 1차 단계의 상징적 지식을 2차 단계의 상징적 지식과 조화시켜야 하기 때문이다(Bamberger, 1982b; Gardner, 1986b; Olson, 1996; Resnick, 1987).

거의 모든 형식적인 검사는 사용자들이 각 문화권의 2차 상징체계에 익숙할 것이라는 전제를 깔고 있다. 그래서 2차 단계의 상징적 지식을 익히는 데 어려움을 겪거나 2차적 지식을 이전에 배운 정신적인 표현방식과 통합시키지 못한다면 이런 검사에서 좋은 점수를 받을 수 없다. 더구나 2차 단계의 상징 기술을 지닌 사람도 그러한 시험에서는 혼란을 느낄 수 있다. 평가되고 있는 과목에 뛰어난 지식이 없더라도 점수는 높게 나올 수 있기 때문이다(Gardner, 1983b). 어쨌든 실제적이고 1차적인 지식들과 2차적이고 상징적인 지식들 간의 정확한 관계를 규정하고 이것을 측정하는 최상의 방법은 여전히 우리가 풀어야 할 어려운 숙제로 남아 있다.

다중지능 관점의 출현

지능검사가 처음 만들어졌을 때 지능이론에 대해서는 다들 관심이 없었다. 그러나 곧 인간의 다양한 능력들을 모두 반영한 단일한 지능이 있다는 생각이 통용되었다. 지능을 '정신 능력의 척도(vector of mind)'나 '산물,

내용, 조작'이라고 보는 사람들도 소수 있었다(Guilford, 1967; Thurstone, 1938). 그들은 시험 결과에 대한 요인 분석의 결과를 그 주장의 기반으로 삼았다. 가정에 따라 서로 다른 요인 분석 과정을 사용함으로써 지능을 단일하게 볼 수도 있었고 복수로 볼 수도 있었다(Gould, 1981).

최근 지능의 다양성에 대한 관심이 새롭게 대두되고 있다. 몇몇 연구자들은 각각의 정신적 현상을 정신모듈로 생각한다. 정신모듈이란 서로 영향을 주지 않고 반사적으로 작동하는 독립적인 정보 처리 장치다. 이러한 모듈의 발견으로 언어를 분석하고, 음조를 인식하며, 얼굴을 지각하는 등의 일을 하는 개별적인 분석 장치가 있을지 모른다는 관점이 생겨났다(Fodor, 1983; Tooby & Cosmides, 1990).

지능의 다중성을 증명하는 두 번째 증거는 지능검사 문항의 해결과 관련된 정신적 과정을 세밀하게 분석한 것이다(Sternberg, 1977, 1985). 이러한 분석에 따르면 표준화된 지능검사의 점수에 영향을 미치는 요인이 다양함을 알 수 있다. 개인별로 능력차가 나타나는 것은 개인마다 작동하는 요인이 다르기 때문이며, 각각의 과제에는 다양한 요소, 메타 요소, 그리고 하위 요소가 차별적으로 사용된다(Sternberg, 1997; 1, 2장 참조). 나를 포함하여 다중지능에 대해 다양한 관점을 지니는 사람들은 모두 다음과 같은 전제조건을 내건다. 지능을 서열화의 도구가 될 수 있는 단일 차원으로 바라보는 대신 개개인의 지적 강점과 약점은 다르고 인지적 지향점을 달성하는 유형 역시 다르다고 전제하는 것이다(Kagan & Kogan, 1970). 우리가 가지고 있는 다양한 자료들은 이러한 차이가 형식적 학교 교육 이전에 나타난다는 사실을 보여준다(6장 참조).

다양한 인지 유형뿐만 아니라 다양한 개인의 강점에 대한 연구들은 중요한 교육적 시사점을 제공한다. 무엇보다도 초기에 강점과 약점을 확인함으로써 교육 계획에 반영할 수 있다. 또한 개인차는 모든 학생이 동일한 교육과정을 이수하고 더 나아가 획일적인 교육과정을 거쳐야 하는지 혹은, 모든 학습내용을 동일한 방식으로 제시해야 하는지에 대해 의문을 제기한다.

형식적인 검사도 개인차를 감추기보다 드러내도록 고안된다면 다양한 인지적 특성을 인식하는 데 유용할 것이다(Cronbach & Snow, 1977). 대학입시처럼 선발을 위한 평가도구라면 학생들이 자신의 강점을 최대한 보여주고 최적의 결과를 낼 수 있도록 하는 것이 특히 중요하다. 그러나 이런 측면을 고려한 평가 도구는 거의 존재하지 않으며, 대부분의 평가 도구는 개인의 강점을 보여주기보다는 오히려 약점을 찾아내는 데 집중한다.

인간의 창의적인 능력에 대한 연구

형식적 검사가 널리 이용되던 시기에는 개인의 지능을 평가하는 데만 관심이 있을 뿐 다른 능력에 대한 관심은 거의 없었다. 스푸트니크 호 발사 이후 과학적 능력이 강조되었고 미국의 교육자들은 상상력, 독창성, 창의력이 중요하다고 확신하게 되었다(Guilford, 1950, 1967). 그들은 창의력을 평가하는 도구를 필요로 하게 되었다. 그러나 나의 관점에서 보면 창의력을 측정하는 도구를 개발할 때에도 지능검사에서 범했던 오류가 반복되었다. 즉 창의성의 핵심이라 할 수 있는, 한 가지 질문에 다양한 답을 만들어 내는 발산적 사고(divergent thinking)나 한 가지 제시물(stimulus)에 독창적인 연상을 해내는 관념적인 유창성(ideational fluency)과 관련된 능력을 제한된 시간에 단답식 문제를 통해 측정하려 했던 것이다.

지능검사와 관련해서는 여전히 논쟁이 있지만, 창의성검사의 경우에는 잠재된 창의성을 충분히 측정하지 못한다는 데 합의가 이루어졌다(Wallach, 1971, 1985). 창의성 측정도구는 신뢰성이 있고 다른 측정도구들이 측정하지 못하는 것을 측정하고 있지만, 특정 영역의 산출물을 기반으로 창의성을 예측하지는 못한다. 연구자들은 창의성검사를 개선하는 작업에 나서는 대신 문제해결 또는 문제발견 활동에 참여할 때 실제로 어떤 일이 일어나는지를 조사하기 시작했다(Getzels & Csikszentmihalyi, 1976; Gardner, 1993; Grnber, 1981; Sternberg, 1988b).

최근 두 가지 중요한 연구 결과가 발표되었다. 첫째, 창의적인 사람들만의 특별한 인지과정은 없다는 것이다. 그들은 다른 사람들과 동일한 인지과정을 사용한다. 다만 이 과정을 보다 효율적이고 융통성 있게, 야심적이고 위험한 목표에 사용한다는 것이다(Perkins, 1981). 둘째, 매우 창의적인 사람은 대부분의 사람들과는 다른 방식으로 삶을 이끌어간다. 그들은 자신의 일에 완전히 몰입하고 열정적이다. 그들은 새로운 것을 시도하고자 하며 궁극적인 목표와 뚜렷한 목표의식을 가지고 있다. 또한 그들은 자신의 활동, 시간 관리, 산출물의 질적인 수준에 대해서 극도로 반성적인 사고를 보인다(Csikszentmihalyi, 1996; Gardner, 1993; Gruber, 1985).

그 동안 창의성은 미국 교육의 주된 목표가 아니었다. 그러나 창의적인 인재 계발을 교육목표로 삼는다면 창의성에 대한 현재의 연구 내용과 일치되는 방식으로 이러한 목표를 추구하는 것이 좋다(Gardner, 1988a).

맥락 속에서 학습을 평가하다

처음 비서구적인 문화권에 표준화된 검사와 예증적인 실험 설계가 소개되었을 때 나타난 결과는 대체로 유사했다. 문자 사용 이전의 문화권(pre-literate cultures)이나 비서구 사회의 사람들은 통제집단인 서구인들에 비해 훨씬 낙후되어 있었고 지적이지 못한 것으로 나타났다. 그 후 흥미로운 현상이 하나 더 발견되었다. 간단히 평가 자료, 시험 상황 혹은 지시문을 바꾸는 것만으로도 검사 결과가 극적으로 향상되었던 것이다. 즉 익숙한 자료를 사용하거나, 식견이 있고 언변이 좋은 검사관이 투입되거나, 수정된 지시문을 제공하거나, 동일한 인지능력을 비서구적인 맥락에서 쉽게 이해할 수 있는 형식으로 측정하자 서구인과 비서구인의 점수 차이는 거의 나타나지 않거나 사라졌다.

하나의 집단만을 대상으로 고안된 평가 자료를 다른 집단에 그대로 적용할 수 없다는 증거는 많다. 어떠한 검사 도구도 전혀 문화의 영향을 받지 않을 수 없다. 모든 도구에는 그 도구를 탄생시킨 사회가 반영되어 있다. 서구적인 맥락에서 통용되는 형식적인 검사는 더욱 그렇다. 서구의 학생들은 학습 내용이 적용되는 장소와는 동떨어진 곳에서 다소 추상적인 학습을 하는 데 익숙하다. 그러나 학교교육이 실시되지 않는 곳에서는 거의 대부분의 학습이 특정 상황에서 이루어지기 때문에 평가도 실제 맥락 속에서 이루어지는 것이 합당하다.

이러한 문화비교적인 연구를 바탕으로 연구자들은 다양한 전문가들이 지닌 인지능력에 관해서도 연구했다. 전문가들은 종종 수리력이나 추리력을 측정하는 탈맥락적인 검사에서는 실패하곤 했지만 옷을 재단하거나, 슈퍼마켓에서 물건을 사거나, 트럭에서 우유를 내리거나, 논쟁에서 자신의 입장을 옹호하는 등의 일상적인 상황에서는 수리력이나 추리력을 충분히 발휘한다(Lave, 1980; Rogoff, 1982; Scribner, 1986). 이 경우 개인보다는 개인의 능력을 정확하게 측정하지 못한 측정도구에 문제가 있는 것이다.

개인 외부에 있는 능력과 기술

이 연구는 또 다른 새로운 개념을 제안한다. 즉 과제를 수행하는 데 필요한 지식을 한 개인이 모두 지니고 있지 않을 수도 있다는 것이다. 때로 이러한 지식은 '분산되어' 있을 수도 있다. 즉 과제를 성공적으로 수행하려면 여러 사람으로 구성된 팀이 나서야 하는 경우도 있는 것이다. 필요한 모든 능력을 갖추고 있는 사람은 존재하지 않는다. 다만 여러 사람이 협력함으로써 신뢰성 있는 방법으로 그 과제를 수행할 수 있을 뿐이다(Scribner, 1986). 따라서 누군가 필요한 지식을 가지고 있다 또는 없다고 단순하게 말하는 것은 옳지 않다. 그가 그 지식을 활용하기 위해 자극(사람이나 기술적인 장치)을 필요로 한다면 그러한 지식은 측정도구로는 확인할 수 없기 때문이다(Squire, 1986).

그러므로 인간의 인지능력을 발현된 능력으로 생각하는 것이 적절하다. 능력은 (1)기술, 지식, 목적을 갖춘 개인(individual)과, (2)이러한 기술을 사용할 수 있는 지식의 영역(domain of knowledge), 그리고 (3)특정 결과가 수용 가능한지, 창의적이며 획기적인지, 특정 조건을 충족시켰는지를 판단하는 분야(field)라는 서로 다른 요인들의 교집합 속에서 발현된다. 지식의 획득과 전달은 이 세 가지 요소의 역학관계에 의해 결정된다(Csikszentmihalyi, 1988a; Csikszentmihalyi & Robinson, 1986; Gardner & Wolf, 1988). 특히 유아기 이후 인간의 성취는 기회, 진보, 인식에 영향을 미치는 다양한 '분야의 영향력(field force)'과 문화권 내 다양한 지식 영역에 대한 인지를 전제로 한다. 형식적인 검사는 특정 시점에 한 사람이 지닌 능력에만 초점을 맞춤으로써 그 사람이 더 넓은 사회적 환경 속에서 발휘할 수 있는 능력을 전반적으로 과소평가하는 경향이 있다.

앞서 제시한 연구 결과는 평가에 대해 다소 다른 관점을 제시한다. 즉 형식적인 검사보다는 전통적인 도제제도와 유사한 평가가 필요하고 이를 위해서는 발달 단계와 발달 곡선에 대한 고려가 중요하다. 또한 유아기 이후 인간의 상징 능력을 적절한 방식으로 반영하고, 실용적인 지식, 1차 그리고 2차적인 상징능력의 관계를 탐색하는 작업도 필요하다. 우리는 다양한 지능과 다양한 인지 양식 프로파일이 존재한다는 사실을 인지하고, 이를 평가에 반영해야 한다. 또한 다양한 영역에서 창의적인 사람들이 어떤 특성을 보이는지 이해해야 한다. 마지막으로 맥락이 능력 발현에 미치는 영향력을 인정하여, 모든 평가가 맥락 속에서 이루어지게 해야 한다.

이런 모든 요구사항을 만족시키는 것은 힘겨운 일이다. 실제로 형식적인 검사가 매력적인 이유는 지금까지 개관했던 대부분의 조건들을 최소화하거나 무시할 수 있기 때문이다. 그러나 인간의 인지능력에 대한 이해를 반영하여 개개인에게 충실한 평가를 내리고자 한다면, 그 조건들을 반드시 고려해야 한다.

새로운 평가 방식의 일반적인 특징

만약 모든 것을 백지화하고 새로운 평가 방식을 고안해야 한다면 다음의 여덟 가지 원칙을 따라야 한다.

1. 시험보다 평가를 강조한다

미국 사회는 시험을 남발하는 경향이 있다. 유용한 시험도 있지만 미국의 시험 산업은 상식적으로는 도저히 이해할 수 없을 정도로 비대해졌다. 그 저변에 깔려 있는 이론적이고 개념적인 배경을 알게 되면 사람들은 실망할 것이다. 시험은 어떤 필요에 의해서라기보다는 시험 그 자체를 위해 만들어진 인상을 준다.

나는 시험에 대해 반감을 가지고 있지만 평가에 대해서는 그렇지 않다. 교육목표, 이를 성취하기 위한 수단, 목표의 달성(혹은 실패), 목표나 과정의 평가 및 조정은 교육자와 학생의 임무다.

평가는 개인의 능력과 잠재력을 파악하여 개인과 사회에 그 정보를 제공하기 위한 것이다. 시험과 달리 평가는 일상에서 정보를 도출하며, 중립적이고 탈맥락적인 환경에서 실시되는 형식적 검사를 꺼린다.

사정을 책임지고 있는 심리학과 교육학계는 시험이 아닌 평가를 구현하기 위해 노력해야 할 것이다(Cross & Angelo, 1988). 우리는 정기적이고 체계적이며 유용한 평가를 가능하게 하는 방법과 도구를 고안해야 한다. 어떤 경우에는 형식적 검사가 개발될 수도 있지만, 대부분의 경우에는 그렇지 않을 것이다.

2. 간단하고 자연스러우며 신뢰성 있는 계획에 바탕을 둔 평가

평가는 학기 중 불시에 학생과 무관한 외부 인사에 의해 진행되기보다는 자연스러운 학습 환경의 일부로 편입되어야 한다. 가능한 한 학습 상황에 자연스럽게 연계되어 '수시로' 이루어져야 한다. 처음에는 평가가 교육과정과 구분이 되겠지만 어느 정도 시간이 지나면 학생과 교사 모두 이를 자연스럽게 교육의 일부로 받아들일 것이다.

여기서는 전문가의 인지능력을 평가하는 모형이 활용될 수 있다. 경쟁 상황이 아니라면 전문가들은 평가받을 필요가 별로 없다. 전문가들은 외부의 감독이 거의 없는 상황에서도 자신의 일을 잘 해나간다. 그러나 실제로 전문가는 끊임없는 평가 과정을 거치는 것이 사실이다. 이러한 평가는 의식 없이 작업 도중에 자연스럽게 이루어진다. 내가 처음 학문적인 글을 쓸 때에는 교사나 편집자들의 구체적인 비판에 많이 집착했었다. 그러나 지금은 책상에 앉아 이런저런 글을 써보거나 초고를 잡거나 글을 쓰기 위해 모은 자료를 편집하면서 무의식적으로 평가하게 된다.

평가가 점차 교육과정의 일부로 자리 잡게 되면, 더 이상 평가를 교실 활동과 분리시킬 필요는 없다. 모범적인 도제관계처럼 교사와 학생은 항상 평가를 하게 된다. 이제 평가는 언제 어디서든 이루어지는 것이므로 '평가를 위해 가르칠' 필요가 없게 된 것이다. 이와 함께 형식적인 시험의 필요성도 줄어들 것이다.

3. 생태학적인 타당성

형식적 검사의 가장 큰 문제점은 타당성이다. 타당성이란 합의된 기준과의 유의미한 상관관계를 의미한다. 앞서 언급했듯이 창의성 검사는 타당성이 검증되지 않았기 때문에 더 이상 널리 쓰이지 않는다. 또한 지능검사와 학업적성검사는 졸업 이후의 성취도를 예측해주지 못하기 때문에 타당성에 문제가 있다.

다시 도제제도의 예를 들어보면, 장인의 판단이 타당한지를 의심하는 것은 합당하지 않다. 장인은 도제들 모두와 매우 긴밀한 관계를 유지하기 때문에 정확하게 그들의 행동을 예측할 수 있다. 그러나 이러한 예측이 타당하게 이루어지지 않는다면 문제가 될 수는 있다. 오늘날 우리가 사용하고 있는 평가는 그 본연의 임무에서 다소 멀어져 있다. 개개인의 실제 작업 환경과 유사한 상황에서 평가한다면 성취도는 더욱 정확하게 예측될 것이다. 대부분의 미국 학생들은 형식적 검사라는 단일한 작업에 수백 시간을 쏟지만 일단 학교를 졸업하면 형식적 검사와 유사한 도구를 접할 기회가 거의 없다.

4. 편파적이지 않은 공정한 검사도구

앞서 언급했듯이 대부분의 검사 도구는 언어지능과 논리수학지능이라는 오직 두 가지 종류의 지능에 편중되어 있다. 이러한 특정 지능 영역에서 강점을 가지고 있는 축복받은 사람들은 실제로 검사와 관련된 영역을 잘 모르더라도 좋은 성적을 낼 것이다. 마찬가지로 언어지능과 논리수학지능에 문제가 있는 사람은 다른 영역을 측정하는 검사에서도 저조한 성적을 낼 것이다. 표준화된 검사 형식에 익숙하지 못하기 때문이다.

해결책은 언어지능과 논리수학지능을 배제한 채, 사용되는 지능을 직접 확인할 수 있는 도구를 고안하는 것이다. 공간지능은 낯선 곳을 찾아가보게 함으로써 평가할 수 있고, 신체운동지능은 새로운 무용이나 신체활동을 배우고 기억하는 과정을 관찰함으로써 평가할 수 있으며, 인간친화지능은 판매사원과 협상하는 과정을 지켜보거나 회의에서 자신의 의견을 개진하는 모습을 보고 평가할 수 있다. 이와 같은 일상적인 행위를 통한 평가는 심리검사실이나 시험장에서 실시될 필요가 없다.

5. 다양한 평가도구 사용하기

아동용 웨슬러 지능 검사와 같은 단일 검사의 종합점수를 만능으로 생각하는 풍토는 바뀌어야 한다. 이를 위해 지능검사에 포함되어 있는 하위 검사와 특정 문항에 접근하는 전략 간의 차이점이 고려되어야 한다(Kaplan, 1983).

특정 능력을 측정할 때 다양한 측정도구를 사용하는 것이 바람직하다. 일례로 영재 프로그램의 선발 기준을 한 번 생각해보자. 미국 영재 프로그램의 75퍼센트는 단순히 IQ에만 근거한다. 1장에서도 언급했듯이 만약 선발 기준이 IQ 130인데 당신의 IQ가 129라면 당신은 프로그램의 참가 자격을 얻지 못한다. 얼마나 유감스러운 일인가! IQ를 평가의 한 가지 요소로 참작하는 것에는 반대하지 않는다. 다만 아동의 작품, 아동의 목표와 열의, 평가 기간 중 다른 아이들과 만든 작품 등 다른 요소도 평가에 반영하자는 것이다. 교육부장관이 단일한 1차원적인 차트만이 아니라 학습과 생산성의 여러 측면을 측정한 여섯 개의 서로 다른 그래프를 들고 텔레비전에 출연한다면 교육 발전에 획기적인 전기가 마련될 것이다.

6. 개인차, 발달 단계, 전문성에 민감해지기

개인차, 발달 단계, 다양한 전문성 등을 고려하지 못한 평가 프로그램은 시대에 뒤떨어진 것으로 여겨진다. 형식적인 검사에 이러한 다양성을 반영하는 것도 좋지만, 이때 표준화된 검사가 기반하고 있는 핵심적 가정(즉 기본적으로 개인은 발달수준에 관계없이 동일하다는 가정)과 경제적 효율성은 포기해야 한다.

교사와 평가자들에게도 개인차의 중요성을 주지시켜야 한다. 평가자들은 개인차를 인식하고 있어야 한다. 실제로 교사가 개인차에 대한 경험적 분류체계를 가지고 있을 것이라 기대할 수는 없다. 따라서 이에 대해 교사를 따로 교육시킬 필요가 있다. 일단 교사가 개인차에 대해 교육을 받고 서로 다른 프로파일을 가진 아이들을 가르치다 보면, 개인차를 실제 교육 환경에서 자연스럽게 확인할 수 있게 될 것이다.

그러고 나면 이러한 차이를 교육에 반영할 수 있게 된다. 훌륭한 교사는 2학년을 가르치든, 유아들에게 피아노를 가르치든, 대학원생에게 연구 설계를 가르치든, 학생들 간의 차이를 감지하고 각자에게 맞는 효과적인 지도방법을 찾는다. 개인차에 대한 민감성은 교사가 갖추어야 할 역량으로 평가뿐만 아니라 수업에도 활용되어야 한다. 또한 교사들은 특정 영역을 평가하면서 개인차에 대한 직관적인 감각을 연마할 수 있게 된다.

7. 내적 흥미와 동기를 자극하는 학습 자료 활용하기

거의 언급되지 않지만 형식적 검사의 문제점 중 하나는 아이들의 흥미를 전혀 유발하지 못하는 자료를 활용한다는 점이다. 누가 시험 문항에 흥미를 느끼겠는가? 아마도 선샤인 레지슬레이션(sunshine legislation)[4] 덕분에 누구나 읽을 수 있는 간행물에 시험항목을 싣고 이를 공개적으로 논의할 수 있을 때나 가능한 일일지 모르겠다.

그러나 굳이 그래야 할 필요는 없다. 학습경험 자체가 좋은 평가 도구가 될 수 있다. 보다 중요한 것은 학생들이 문제, 프로젝트, 작업에 성실하게 참여하는 동안 평가가 이루어져야 하고, 이때 학생들이 흥미와 동기를 잃지 말아야 한다는 것이다. 이러한 과정은 표준화된 선다형 시험처럼 만들기가 쉽지는 않지만, 학생들의 능력을 완전히 표출시키고 이후의 진로지도와 학습지도에 유용한 정보를 제공한다.

8. 학생에게 유용한 평가

형식적 검사가 지니는 또 다른 문제는 점수를 사용한다는 것이다. 학생들은 개인 점수를 통보받고, 백분위 등급을 산출당하며, 자신의 학문적 자질에 대해 결론을 내린다. 심리학자들은 사람들에게 도움을 주기보다는 사람들을 서열화하는 데 지나치게 많은 시간을 보낸다. 평가는 기본적으로 학생들에게 도움을 주어야 한다. 평가자들은 학생들에게 즉각적으로 도움이 되는 피드백을 제공해야 한다. 학생들의 강점 영역과 약점 영역을 확인해주고, 어떤 공부를 해야 할지 알려주고, 어떤 습관을 가져야 할지 제안하고, 다음 평가가 어떤 방식으로 진행될지를 보여주어야 한다. 특히 피드백은 구체적인 제안을 담고 있어야 하고, 다른 학생들과의 비교 없이 그 학생이 지닌 상대적 강점을 제시해야 한다.

인간의 인지와 발달에 대한 연구와 새로운 평가 방법에 대한 기대를 고려한다면, 현존하는 프로그램보다 훨씬 더 적절한 프로그램을 만들 수 있다. '형식적인 검사에 맞서는 새로운 대안'을 찾기 위해서는 아니었지만, 프로젝트 제로는 지난 몇 년간 새로운 평가방식에 관해 수많은 연구를 진행해왔다. 이전의 4개 장에서 학생의 지적 강점을 맥락에 기초하여 평가하는 방법들을 소개했다. 여기서는 그런 노력을 더 큰 그림 속에서 시도해보려 한다.

새로운 평가 사회를 꿈꾸며

교육 체제와 평생 학습의 궤도 안에서 자연스럽게 정기적인 평가가 이루어져야 한다. 앞에서는 상당수의 사례를 통해 표준화된 형식적 검사의 문제점을 지적했다. 여러 연구 결과를 종합하여 볼 때 평가가 자연스럽게 이루어지는 환경을 만들고, 교육과정이 맥락에 기초하여 평가될 수 있도록 영역 프로젝트나 프로세스폴리오와 같은 활동을 고안하는 것이 바람직하다. 도제제도를 부활시키자는 것은 아니지만 전통적인 도제제도가 현대의 평가 방식에 시사점을 제공할 수 있을 것이다.

실제로 형식적 시험과 도제식의 평가를 평가의 양축으로 생각한다면, 오늘날 미국 교육은 그 대가나 한계에 대해서는 생각하지도 않고 형식적인 검사만을 고집한다. 이러한 과도한 영향력은 반작용을 일으켰다. 여기서 보다 맥락을 고려하고, 생태학적으로 타당한 평가 모형의 이점을 강조한 이유도 그 때문이다. 표준화된 형식적 검사는 어려움을 겪고 있는 특정 집단을 선별해내는 등 중요한 역할을 담당하기도 하지만, 사용자들은 그 한계를 인식해야 한다.

이런 관점에 반대하는 사람들도 물론 있을 것이다. 그들은 형식적 검사는 객관적인 반면 나의 주장은 주관적 평가로 회귀하는 것일 뿐이라고 말한다. 이러한 생각은 두 가지 이유에서 적절하지 않다. 첫째, 영역 프로젝트, 프로세스폴리오, 스펙트럼 형식의 평가가 다른 형식의 평가보다 덜 객관적이라는 근거는 없다. 이러한 프로젝트의 통계학적 신뢰도를 확립하는 것이 우리의 목표는 아니지만, 신뢰도를 증명해주는 개념적이고 심리측정학적인 도구들이 존재한다. 게다가 이런 평가도구는 생태학적 타당성도 지니고 있다.

둘째, 표준화된 형식적 평가가 객관적이라는 주장에 동의할 수 없다. 기술적인 측면을 고려하면 이러한 도구는 주관성이나 통계적인 편향에서 자유롭지 못하다. 그러나 모든 검사도구는 한 명 이상의 개인, 혹은 하나 이상의 지적, 인지적 유형에 치중되어 있을 수밖에 없다. 형식적인 검사는 언어와 논리수학지능이 높고, 제한된 시간에 탈맥락적 환경에서 평가받는 것에 익숙한 사람에게 적합하다. 반면 그런 지능이 발달하지 못하고, 프로젝트 활동에서 강점을 드러내는 사람은 형식적인 검사에서 왜곡된 결과를 얻을 것이다.

자원이 한정되어 있을 경우 모든 사람이 자신의 강점을 드러낼 수 있는 기회를 가져야 한다. 대입고사에서 800점이라는 높은 점수를 받은 학생들이 자신의 능력을 뽐내는 것이 잘못된 것은 아니지만, 다른 인지적 장점을 가진 학생들 역시 정당하게 평가받을 수 있어야 한다.

이런 의견에 동의하면서도, 경제성이나 효율성을 고려하여 새로운 평가 방법에 반대하는 사람들이 있다. 1회에 끝나지 않는 지속적인 평가는 너무 비능률적이고 비용도 많이 들기 때문에 차라리 형식적인 검사를 개선하는 것이 더욱 현실적이라는 것이다.

이러한 주장은 그럴듯해 보이지만 나로서는 받아들일 수 없는 것이다. 형식적인 검사가 효율적이기는 하지만 수십 년간 엄청난 투자를 하고도 아직 완벽한 상태와는 거리가 멀다. 앞으로 더 많은 돈을 쏟아 붓는다고 해도 형식적인 검사는 별로 개선되지 못할 것이다.

연구기금에 의존하는 프로젝트 제로의 시범 프로젝트는 여러 기준으로 보아도 우수하다. 교사들은 그러한 접근법을 쉽게 배울 수 있으며, 관심 있는 학교나 학군은 이를 언제든 이용할 수 있다. 시어도어 사이저(Theodore Sizer)가 계산한 것처럼 질적인 평가로 전환하면 비용은 10~15퍼센트가 증가할 뿐이다.

맥락에 근거한 평가가 직면한 가장 커다란 장애물은 자원의 부족이 아니라 의지의 부족이다. 미국에서는 학생들을 획일화된 방식으로 가르치고, 1차원적 측정수단으로 평가한다. 이는 합리적이지도 않을 뿐 아니라 윤리적으로도 옳지 않다. 이러한 반감은 이전의 교육 실험이 보여준 월권이나 한계로 인해 생긴, 이해할 수 있는 불만에서 나온 것이다. 그러나 혼란스러운 것은 그것이 학생, 교사, 학습과정에 대한 일반적인 반감을 기반으로 하고 있다는 점이다. 실제로 핀란드처럼 교육과정에 높은 관심을 보이는 국가에서는 1차원적인 교육적 사고와 평가에 의존하지 않고도 수준 높은 교육을 실시하고 있다.

시험과 획일화된 교육을 요구하는 목소리가 높은 이유는 분명하다. 20세기 후반에 이르는 성적이 나쁜 학생들에 대한 우려는 교육 전반에 대한 비판으로 이어졌다. 심지어는 결국 각종 사회병폐도 부실한 교육 탓이라는 비난이 터져 나왔다. 급기야 정부 관료들이 이 논쟁에 가세했고, 많은 예산이 투입되었으며, 교사의 책임은 더욱 강조되기에 이르렀다. 정치 관료들은 관련 연구에 대해서는 검토조차 하지 않은 채 책임을 전가할 희생양을 찾고 단기적 해결책에 몰두했다.

이러한 문제에 대안적 관점을 제시하는 공무원이나 사회 지도자가 거의 없다는 것은 유감스러운 일이다. 한 나라를 이끄는 여러 집단이 평가 및 교육철학이라는 차별화된 교육모델에 헌신했다면 별 다른 경제적인 지원 없이도 우수한 교육을 실시할 수 있었을 것이다. 물론 사회 각계각층의 도움이 필요한 것은 사실이다. 대학교수들은 제출된 프로세스폴리오를 검토하고, 사회 구성원들은 멘토 제도, 도제제도, 특별한 파드 활동을 제공해야 하며 학부모는 자녀가 학교에서 무엇을 하는지 알고, 그들의 프로젝트에 참여하거나 최소한 격려라도 해주어야 한다. 이런 제안이 혁명적으로 들릴 수도 있지만 사실 미국이나 외국의 우수한 교육현장에서 매일 벌어지는 일이다. 그런 협동적인 노력 없이는 수준 높은 교육을 상상할 수 없다.

정책토론은 교육의 목적과 개념들을 중심으로 이루어져야 한다. 앞서 언급했듯이 형식적인 표준화 검사는 지식을 구성하는 개별 요소를 암기하고 탈맥락화된 상황에서 그대로 토해내는 것을 교육으로 본다. 이러한 관점에 따르면 그러한 지식을 충분히 습득한 사람이 사회의 유능한 구성원이 될 것으로 기대된다.

　　지금까지 소개한 평가 관점은 장기적인 프로젝트를 통해 계발된 창의적이고 반성적인 기술을 중시한다. 즉 마음과 학문의 동일한 습관이 두 가지 역할에 모두 유용할 수 있다는 생각을 바탕으로, 학교에서 행하는 활동과 학교 밖의 활동 간의 격차를 메우는 것이다. 특히 개인의 강점에 관심을 기울인다. 평가는 일상 속에서 가능한 한 암묵적으로 이루어져야 하고, 이렇게 얻어진 정보는 학생을 선발하는 사람들에게 유용하고 경제적으로 제공되어야 한다.

　　이런 평가의 관점은 개별화된 교육과 일맥상통한다. 평가를 중시하는 사람 중에는 개별화 관점이 비실용적이고 낭만적이라며 반대하는 사람이 있다. 그들은 엄밀하게 짜인 교육과정 속에서 보다 자연스럽게 평가가 이루어지기를 바란다. 조금 의외로 들릴지 모르지만 나 역시 엄밀한 교육과정에 찬성한다. 그러나 개인 중심의 접근법 중 엄밀하지 않은 접근법은 없다. 실제로 훌륭한 도제교육에도 엄밀함이 존재한다. 오히려 단편적인 지식을 확인하기 위해 불완전한 선다형 문항을 제시하는 것은 피상적인 답을 찾기 위해 엄밀성을 희생시키는 것이다. 나는 개별화 교육을 중시하는 학교에서 엄밀한 교육과정을 충분히 구현할 수 있다고 생각한다. 다시 말해 내가 원하는 것은 교육과정에서 선택의 폭을 넓히는 것이다(Gardner, 1999b).

　　카를 마르크스(Karl Marx)는 언젠가 국가는 필요 없어질 것이고 소멸할 것이라고 예견했다. 개인적으로 나는 지능검사 역시 결국 필요 없게 될 거라고 생각해왔다. 한때 한 시간 가량의 표준화된 검사는 누가 학교에서 성공할지, 누가 군대나 회사에 잘 적응할지를 알려주는 합리적인 지표의 역할을 했다. 그러나 학교나 군대에서 성과를 올리는 방법이 다양하다는 사실이 알려지면서 인간의 능력을 평가하기 위한 차별화되고 분화된 방법이 필요하게 되었다. 표준화된 시험 대신 개인의 장점이 무엇이고 그에게 가장 적합한 직업 및 취미가 무엇인지가 자연스럽게 드러나는 환경(또는 사회)을 마련해주어야 한다.

그런 환경을 위해서 형식적이며 탈맥락적인 평가는 지양되어야 한다. 학생들이 학교에서 하는 것과 사회가 그들에게 요구하는 것이 점점 유사해지기 때문이다. 누가 훌륭한 리더가 될지를 판별해주는 별도의 시험이 있을 리 없다. 리더십은 자연스러운 환경에서 나타나고, 그 자체가 리더십을 증명하기 때문이다. 마찬가지로 누가 더 이성에게 매력적인지, 누가 더 축구를 잘 하는지, 누가 더 연주를 잘하는지, 누가 더 법률을 잘 제정하는지를 평가할 수 있는 검사도 없다. 우리가 지능검사를 고안한 것은 그 총체적 특성을 실제 세계에서 쉽게 관찰할 수 없었기 때문이다. 그러나 이때의 지능―단일하고 측정 가능한 능력으로 간주되는―은 결코 성공적인 개념이 아니다.

기술한 대로 다양한 인지능력이 자연스럽게 나타나는 것이 확실하다면, 이러한 인지능력은 개인의 일상생활을 면밀하게 관찰하는 것만으로도 쉽게 발견할 수 있을 것이다. 이 작업을 위해서는 심리학자나 심리측정학자들 외에도 광범위한 훈련을 받은, 상상력이 풍부한 전문가들이 필요하다. 인간의 능력 중 극히 일부만이 강조됨으로써 수많은 잠재력이 사장되는 이 사회에서 그러한 투자는 가치 있는 것이다.

나는 시험 중심 사회와 대조적으로 평가와 개인에게 초점을 맞추는 교육에서 희망을 본다. 이 두 가지는 미국 사회가 지향하는 민주주의와 다원주의 가치에도 부합한다. 또한 이것은 최근 몇 십 년 동안 이루어진 인간의 성장과 학습에 대한 과학적인 연구와도 일맥상통한다(Dewey, 1938). 미래의 학교는 이러한 비전에 맞추어져야 한다. 그리하면 공식적인 평가가 어떤 형태로 얼마나 빈번하게 이루어지든, 형식적인 학교 교육과 그 이후의 평생학습이 제 모습을 갖추게 될 것이고 그 자체가 의미를 갖게 될 것이다.

Multiple Intelligences

3

새로운 전망

New Vistas

Chapter 11

사회적 맥락에서 본 인간 지능

개인이 다양한 역량을 계발할 수 있는 것은 사실이지만 이는 혼자 할 수 있는 일이 아니다. 언어와 같이 보편적으로 계발되는 능력조차도 아이가 정상적인 어른과 상호작용을 하지 않는다면 습득할 수 없다. 학습은 사회적 상호작용의 맥락에서 일어나며, 2세 이후에 습득하는 거의 대부분 것들은 사회적으로 구성된 것이다. 사회는 아이에게 낚시에서부터 물리학에 이르기까지 지식의 다양한 영역을 구성하는 사실, 이론, 기술, 방법을 가르친다.

민디 콘하버(Mindy Kornhaber), 마라 크레체프스키와 공동 집필

지능은 시간, 장소, 문화에 의해 정의된다. 이러한 정의는 사회에 따라 달라질 수 있지만, 그 정의는 다음과 같은 세 가지 요소로 구성된다. (1)농업, 문학, 예술같이 문화가 생존하기 위해 필요한 지식의 영역(domains)과 (2)어른에 대한 존경, 학문적 전통의 보존, 실용적 해결책의 선호같이 문화 내에 깊숙이 뿌리박힌 가치들(values), 그리고 (3)개인의 다양한 역량(competences)을 키우고 육성하는 교육 체제다. 여기서는 인간의 마음뿐 아니라 그 마음이 작용하는 사회에 대해서도 생각해보고자 한다.

다른 지능 이론가들과는 달리, 우리는 지능을 측정하기 위해 지능의 개념을 단순화하지 않는다. 오히려 우리는 지능의 다양한 발현에 대해 문화의 내외적인 면을 모두 고려한다. 이런 포괄적인 관점은 지능의 발현을 언

제, 어디서 발견할 수 있을지, 어떻게 하면 이를 향상시킬 수 있을지 제시해줄 것이다. 또한 우리는 개인의 인지적 잠재 능력이나 역량의 범위를 측정하는 평가를 지지한다. 이러한 역량은 개인이 다양한 최종 상태에 도달할 수 있게 도와주었고, 덕분에 사회는 수천 년간 발전해왔다. 또한 우리는 이러한 평가가 개인과 집단의 잠재 능력을 육성하는 환경을 만드는 데 일조하기를 바란다.

모든 문화를 아우르는 지능 이론을 만들기 위해 우선 전통사회와 산업사회를 모두 연구 대상으로 했다. 두 사회에서 생존과 성장을 위해 필요로 하는 지식의 영역에 대해 생각해보고, 이 두 사회가 이러한 영역에서 역량을 발휘하도록 구성원들을 어떻게 동기화시키는지 확인했다. 또한 이론의 구성 요소에 대해 정확하게 정의를 내린 후 현재 탈공업화를 향해 가고 있는 일본과 미국의 상황을 정리해보았다. 마지막으로 지능에 대한 우리의 포괄적인 관점과 어울리는 새로운 평가 체제가 개발되어야 한다는 점을 지적하며 논의를 정리했다.

사회적 관점에서 본 인간의 지능

전통사회의 대다수 사람들은 충분한 식량 확보가 우선이었다(LeVine & White, 1986). 당시에는 낚시, 농업, 사냥, 목축 등 주로 노동집약적인 일을 통해 식량을 획득했다. 그러나 이러한 사회에도 식량만이 삶의 전부가 아니었다. 형식적인 학교는 없었지만 이 사회에도 별도의 교육과정은 존재했다. 지식의 영역은 종교, 신화, 음악, 무용, 미술을 중심으로 서서히 발달했다. 또한 아이들은 1차적으로 사회의 가치체계, 종교, 윤리, 각자의 계급에 맞는 사회화를 경험해야 했고, 그 이후의 과정은 보통 나이와 성에 따라 달라졌다(LeVine & White, 1986).

그렇다면 이러한 교육과정은 어떻게 구성되었을까? 대개 아이들은 어른을 관찰하고 모방함으로써 문화의 가치체계와 기술을 배운다. 아이들의 환경은 각자가 배운 기술을 실제로 적용해볼 수 있는 풍부한 기회를 제공했다. 그래서 이러한 기술들을 규칙적으로 연습하는 것이 가능했다. 실제로 그런 연습에는 그 사회가 의존하고 있는 노동 형태가 내포되어 있었다. 아이들은 어른들로부터 비형식적으로 배웠다. 교수와 평가는 사회 영역 내에서 작업을 수행하는 동안 일어났으며, 이는 격려 · 충고 · 비판의 형태나, 유용한 기술을 전수하는 형태로 이루어졌다(10장 참조).

일부 전통사회의 경우 숙련을 요하는 작업과 중요한 기술은 보다 구조화된 형태의 학습을 요구하게 되었다. 이러한 기술은 주로 도제제도를 통해 젊은이들에게 전수되었다. 종종 이러한 도제교육은 가업과 관련이 있어서 아이들은 부모에게 직접 교육을 받았다. 그렇지 못할 경우 아이들은 부모를 대신할 스승에게 맡겨졌다(Bailyn, 1960). 어느 경우든 교수와 평가는 비형식적인 형태로 이루어졌다. 처음에 아이들은 작업과 관련된 중요하지 않은 일을 수행하며 스승이 일하는 모습을 지켜본다. 차츰 연습을 통해 도제는 기술을 연마하여 최종 작품을 만드는 단계에까지 이른다(Lave, 1977). 결국 그는 스승의 감독 아래 독자적인 작품을 만들 수 있는 장인(journeyman)이 된다. 그는 그 후 몇 년의 경험을 통해 걸작들을 만들어내고 그 자신도 수장(master)이 된다(Gardner, 1989).

보다 복잡한 전통사회의 경우 정치적, 종교적인 조직들이 발달하고, 항로가 생겨난다(LeVine & White, 1986). 더 이상 인간의 기억력만으로는 지식과 기술을 유지하고 정리할 수 없게 된다. 단순한 사회에서 사용되었던 기호나 그림이 체계화된다. 이렇게 시작된 최초의 문해 체계는 재무기록에 사용되었고, 처음으로 글이 역사를 기록하는 데 활용되었다. 이후 다양한 글은 전통사회에서 흔하게 접할 수 있는 사회적 가치로 여겨졌다. 그럼에도 '다산과 연장자에 대한 존경심'은 여전히 가장 중요한 가치였다(LeVine & White, 1986).

글은 복잡한 전통사회의 생존을 보장하고, 강력한 제도를 뒷받침하는 것이었기 때문에 모범적으로 글을 읽고 쓸 줄 아는 사람은 사회적으로 높은 지위를 차지할 수 있었다. 그러나 이러한 사회에서 기본 문해 이상의 능력을 가진 사람은 소수에 불과했다. 여전히 이 사회에는 문해 능력을 요구하지 않는 많은 역할이 존재했다. 만일 수많은 사람들이 높은 수준의 문해 능력을 획득하기 위해 과도한 시간을 보냈다면 그로 인한 농업 노동력의 부족은 커다란 사회문제를 일으켰을 것이다. 그러므로 특별한 경우를 제외하고는, 문자를 가르치는 형식적 교육은 성직자 계급의 아들과 매우 촉망받는 남자아이들에게만 주어졌다(예, Kobayashi, 1976 참조). 학원(academy)이나 학교는 정치계와 종교계에서 지도자의 역할을 담당할 남자아이들을 위한 것이었다(실제로 많은 사회에서 이러한 역할은 서로 중첩될 가능성이 크다).

멀리 떨어진 문화권의 지능을 정의하는 것은 쉬운 일이 아니다. 전통사회에서 읽고 쓰는 능력이 중시되었다고 해도 지능이 주로 이러한 능력과 관련 기술로만 정의된 것은 아니다. 오히려 레빈(LeVine)과 화이트(White)는 지능을 다음과 같이 기술했다(LeVine & White, 1986).

> 당신이 지적이라면 사회의 도덕규범에 맞게 행동할 것이다. 왜냐하면 다르게 행동한다면 당신과 지속적으로 관계를 맺고 있는 사람들에게 반감을 사기 때문이다. 그것은 지적이지 않은 사람들이 하는 행동이다.
>
> 사회의 인습에 따라 행동하는 사람—이는 비범한 능력이라기보다는 대표적인 능력을 의미하는 것이지만—은 대다수의 사람들이 중요하게 생각

하는 방식(예들 들면 사회적 연계를 유지함으로써 안전을 확보하는 것)으로 행동하기 때문에 지적인 것으로 여겨졌다. 공동체 내의 도덕가치를 존중하는 사람들이 가장 현명하고 지적인 사람으로 여겨진 것이다.

전통사회에서 지능이란 공동체의 사회적 결속을 유지하는 능력까지 포함하는 것이었다. 음식이나 주거 같은 기본적 욕구를 위해 많은 사람들의 협력이 필요했던 사회에서 다른 사람과 협동을 잘하는 사람을 지적으로 생각하는 것은 당연했다.

전통사회와는 달리 과학과 기술이 진보된 산업사회의 경우 상당수의 사람들이 식량 생산과는 관련 없는 일을 하게 되었다(실제로 새로운 일을 하도록 강요받았다). 이 사회들은 기술적 지식을 탄생시켰고, 더 나아가 이러한 지식을 사용해야 하는 다양한 직업을 탄생시켰다. 따라서 탄갱부와 제강소 직공은 새로운 산업의 하부구조를 유지하는 데 일조해야 했고, 공원들은 다양한 대량소비품을 만들어내야 했다. 그리고 과학자와 기술자들은 새로운 기계와 공정뿐 아니라 새로운 형태의 정보와 지식을 개발해야 했다. 새로운 발명에 대한 요구와 거대한 경제적 복잡성 때문에 더 많은 인구가 읽고 쓰는 능력을 습득해야 했다. 이제 문해 능력은 과학, 수학은 물론 사회에서 창출된 막대한 지식을 축적하기 위해 필수적인 것이 되었다.

여전히 어른들은 아이들에게 많은 것을 가르쳤지만 산업사회의 부모들은 자녀들을 미래의 직업에 대비시킬 수는 없었다. 전통사회에서 직업은 대개 한 세대에서 다음 세대로 전달되는 것이었다. 그러나 산업사회에서 부모들은 집 밖에서 일을 했고, 자신의 아이가 자신과 같은 길을 가기를 원하지도, 혹은 강요하지도 않았다. 게다가 부모들의 선례는 기술의 진보로 무용지물이 되곤 했다. 여러 이유로 산업사회의 어린이는 읽고 쓰는 능력을 습득해야 했고, 학교교육을 통해 주로 지식을 습득하게 되었다. 문해 능력은 사회적으로도 유익하게 여겨졌기 때문에 학교교육은 법제화되었고, 부모의 책임은 더욱 강화되었다(Kobayashi, 1976).

산업사회의 학교교육은 학교 밖의 일상과는 전혀 달랐다. 학교에서는 개인의 기술과 지식을 평가했다. 평가는 형식적이었지만 자주 이루어지지는 않았다. 게다가 학교 내의 과업은 학교 밖에서 아이들이 하는 경험과는 거리가 멀었다(Brembeck, 1978; Brown, Collins & Duguid, 1989; Gardner, 1991a; Resnick, 1987; Sarason, 1983).

산업사회의 학교교육은 전통사회의 교육과는 몇 가지 중요한 차이가 있었다. 전통사회에서는 글이 공동체의 핵심 가치를 포괄하는 정치적 안내지침으로 강조되었다. 그러므로 학교에서 가르치는 내용은 상업, 농업 등 일상적 일과는 거리가 멀었지만, 대신 학교에 다니는 아이는 높은 사회적 지위를 보장받았다(Gardner, 1991a). 전통사회의 학교와는 달리 산업사회의 학교에서 가르치는 탈맥락적인 과제들은 사회의 가치관과 관련이 있을 수도, 그렇지 않을 수도 있었다. 관련성 여부와 정도는 학교 구성원과 사회, 그리고 사회적 가치가 얼마나 관련되어 있는지에 따라 달라졌다.

문해 능력에 대한 요구가 증가하고 학교교육이 법제화되면서 지능의 개념이 변화하기 시작했다. 산업사회 초기에 '지적인' 혹은 '현명한'과 같은 단어가 산업사회의 교육과는 상관없이 덕이 높거나 도덕적인 사람에게 사용되었다는 사실을 감안하면 글을 모르는 사람은 단지 사회적 권력이나 지위에서 배제되었던 것뿐임을 알 수 있다. 지역사회의 결속력이 약해지면서 사회의 응집력과 관련된 지능은 중요성이 약해졌다. 케냐 구시 족의 예를 들면, 그들 사회에 서구의 학교교육이 도입된 후 도덕성이나 미덕과 동일시되던 '지적'이라는 단어가 학교에서 우수한 성적을 올리는 사람을 묘사하는 단어로 변화하게 했다.(LeVine, personal communicational, 1989)

지능에 대한 새로운 개념

앞서 제시한 사회적 맥락은 지능에 대한 서로 다른 정의를 보여준다. 전통사회에서 지능은 대인관계 기술과 관련되는 반면, 산업사회에서는 읽기, 쓰기, 셈하기 등과 관련된다. 그러나 이러한 차이에도 불구하고 두 가지 정의는 유사한 방식으로 도출된 것이다. 즉 두 가지 정의 모두 문화의 생존과 관련되어 있다. 전통사회에서는 구성원 간의 응집력이 필수적이었고, 산업사회에서는 진보된 산업과 기술을 뒷받침하는 것이 중요했다.

이처럼 개별 사회의 상황에 따라 지능에 대한 정의가 달라지는 것은 당연한 일이다. 키팅(Keating)의 말처럼 사회적, 역사적, 정치적 맥락을 생각하지 않는다면 지능에 대한 우리의 관념은 매우 왜곡될 것이다. 지능을 개인의 성향 및 특징과는 반대되는 사회의 요구 및 가치 간의 상호작용으로 개념화한다면, 개인의 잠재 능력과, 앞서 언급한 문화의 요구는 사회적, 경제적 구조에 맞추어 조직화되어야 한다. 영역 내의 지식을 획득하고, 발달시키고, 적용하는 개인의 능력(capacity)은 개인의 역량(competences)과, 이러한 능력을 발휘하도록 기회와 가치를 제공하는 사회와 동등하게 관련을 맺고 있는 것이다.

그러므로 여기서는 지능을 (1)다양한 지식 영역에서 일련의 역량을 발휘하는 개인과 (2)기회, 제도, 가치체계를 통해 개인의 발달을 촉진시키는 사회라는 두 요소 간의 맞물림(engagement)으로 해석하고자 한다. 개인의 역량은 오직 지능의 한 측면만을 보여주는 것이다. 지능은 이러한 역량의 발달을 가능하게 하는 사회적 구조와 제도를 필요로 한다. 따라서 이러한 구조 속에서 지능은 유동적이고 문화 의존적인 개념이 된다. 개인 및 사회적 동인(動因)은 매우 중요한 역할을 담당하지만, 지능이 발현되려면 둘 다 각각의 역할을 담당해야 한다. 자연과학으로부터 대비(distinction)의 개념을 빌리면, 국가와 같은 큰 사회 속에서 인간의 행동은 사회의 영향을 훨씬 많이 받지만 자기 자신이라는 작은 사회 속에서는 인간의 동인이 훨씬 중요한 역할을 담당한다.

약 한 세기 동안 서구 산업사회와 학교들은 오직 소수의 역량만을 개발했다. 그러나 후기 산업사회에서는 더 이상 탈맥락화한 학습에 능통한 사람만이 역량을 개발할 수 있다는 생각은 유효하지 않다. 우리는 개인과 문화적 요인을 기반으로 지능의 개념을 확장해야 한다. 그리고 이에 걸맞게 새로운 형식의 학교교육과 평가 방식이 필요하게 되었다.

개인, 다중지능을 위한 사례

지능이 개인의 특질이라는 생각은 20세기 초기에 개발된 심리검사와 관련이 있다. 비네의 지능 척도는 학교에서 제대로 수업을 받지 못하거나 특별 교육을 받아야 하는 아이들을 가려내기 위해 개발된 것이다(Binet & Simon, 1905). 비네는 지능을 단일한 특징이라 주장하지 않았지만(Gould, 1981) 그의 검사 결과가 단일 점수로 요약될 수 있다는 사실 때문에 지능은 개인의 머릿속에 있는 단일 속성으로 인식되었다.

그러나 최근 수십 년간 제기된 몇 가지 이론들(Ceci, 1990; Feldman, 1980; Gardner, 1983b; Sternberg, 1985)은 지능을 다양한 지식의 영역을 추구하고, 새로운 것을 만들어내는 인간의 다양한 능력으로 설명하며, 보다 다원적인 입장을 취하고 있다. 앞에서 상세히 기술한 것처럼 다중지능이론에 따르면 한 개인은 몇몇 영역에서 상대적으로 우수한 인지 기능을 발휘할 수 있다. 지능들 너머로 나타나는 다양한 프로파일, 발달 궤도와 발달 정도는 개개인이 각자의 문화 영역에서 전수받은 상징체계를 손쉽게 습득할 수 있게 한다(Gardner, 1983b).

개인이 다양한 역량을 계발할 수 있는 것은 사실이지만 이는 혼자 할 수는 일이 아니다. 언어와 같이 보편적으로 계발되는 능력조차도 아이가 정상적인 어른과 상호작용을 하지 않는다면 습득할 수 없다. 학습은 사회적 상호작용의 맥락에서 일어나며, 2세 이후에 습득하는 거의 대부분 것들은 사회적으로 구성된 것이다(Snow & Ferguson, 1977). 사회는 아이에게 낚시에서부터 물리학에 이르기까지 지식의 다양한 영역을 구성하는 사실, 이론, 기술, 방법을 가르친다.(Csikszentmihalyi & Robinson, 1986) 인간의 인지는 그러한 영역별 과제에 의해서만 가장 잘 계발된다. 즉 사회가 가치 있게 여기는 학문 분야에서 그 학문에 능통한 사람들로부터 피드백을 받으며 시간과 노력을 들여야만 기술과 지식을 얻을 수 있는 것이다.

다중지능이론은 개인 역량의 광범위한 영역과 우리가 제안한 이론의 초기 요인들을 숙고하는 데 유용하다. 그러나 우리의 이론이 보다 완전해지려면, 개인과 사회의 상호작용에 대해 숙고해야 한다. 문화적 요인과 관련해서는 동시대의 두 사회를 대상으로 논의해야 할 것이다. 따라서 지능이 매우 분명하게 드러나는 사례를 첫 번째로 제시하고, 다소 분명하지 않은 사례를 두 번째로 소개하고자 한다.

현대사회에서의 다중지능

지능을 개인과 사회 간의 효율적인 계약이라 정의한다면, 우리는 특히 교훈적인 사례가 되는 일본을 떠올리게 된다. 일본에서 지능의 발달은 광범위하게 공유되는 가치에 의해 이루어지며, 이것은 사회제도에 의해 지지를 받는다. 우수한 성적과 근면한 학업이 이러한 가치들 중 하나다. 부모는 아이를 우수한 학교에 보내고 싶어 하고, 아이들에게 높은 기대를 갖는다. 부모들은 아이들이 타고난 능력보다는 노력을 통해 이러한 기대에 도달하게 된다고 믿는다. 그러므로 엄마는 아이들을 적극적으로 가르치고, 교사는 존경의 대상이 된다. 따라서 아이의 잠재력을 극대화하는 것은 사회적 책임이라 여겨진다(White, 1987).

아이의 잠재 능력 계발에 대한 관심은 일본의 교육체제, 직업 안정성, 출세 등에 의해 강화된다. 미국의 경우 대학의 평판 자체가 학생들의 성공을 보증한다. 그러나 일본의 경우 그런 학교는 매우 드물며, 고용주들은 최상위직 직원을 선발할 때에만 그를 고려한다. 그에 따라 세계적으로도 유명한 심각한 입시경쟁이 출현했다.

일본에서 누군가 최고의 성과를 올리는 것은 단순히 직업적 성공을 위한 것은 아니다. 그것은 타인과의 결속을 강화하고, 사회에서 확고한 자리를 잡기 위한 것이다. 따라서 열심히 공부하지 않거나 사회에 기여하지 못한다면 이러한 결속력에 위협을 가져오게 된다(Shimizu, 1988).

또한 일본의 고용제를 살펴보면, 고용인들은 회사와 자신을 강하게 동일시한다. 그들은 회사를 평생직장이라 생각하고 동료 직원들에게 경쟁심을 느끼지 않는다. 또한 한 개인이 뛰어난 역량을 발휘한다고 해서 특별 취급을 받는 것도 아니다. 실제로 일본의 회사는 인간 능력의 프로파일을 인식하고 서로 다른 프로파일을 가진 사람이 회사에 각기 다른 식으로 공헌할 수 있다고 생각하는 듯이 보인다(Gardner, 1983b).

그런 이유에서 일본은 우리의 규범적인(서술적이지 않은) 이론을 연구하기에 좋은 사례가 되는 듯하다. 개인과 사회의 계약이 개인과 가족, 가족과 학교, 학교와 직장, 고용인과 고용주 같은 다양한 수준에서 명백히 존재한다. 게다가 사회의 가치는 타고난 능력보다는 교육, 노력, 동기를 강조한다. 개인의 역량은 지지적인 환경 속에서 발달을 격려하는 제도에 의해 계발된다. 우리의 분석에 의하면, 이와 같은 모든 힘이 결합될 때 분명 지능이 발현되는 것 같다.

미국은 일본과는 반대다. 미국 학생들은 표준화된 검사에서 다른 서구권 국가나 산업국가 혹은 비산업국가의 아이들보다 더 낮은 점수를 나타낸다. 또한 미국 학생들 대다수가 기본적인 교과목도 제대로 습득하지 못하고 있다. 미국같이 부유한 국가가 인간 능력의 불균등이 선천적인 것이라 믿을 이유는 없다. 우리 사회가 어떻게 해야 지능을 더 계발할 수 있을지 결정한다면 그에 적합한 학습 과정도 쉽게 구축할 수 있을 것이다.

부모와 자식의 폭넓은 가치 공유는 식민지 시대부터 미국을 위협해왔다. 청교도들이 그들의 자녀를 교육하고, 전통적 도제교육을 유지하며, 남자아이를 따로 선별하여 성직자 교육을 시키려 해도, 환경이 그러한 시도를 어렵게 만들었다. 다른 사회와는 달리 미국에서는 어른을 공경하고 그들에게 의지하는 전통사회의 유대관계가 오래전에 붕괴했다. 다음 세대가 교양 없는 사람이 될 것을 두려워한 청교도의 지도자들은 그들의 문화를 영존시키기 위해 학교를 만들기로 했다(Bailyn, 1960). 그러나 어른들의 전통 지향적인 지식은 황무지에서 생존해야 했던 이 사회의 젊은이들에게는 유용하지 않았다. 노동은 액면 이상의 대가를 받았고, 땅은 넓었으며, 젊은이들은 안정을 찾을 때까지 이동했다(Bailyn, 1960).

미국이 산업사회가 되자, 실제로 학교 지식의 유용성에 대한 의구심이 일기 시작했다. 문해·수리 능력 등에 대한 지식은 어느 정도 받아들여졌지만, 실무에 적극적으로 참여하는 것이 보다 가치있게 여겨졌다. 앤드루 카네기(Andrew Carnegie)는 "경험에 비추어볼 때 사업을 하겠다고 결심한 젊은이 중 대학 교육 때문에 손해를 입지 않은 사람이 거의 없다"고 말하곤 했다(Callahan, 1962). 지적인 사람이란 실제적 영역에 잘 적응하는 사람을 의미했으며, 전통적 학교교육은 무용하다는 생각이 지배적이었다(Bailyn, 1960; Hofstadter, 1963). 따라서 미국에서는 일본에서 볼 수 있는 것과 같은 개인과 가족, 가족과 학교, 학교와 직장 간의 긴밀한 제휴 관계를 찾기 어려웠다.

신기술에 대한 관심과 더불어 전통적인 유대관계에 기반한 학습이 붕괴됨으로써(Bailyn, 1960) 지능의 영향력은 더욱 강해졌다. 특히 다윈의 『종의 기원(On the Origin of Species, 1859)』과 뒤이어 등장한 사회적 다윈주의의 관점에서 볼 때 다양한 유전론자의 관점을 고수하는 것은 쉬운 일이었다. 제1차 세계대전 중 징집을 위해 지능검사를 채택함으로써 사회적 선발에서 과학적 선발로의 이동이 가속화되었다. 다양한 지식 영역에 대해 사회적 판단을 내리기보다는 지필식 검사, 공식 규격(formulae), 요인 분석을 앞세운 과학적 판단을 내림으로써 백인이고 기독교 신자인 동시에 북부 유럽 출신인 사람들이 높은 지능을 지니고 있다는 생각이 힘을 얻었다. 그들은 가장 우수한 유전적 혈통을 지닌 사람들이었다. 그러므로 미국에서 지능이란 가지고 태어나는 것이지 만들어지는 것은 아니라는 믿음이 생겨났다. 굴드가 지적한 것처럼 지능을 유전받은 구체화된 특질로 생각하는 것은 '미국의 발명품'인 것이다(Gould, 1981).

IQ 검사가 개발될 즈음 미국의 학교에는 새로운 바람인 '과학적 관리운동'이 영향력을 발휘하기 시작했다. 그에 따라 제조업에서 맹위를 떨치던 과학과 기술이 교육계에도 영향을 미쳤다. 직무는 조립 라인 위에서 수행되는 개별적인 과업으로 분업되었다. 교육의 경우 효율성에 대한 요구가 거세졌고, 숙달된 인력을 제공하라는 사회적 압력도 커졌다(Callahan, 1962). 과학적 경영과 대량생산의 원리가 학교에 소개되자 학습에 어려움을 겪는 학생들을 도우려 했던 교육자들은 의욕을 상실했다. 한편 아동의 재능을 조기에 찾아내 그들이 어른이 되었을 때 갖게 될 최종 상태에 걸맞은 교육을 제공하려는 시도도 있었다. 특히 이민자 집단의 능력 발달에 어려움은 있었지만, 학교가 산업사회의 가치를 채택함으로써 모든 아이들이 영향을 받게 되었다(Oakes, 1986a, 1986b; Powell, Farrar, & Cohen, 1985).

심리측정도구에 대한 맹신은 사회적 맥락에서 그들의 수행을 평가하는 교사를 소외시켰고, 사회에서 가치 있게 여기는 지식의 영역으로부터 사람들을 멀어지게 했다. 지능검사에 의해 지능이 결정됨으로써 인간 인지 능력의 합법적인 경계가 무엇인지를 숙고할 수 없게 되었다. 이러한 사태가 초래된 것은 지능검사가 진정한 영역의 범위를 파악하지 못했기 때문이다. 1938년 초『정신능력측정 연감』에 언급된 것처럼(Buros, 1938) 일련의 검사가 탄생하면서 심리측정학자와 심리학자는 일종의 영역을 만들어 냈다. 영역이란 분야 전문가의 판단에 영향을 받는 것이어야 하지만, 실제로는 진정한 영역이 나타내는 특징을 지니고 있지 못했다. 아마도 미국의 또 다른 발명품인 텔레비전 게임쇼라는 '영역'을 제외하면, 몇 초 내에 일련의 숫자를 반복하고, 유추를 해석하고, 그림 제목을 맞추리라는 기대는 어디에서도 성립되지 않을 것이다.

확실한 영역이 부재하다는 것은 지능 전문가의 판단 기반을 위협하는 것이다. 그들의 상황은 동의된 판단준거가 없는 영역 내에서 판단을 해야 하는 전문가의 처지와 유사하다(3장, 10장 참조). 칙센트미하이에 따르면, (1)작품을 창조하는 개인과 (2)그들이 작업하는 지식의 영역, 그리고 (3) 개인의 작품을 판단해줄 영역 내의 전문가 집단인 분야로 구성된 역동적 구조가 창의성을 결정짓는다. 이러한 구조에서 창의성의 속성은 개인의 노력을 기반으로 한다. 그러한 속성은 수학과 같이 준거가 잘 성립되어 있고, 동의가 이루어진 학문 분야에서는 널리 받아들여진다. 현대미술과 같이 기준이 널리 공유되지 못한 학문 영역에서 창의성의 속성은 영역 내의 개인 작품보다는 오히려 분야의 구성원들과 성격적 기질이 얼마나 동일한가에 의해 결정되는 듯이 보인다(Getzels & Csikszentmihalyi, 1976).

지능의 속성은 유사한 판단을 공유하는 데 있다. 진정한 영역의 존재가 확실하지 않다면, 지능의 속성은 전문가 및 그들을 평가하는 사람들과 사회적 특성을 얼마나 공유하는가에 의존한다. 지능검사와 관련된 일련의 역사적 사건들은 지능의 속성에서 사회적 동시성이 중요한 부분임을 깨닫게 해준다(Gould, 1981; Heubert, 1982; Kornhaber, 2004).

앞서 언급한 분석에 따르면 더 이상 일반 능력 검사에 초점을 두어야 한다고 주장하기는 어려울 것 같다. 이제 우리는 문화 내에서 의미 있는 수행에 관심을 가져야 한다. 지능검사는 오직 개인에만 관심을 갖지만, 지능이란 개인과 사회 모두를 고려한 개념이어야 한다. 우리가 개인의 능력이라 부르는 것을 지능검사가 측정하고자 할지라도, 지능검사의 범위는 제한적이다. 지능검사는 인간의 인지능력을 총체적으로 측정한다기보다는 오히려 인간 인지능력의 특정 부분인 언어지능과 논리지능에 초점을 두고 있다. 지능검사는 그 검사가 측정하고자 하는 역량과 제한적인 측정 방법으로 국한되어 있다. 지능검사는 사람들의 일반적인 문제 해결방식—경험, 피드백, 선행지식, 동료의 도움 등을 활용하는—이 아닌 비전형적이고 탈맥락적인 과제 처리를 요구한다. 또한 지능검사는 조직화(organization)에는 미숙하더라도 단답형 검사에는 탁월한 능력을 보인다면 높은 점수를 부여한다.

따라서 이러한 지능검사에서 요구하는 사고가 학습에서 사용되는 통상의 추론과 유의미한 관계를 맺는지조차 명확하지 않다(Keating, 1984). 레스닉(Resnick)과 네시스(Neches)도 다음과 같이 지적했다.

> 검사 수행에서 인지적인 구성요소에 과도하게 주목하는 것은 검사의 수행에 필요한 처리 과정들이 학습과 직접적인 관련을 맺는다는 암묵적인 가정에 기반한 것이다. 우리는 이것이 위험한 가정임을 확신한다.

추상적 유추와 같은 검사 항목들은 사람들이 어떻게 탈맥락적인 문제를 해결하는지 보여준다. 이러한 문제를 풀 때 유능한 사람일수록 혹은 단순한 연습을 많이 한 사람일수록 문제를 잘 해결하는 듯이 보인다. 그러나 이것은 확장된 관점의 지능에 대해서는 그리 많은 사실을 알려주지 못한다 (Johnson-Laird, 1983). 평가가 확실한 맥락과 사회적 환경에서 이루어지지 않는다면, 그것이 인간의 지적 수행을 적절하게 보여주는지 의심하지 않을 수 없다.

표준화된 검사는 다양한 평가의 한 부분으로만 사용되어야 한다. 자연스러운 환경 속에서 아이를 관찰하고, 아이의 부모와 면담을 하는 등 보다 종합적인 평가가 요구되지만, 여전히 과학적 평가가 지나치게 높은 가치를 부여받고 있다. 많은 자금과 인력이 투입되면서 검사 점수는 보다 절대적인 지위를 얻게 되었다. 그 때문에 영재 프로그램에 자신의 아이를 보내고자 하는 부모들은 어려움을 겪고 있으며, 때론 개선교육이 필요한 아이들이 영재 프로그램에 참여하기도 한다. 기술적이며 과학적으로 진보한 사회에서 숫자는 선별을 위한 가장 기초적인 기반으로 여겨지기 때문이다 (Neill & Medina, 1989).

사회적 관심의 중요성

검사와 측정에 초점을 둔 교육으로 기술적인 측면이 지나치게 강조되면서 일본의 학교들이나 전통적 도제제도 등에서 중요하게 여겨지던 사회적 결속력이 등한시되었다. 그러나 앞서 언급한 것처럼 개인의 역량은 사회체제 내에서 장려되어야 한다. 동기는 단순히 역량에만 국한된 것이 아니고 사회와의 상호작용에도 영향을 받는다(Fordham & Ogbu, 1986; Ogbu, 1978; Scarr, 1981). 이러한 상호작용은 시간이 거듭됨에 따라 내면화되고,

개인에게 행동의 지침을 제공한다(Vygotsky, 1978). 우리 사회는 인간관계 경험에서 오는 영향을 무시하는데, 이는 그러한 경험이 역량과 성취 간의 차이를 분석할 때 쉽게 추출되거나 측정되지 않기 때문이다. 따라서 교육적으로 혜택을 받지 못한 사람들은 인구 통계학적으로나 교육적으로나 변인으로 정의되곤 한다(Bereiter, 1985).

그럼에도 가정, 학교, 지역 사회의 협조적이고 지지적인 환경은 학생의 사회적, 심리적 안정에 긍정적인 영향을 주며, 결국 더 높은 학문적 성취를 얻게 한다(Cochran, 1978; Comer, 1980, 1988a; Damon, 1990; Henderson, 1987; Leler, 1983; Zigler & Weiss, 1985). 코머(Comer)와 그의 동료들은 저소득층 아동을 대상으로 한 프로젝트에서 "학교에서 관계가 좋아지면, 아이들은 스스로 바람직한 가치를 전파하는 메신저가 된다(Comer, 1988a)"라면서 관계의 중요성을 강조했다. 학교의 효율성을 결정하는 것은 학생들 자신이 아닌, 부모와 교사의 지지, 참여, 기대다(Ascher, 1988; Brookover, 1985; Chubb, 1988; Comer, 1980; Edmonds, 날짜 없음).

미국의 경우 (1)개인 역량의 범위와 (2)학교에서 배우는 것, 그리고 (3)사회에서 가치 있게 생각하는 것 사이의 연속성이 부족하다. 이러한 불연속성이 두드러진 현재의 탈공업화 시대에 탈맥락적이고 과학적인 도구를 통해 지능을 확인하는 것은 더 이상 유용성이 없다. 이렇게 이어온 교육은 더 이상 개별 문화가 바람직하게 여기는 최종 상태를 보여주지 못한다. 교통과 통신의 발달, 자동화, 제조업의 강세로 구식의 체제로 교육 받고 선별되었던 많은 사람들이 더 이상 제 역할을 수행할 수 없게 되었다. 우리는 지능의 확장된 개념을 반영한 대안적 평가 체제를 개발해야 한다. 그렇게 되면 사회에서 중요한 과업을 담당하는 사람들의 수행을 직접 확인할 수 있는 평가 환경을 만들어낼 수 있을 것이다.

개인의 역량과 사회적 가치와의 관계

지능검사는 이론가뿐만 아니라 교육자와 학생 모두에게 함정이다. 우리는 필연적으로 사람을 등급화하고 그들의 성장을 제한하는 검사를 만들기보다는, 개인의 역량을 발견하고 육성하는 매개물을 만들고자 한다. 우리가 제안한 모델은 사회에서 중요하게 생각하는 최종 상태의 관점에서 평가를 생각한다.

최종 상태라는 개념은 우리 사회에서 가치 있게 여기는 성인의 역할을 수행할 때 요구되는 능력과 관련 있다. 예를 들어, 우리 사회가 소설가와 변호사의 역할을 가치 있게 여긴다고 가정해보자. 언어적인 평가에 있어 보다 효과적인 방법은 일련의 문장을 반복하는 능력, 단어를 정의하는 능력, 반의어 혹은 삼단논법을 사용하는 능력을 검사하는 것이 아니라, 경험을 설명하는 능력이나 이야기를 꾸며내는 능력을 검사하는 것이다. 문장 반복 능력이나, 단어 정의 능력, 과제 해결 능력 등은 영역이나 최종 상태와의 관계가 명백하지 않다. 맥락화된 평가는 표준화된 검사들의 탈맥락적인 문항보다 훨씬 즉각적이고 직접적인 정보를 제공한다. 예를 들어, 미술이나 과학 같은 영역에서 경험을 제공받는 것은 분야의 중요한 논쟁과 소재에 친숙해지는 하나의 방법이 될 것이다.

도제교육 또한 사회적 맥락과 목적지향적인 맥락에서 학습이 일어나는 사례다. 그것은 학생들의 흥미와 강점을 기반으로 확실한 영역의 맥락에서 정규적이며 비형식적인 평가를 통해 비판적 사고를 형성할 수 있도록 해준다. 이런 점에서 볼 때 도제교육은 학교 밖에서 일어나는 학습과 훨씬 유사해 보인다(Brown, Collins, & Duguid, 1989; Resnick, 1987). 또한 도제교육은 더 큰 지역 사회에 참여할 기회를 제공한다. 앞서 언급했듯이, 가정과 지역 사회의 협조적인 참여는 학생들의 인지적 성취를 증진시킨다. 모든 아이는 자신에게 의미 있는 세계에서 중요한 학습의 모델이 되는 어른과 친밀하게 일을 해볼 수 있는 기회와 그 경험을 숙고하고 적용해볼 시간을 가져야 한다. 사회는 처음부터 개인의 역량 계발에 영향을 주므로 학습은 인간관계와 무관한 것이 아니다(Comer, 1984).

도제제도와 같은 유형의 학습 환경을 옹호하면서, 우리는 교육이 미술관, 과학관, 아틀리에, 스카우트 활동처럼 기관이나 사회 활동에 기반을 두어야 한다고 생각하게 되었다. 각종 박물관은 학교에서는 소홀히 다루었거나 따로 분리해서 다루었을 지식들을 새로운 형태로 경험해보게 한다. 박물관의 전시물들은 이미 아이들의 관심을 어느 정도 끄는지 예비검사를 거친 것들이다. 대다수의 자료들은 어린이들에게 매우 교육적인 것으로 장기간에 걸쳐 다양한 방법으로 사용할 수 있는 것들이다. 다양한 양방향의 기술은 아이들이 물리 지식을 이해하고 외국 문화를 감상할 수 있게 하는 등 직관적 지식과 학교에서 배운 지식을 결합할 수 있게 한다(Bransford 외, 1989; Wilson, 1988).

평가 환경에는 몇 가지 필수조건이 따른다(10장 참조). 우선 교육과정과 평가가 통합되어야 하고, 다음으론 의미 있는 프로젝트나 활동을 수행하는 중에 능력을 활용하게 해야 한다. 또한 평가는 개인차를 민감하게 볼 수 있게 하고, 시간이 흘러도 사용할 수 있는 본질적으로 흥미로운 자료들을 이용해야 한다. 그리고 평가는 모든 지능을 공평하게 다루어야 한다. 즉 언어적이거나 논리적인 방법이나 능력에 의존할 필요 없이 특별한 능력들을 활성화시킬 수 있어야 한다. 이상적으로 이러한 평가는 '체계적이며 타당한 검사'를 위한 프리데릭센(Fredericksen)과 콜린스(Collins)의 기준을 만족시켜야 한다. 이들에 따르면 검사란 "교육 체제 내에서 측정하고자 하는 인지적 발달을 육성하기 위해 교육과정과 교수 방법에 변화를 가져와야" 한다.

우리는 6~9장에서 이를 충족시키는 교육적 개입을 살펴보았다. 스펙트럼 프로젝트와 아트 프로펠은 유의미한 맥락 안에서 보다 포괄적인 역량을 확인하려 한다. 학교는 아이의 흥미와 동기를 기반으로 아이가 자신의 학습에 의미 있게 참여할 수 있도록 유도할 때 보다 성공적인 공간이 된다. 우리가 확인했듯이 도제는 유의미한 참여를 이끌어내는 한 가지 방법이다. 학생들은 교사나 지역 사회의 주민들과 도제관계를 맺을 수 있다. 물론 영역 내의 학습 가치를 발견하는 일도 중요하지만(Amabile, 1983; Csikszentmihalyi, 1990a) 코머 등은 대인관계가 학생들의 동기 유발에 결정적인 역할을 한다고 주장한다(Comer, 1980, 1984).

7장에서 기술했던 핵심 학습 공동체는 학교, 아이, 지역 사회가 생산적으로 화합하는 환경을 보여준다. 학교는 학제적 교육과정을 통해 아이들이 다양한 능력을 계발할 수 있도록 격려한다. 즉, 핵심 학습 공동체에서 영어, 수학, 음악, 미술, 컴퓨터, 운동 등의 과목에 기울이는 시간은 모두 동등하다. 또한 아이들은 도제교육과 유사한 기능을 갖는 파드를 통해 자신의 강점 영역을 계발할 수 있다. 파드는 학년에 상관없이 자유롭게 참여할 수 있는 공간으로 아이들 고유의 흥미에 따라 교사가 운영하는 작은 학급을 의미한다. 또한 아이들은 방과 후 프로그램을 통해 자신의 흥미 영역을 계발할 수도 있다.

마치 학교가 재미있는 놀이동산이라도 된 듯이 도시 인근의 많은 아이들이 핵심 학습 공동체를 찾는다. 지방의 산업체, 문화 기관, 대학의 대표자들로 구성된 자문위원회는 학교가 지역 자원을 활용할 수 있도록 돕는다. 또한 부모들도 교사회의, 학부모 자문위원회, 일일교사활동을 통해 학교에 참여한다. 다시 말해 핵심 학습 공동체는 개인, 학교, 지역 사회를 이어주는 교량 역할을 한다. 개인의 역량을 계발하기 위해서는 다방면의 노력이 한데 모아져야 한다. 우리는 아트 프로펠과 스펙트럼 프로젝트 같은 새로운 유형의 평가가 존재하고, 어린 학생들과 멘토 간의 친밀한 작업 관계가 형성되며, 학교와 지역 사회의 협조가 증대되는 가운데 가능성도 커진다고 생각한다. 또한 우리는 지능에 대해 형성된 최근의 가설들이 중요한 역할을 담당할 것이라고 믿는다.

지능과 관련된 대부분의 이론들은 "점수가 무엇인가?"라는 질문에 대답하고자 노력해왔다. 검사가 이러한 이론에 기반할수록, 지능검사는 개인의 발달을 촉진시키기보다는 개인을 분류하는 역할에 치중한다. 때문에 우리는 "언제?" "어디서?" "어떻게?" 라는 질문에 근거한 새로운 이론을 탐색하고자 한다. 이러한 궁금증에 기초한 이론은 분석적이고 실용적이며 건설적인 틀을 제공할 것이다. 논의의 초점을 개인에서 개인과 사회의 상호작용으로 옮겨가는 데 우리의 연구가 자극제가 되기를 바란다. 가능하다면, 인지적 요인과 심리적 요인들을 사회적 맥락과 최대한 관련지어 고려해보아야 할 것이다.

지능 연구는 합의를 요한다. 정보 처리 접근, 수단-목적 모델, 요인 분석 등을 포함하는 개인의 인지를 기반으로 한 연구는 지속적으로 유용할 것이다. 그러나 이러한 영역들이 특정 문제 해결에 유용한 전략을 제공한다 할지라도, 이러한 탈맥락적인 문제로는 인간 지능의 수수께끼를 풀지 못한다(Neisser, 1983). 대부분의 문제들은 완결된 형태로 제시되지 않는다. 오히려 주위 환경에서 벌어지는 사건과 거기서 취합된 정보를 통해 완결되어야 하는 것이다(Csikszentmihalyi, 1988b).

우리는 사회적 환경이 어떻게 사람들에게 동기를 부여하여 이런 다양한 문제, 정책들(참여를 장려하지 못하고 오히려 방해하는), 부모와 동료의 영향력을 탐구하게 하는지, 그리고 학교 조직과 교육과정이 학생과 교사에게 어떤 영향력을 발휘하는지 충분히 이해할 필요가 있다. 요약하면, 우리는 대다수의 사람들이 자신의 능력을 숙련되게 사용할 수 있다는 사실을 믿고 있다. 그렇기에 우리는 사회 체제 내에서 사람들이 자신의 능력을 발휘할 수 있도록 돕는 방법을 탐색하고자 했다. 지능이 개인의 능력과 사회의 가치 그리고 다양한 기관 간의 역동적 관계를 통해 진보한다는 사실을 인정하면, 우리는 효과적으로 참여를 유도하는 정책을 고안하고 이를 지지하게 될 것이다.

Chapter 12

교육의 세계가 직업의 세계와 만나다

레고를 비유로 들어보자. 소수의 큰 조각들을 사용하기보다는 다수의 작은 조각들을 사용함으로써 우리는 훨씬 더 복잡한 플라스틱 구조물을 만들 수 있다. 왜냐하면 작은 조각들을 배열할 때에는 훨씬 많은 선택의 가능성이 있기 때문이다. 마찬가지로 다중지능은 사고 방법이나 행동 방법에 관해 보다 더 많은 선택의 가능성을 제시한다.

시애나 모렌(Seand Moran)과 공동 집필

교육계가 다중지능이론을 수용하는 이유는 다중지능이 교과과정에 비교적 쉽게 부합되기 때문이다. 즉 언어지능은 언어 교과에, 논리수학지능은 수학과 과학 교과에, 신체운동지능은 체육 교과에, 음악지능은 음악 교과에 부합되기 때문이다. 모든 지능과 모든 영역이 일대일로 대응되는 것은 아니기 때문에 다중지능을 교과와 대응시키는 것은 지나치게 단순화된 것으로 보이지만 어쨌든 다중지능은 새로운 교육방법과 평가의 가능성을 열어줌으로써 교육자들을 고무시켰다.

언뜻 보기에 직장은 학교와 매우 다르다. 게다가 직장의 모습은 사회 복지사가 의뢰인을 만나는 사무실에서부터 자동차 공장, 회계 사무소, 우체국에 이르기까지 다양하다. 여기서 우리는 광범위한 직장을 다루겠지만 주로 미국인 근로자들과 관련되어 있는 직업 분야에 초점을 맞출 것이다.

각종 직업은 제품을 생산하거나 서비스를 제공하기 위해 존재한다. 반면 학교들은 장래 취업이 예상되는 직장에서 활용될 것으로 생각되는 정보, 지식, 기술을 제공한다. 더구나 기업은 살아 남기 위해서 끊임없이 보다 높은 이윤을 추구해야 한다. 반면 학교는 비영리 단체이고 앞으로도 그럴 것이다. 계약제 학교[1]나 이용권 제도[2]와 같은 교육에 대한 시장 원리적 접근은 돈을 벌기 위한 것이 아니라 주로 학문적 수행을 향상시키기 위해 고안된 것이다. 마지막으로 학교는 공공 기능 즉, 법을 준수하고 적극적으로 사회에 공헌하는 구성원을 배출하는 기능을 담당할 것으로 생각된다. 반면에 기업들 역시 근로자를 교육하는 기능을 수행할 수 있지만 이는 의무적인 것이 아니다.

이러한 차이점들로 인해 직업과 교육이 어떻게 인식되고 수행되는지, 그리고 직업과 교육이 미래에 어떻게 개선될 수 있는지 등의 문제에 내재된 유사점이 간과되어서는 안 된다. 사실 전통적인 근로자인 장인 한 사람을 훈련시키는 것은 학생들과 전문직 준비생들이 교육받는 방식과 매우 유사하다. 우리가 여기서 초점을 맞추고 있는 현대의 회사는 최근 학교 운영의 모델로 각광받았다. 우리는 최근 직업과 관련된 관심을 지능의 다양한 영역과 관련지어 생각하면서 직업의 세계에서 개별 지능의 역할, 근로자 집단뿐 아니라 개별 근로자들에게 나타나는 지능의 다양한 조합을 검토함으로써 얻게 되는 이점, 특정 지능 프로파일과 특정 직무 간의 관계 등에 대해 관심을 갖게 되었다. 우리의 주제는 다음과 같이 진술될 수 있다. 즉 직무와 팀워크에 대한 의존이 커지는 가운데 개인의 머릿속에 다재다능한 하나의 지능이 존재한다는 생각을 고수하는 것은 시대착오적이라는 것이다.

지능에 대한 전통적인 견해를 넘어

가드너는 지능검사가 학자가 아닌 직업인들에 의해 고안되었다면 매우 다른 검사가 되었을 것이라고 비꼬곤 했다. BQ(Business Quotient)에 대한 이상적인 검사는 개인이 갖고 있는 마케팅 기술, 위험 관리 기술, 판매 기술, 신뢰 구축 기술, 소비자 동향 예측 능력 등을 측정해야만 한다. 이것들 중 어느 것도 전형적인 IQ 검사 문항들로는 추론될 수 없을 것이다. 최근까지도 대부분의 교육자들처럼 대부분의 직업 분석가들도 일반지능과 같은 일반업무능력이 존재하며, IQ가 광범위한 직업(특히 경영) 영역에서 개인의 수행을 예측해준다고 믿었다.

교육과 마찬가지로 직장에서 응용되는 대부분의 능력 척도들도 일반적성 즉, 간단히 일반적인 지능 요인(g)에 기반을 두고 있다. 일부 연구자들은 일반적성이 다양한 유형의 직무와 관련하여 성과를 어느 정도나 예측해주는지 연구했다(예를 들면, Carson, 1998; Ellis 외, 2003; Gottfredson, 1986; Hunter, 1986). 이러한 일반적성검사 점수는 기술을 얼마나 빠르고 능숙하게 습득하는가와 관련이 있다. 즉 IQ가 높은 아이들이 낮은 아이들보다 더 이상적이고, 더 쉽게 교과 내용을 이해하는 것처럼 BQ가 높은 성인 역시 직무 교육과 직무 수행에서 탁월한 능력을 발휘할 수 있다(Dawis, 1996). 그러나 이런 검사에서 얻은 높은 점수가 직접적으로 업무 성과로 연결된다는 증거는 희박하다. 기존 연구들을 검토한 결과 일반적성은 실제 직무 수행에서 단 4퍼센트의 변량만을 예측해주었다(Dagley & Salter, 2004; Sternberg, 1996). 또한 일반적성 검사는 직종이 아닌 경영자와 근로자 사이의 관계처럼 조직 내의 서로 다른 지위에 따라 업무를 차별화한다(Dawis, 1996). 따라서 다소 복잡한 직장의 경우 일반적성의 가치는 의문의 여지가 있다.

EQ(감성지능)에 대한 대니얼 골먼의 저서들이 엄청난 관심을 끌면서 IQ가 직장에서 처음으로 주도권을 상실했다. 골만의 감성지능은 다중지능이론의 인간친화지능과 유사하지만, 인간친화지능은 사람들이 서로를 어떻게 대해야 하는지에 지침을 주는 규범적인 것이라기보다는 사람들이 다른 사람과 자신을 어떻게 이해하는지를 터득하게 해주는, 기술적인 것이다. 지난 10년 동안 등장한 다른 후보지능을 언급하면, 리더십지능, 금융지능, 직업지능, 실존지능(1, 2장 참조) 등이 있었다. 여기서 이러한 다양한 후보지능에 관해 논하지는 않겠다. 다만 업계가 지능에 대해 보다 다양한 견해를 수용하기를 바란다.

　다양한 지능이 분류되면 교육계에서 지적하듯이 지능과 직업의 일반적인 대응관계를 가정하는 것도 가능해진다. 예를 들어 언론인 · 강연자 · 교수자 등은 언어지능에 크게 의존하고, 과학자 · 기술자 · 금융인 · 회계사 등은 논리수학지능에 크게 의존한다. 건축가 · 그래픽 디자이너 · 운전기사 등은 공간지능에 크게 의존하고, 판매원 · 경영자 · 교사 · 상담사 등은 인간친화지능에 크게 의존한다. 체육인 · 건축업자 · 배우 등은 신체운동지능에 크게 의존하고, 작곡가 · 음향 효과 기술자 · 광고음악 작곡가 등은 음악지능에 크게 의존한다. 분류학자 · 생태학자 · 수의사 등은 자연친화지능에 크게 의존하고, 성직자 · 철학자 등은 실존지능에 크게 의존한다(Gardner, 1999a; Martin, 2001; Weller, 1999).

　또한 다중지능은 홀랜드(Holland)의 RIASEC 모델과 같은 대중적인 직업분류들과 연결지을 수 있다. RIASEC 모델은 직업들을 현실적/거래, 탐구적/과학, 예술적, 사회적, 진취적/사업 · 판매, 관습적/성직자적 또는 관리 등으로 범주화한다. 이러한 모델은 개개인의 흥미를 상이한 직업들에 대한 요구와 연결시킨다. 최근 연구에 따르면 흥미와 능력 간에는 상관관계가 존재하기 때문에 RIASEC 모델이 능력을 평가하는 도구로 사용될 수 있다고 한다(Dagley & Salter, 2004; Prediger, 1999).

더욱이 우리가 과감하게 주장할 수 있는 것은 사회적·진취적·인간지향적인 직업의 경우 언어지능과 인간친화지능이 중요하고, 자료지향적이거나 사무중심적 직업의 경우 논리수학지능이 중요하며, 자연 탐구적 직업의 경우 신체운동지능이 중요하고, 현실적이고 사물지향적인 직업의 경우 공간지능이 중요하며, 예술적·탐구적·관념지향적 직업의 경우 언어지능, 논리수학지능, 음악지능, 공간지능이 중요하다는 것이다.

급변하는 직업의 세계에 적용되는 다중지능

특정 지능과 직업을 직접 연결시키는 것은 어떤 면에서는 유용하다. 그러나 다중지능적인 접근법의 효과를 극대화하기 위해서는 지능들이 개인이나 집단 내에서 어떻게 상호작용하는지를 검토해야 한다. 지능을 맥락에서 분리해서 보게 되면 하나의 일반지능(IQ)이 아닌, 하나 이상의 특정 지능을 보유하는 것이 어떤 강점을 갖는지 알 수 없게 된다. 다양한 지능이 상이한 유형으로 결합됨으로써 다양한 능력과 성과가 발생할 수 있다. 사람, 팀, 조직 등은 보다 유동적으로 그들의 기술을 필요한 부분에 적용할 수 있게 된다. 이것을 '직업의 민첩성(business agility)'이라고 부르기도 한다. 그러한 적응력은 지난 15년 동안 신경제가 강력하게 요구하는 것이었다(Ellis 외, 2003; Senge, 1992). 그 결과 다중지능이론은 점점 복잡해지는 직업 현장에서 개인, 팀, 경영자, 지도자들의 영향력을 강화해주었다.

레고를 비유로 들어보자. 소수의 큰 조각들을 사용하기보다는 다수의 작은 조각들을 사용함으로써 우리는 훨씬 더 복잡한 플라스틱 구조물을 만들 수 있다. 왜냐하면 작은 조각들을 배열할 때에는 훨씬 많은 선택의 가능성이 있기 때문이다. 마찬가지로 다중지능은 사고 방법이나 행동 방법에 관해 보다 더 많은 선택의 가능성을 제시한다.

표준화된 환경에서 안정적이고 기능적인 단위로 일하는 관료조직은 사우스웨스트 항공사와 젯블루 항공사 같은 네트워크 조직에 비해 변화에 적응하는 속도가 느린 것으로 알려져 있다. 네트워크 조직에서는 직무 가치가 위계적인 지위에서 오는 것이 아니라 고객에 미치는 영향력으로부터 발생한다. 즉 직무에서 필요로 하는 것은 표준화된 제품을 대량생산하는 것이 아니라 아이디어들을 개발하고 포장하는 것이다(Cascio, 1995; Fisher & Fisher, 1998). 대규모 조직들은 변화하는 기회에 효과적으로 대응하기 위해 관리가 쉬운 소규모 단위로 업무를 재편해야 한다.

업무 환경이 변화함에 따라 요구되는 지능의 프로파일도 변화한다. 사무직의 경우 언어지능이 중요하고 시각적 업무의 경우 공간지능이 중요하다. 전자 관련 직업의 경우 처음에는 언어지능, 논리수학지능, 공간(항해적)지능 등의 통합 요구가 거셌지만 이제는 인간친화지능도 필요하게 되었다. 한편 소프트웨어 공학과 관련된 기술이 컴파일러에 의해 수행되면서 사람들에게는 구상, 제휴 구축, 기회 포착, 의사소통, 정교화된 패턴 인식 등과 같은 소위 '소프트 기술'만 남겨지게 되었다(Coy, 2004; Levy & Murnane, 2004).

필요한 정보 처리의 양은 한 개인이 처리할 수 있는 수준을 초과하곤 한다. 따라서 팀에 기반을 둔 업무 방식이 보편화되었는데, 여기서 지능은 개인적인 수준에서 평가되지 않고, 팀 구성원은 물론 컴퓨터 데이터베이스와 프로그램 등까지 모두 총괄하여 평가된다(Bennis & Biederman, 1997; Fisher & Fisher, 1998; Jacques, 1989). 현대적인 조직의 이상적인 모습은 공연 예술로부터 도출될 수 있다. 감독은 배우, 의상 디자이너, 조명 전문가, 편집자 등 전문적으로 훈련을 받은 개인들과 함께 영화, 연극, 무용 등을 제작한다. 제작이 완료된 후에 그 조직은 해산되고 자신만의 지능 프로파일을 가진 개인들은 또 다른 프로젝트를 위해 다른 조직으로 자유롭게 유입된다.

다중지능들 사이의 상호작용

지능들은 서로 조합하여 작용하기 때문에 결합된 지능이 어떤 방식으로 작동하는지를 분석하는 것은 극히 복잡한 과업이다. 따라서 처음 분석을 시도할 때 각 조합을 가능한 한 관리하기 쉬운 수준으로 축소하는 작업이 필요하다. 이때 지능들의 상호작용 방식에 집중하면 도움이 된다. 다시 말해 절대적인 방식으로 특정 지능을 측정하는 것이 아니라 여러 지능들의 총체적인 배열과 그 관계에 대한 검토가 중요하다.

점수가 아닌 프로파일

프로파일은 개인의 지능에 대한 스냅사진을 제공한다. 거의 모든 사람들의 프로파일은 톱니 같은 지그재그 형태를 띤다. 즉 최고점과 최저점, 상대적 강점과 약점 등이 존재한다. 완전히 평평한 프로파일을 가진 사람은 거의 없다. 왜냐하면 그러한 프로파일은 개인의 모든 지능이 모든 정보를 처리하는 데 완전히 동등하게 관여한다는 의미이기 때문이다. 지능 프로파일이 지그재그 형태이거나 불균형해 보이는 이유는 유전적인 요인이나 정보의 유형에 대한 상이한 경험 또는 상이한 접근으로 개인의 선호가 차별적으로 발달했기 때문일 수 있다. 예를 들어 개인이 속한 사회 계층이나 출생지가 문화적으로 얼마나 핵심적인 역할을 담당하느냐에 따라 음악지능의 발달이 영향을 받을 수 있다. 마찬가지로 공원, 놀이터 등에 대한 접근(아니면 실내에서 진행되는 비디오 게임과 텔레비전 시청)이 신체운동지능의 발달에 영향을 미칠 수 있다.

2장에서 논의한 것처럼 우리는 레이저형과 서치라이트형이라는 두 가지 대조적인 유형의 프로파일을 확인했다. 레이저형 프로파일은 개인의 인식과 경력 선택을 지배하는 한두 개의 강력한 지능을 의미한다. 예를 들어 수학적 잠재 능력이 극도로 강력하다면 다른 자극들이 영향력을 발휘하지 못하면서 개인은 오직 한 분야의 자극만 추구하게 된다. 뉴턴이나 존 내시(John Nash) 등이 그 대표적인 사례다. 예술과 과학에서 비범한 능력을 보인 사람들은 대개 레이저형 프로파일을 갖는다(Moran & Gardner, 2006).

서치라이트형 프로파일의 경우 여러 지능들이 균형을 이룬다. 레이저형 프로파일을 갖는 사람이 한두 개의 정보형태에 집중하는 반면, 서치라이트형 프로파일을 갖는 사람은 다양한 정보형태에 집중한다. 서치라이트형 사고방식의 대표적인 예는 정치가나 CEO(최고 경영자) 등에게서 살펴볼 수 있다. 정치가나 CEO의 직무는 단일 주제를 숙달하는 것이 아니다. 그들은 광범위한 레이더 스크린을 배치하고 중요한 모든 사항들을 빠짐없이 포착하려 한다. 대부분의 사람들은 서치라이트형 프로파일을 보유하고 있고 대부분의 직무들은 그러한 프로파일을 요구한다. 연구 결과 사회적 직무(판매, 상담 등)를 담당한 사람들은 특수 영역에서 뚜렷한 강점을 나타내지 않는 것으로 드러났다(Kelso, 1977). 다시 말해 이러한 유형의 직업은 서치라이트형 프로파일을 보유한 사람들에게 잘 맞고 이러한 서치라이트형 프로파일은 레이저형 프로파일이 나타내는 스파이크형 지표를 나타내지 않는다. 일반적으로 서치라이트형 프로파일은 레이저형 프로파일에 비해 선택 가능한 직업들이 많다.

이외에도 각각의 지능들이 서로에게 영향을 미치는 다양한 방식들이 존재한다. 여기서는 그중 세 가지를 소개하려 한다. 즉 하나의 지능이 다른 지능을 중개하고 제한하는 경우, 하나의 지능이 다른 지능을 보완하는 경우, 그리고 하나의 지능이 다른 지능을 촉진하는 경우가 있다.

병목

병목은 하나의 지능이 다른 지능의 작용을 제한하는 경우다. 아마 병목은 보다 취약한 지능들로 인해 보다 강력한 지능들이 충분하게 발현되지 못하면서 발생하는 것 같다. 예를 들어 언어지능이 취약한 사람은 유창하게 말할 수 없다는 이유로 인간친화지능의 강점이 발현되지 못할 수 있다. 혹은 인간친화지능이 취약한 사람은 자신의 기분이나 생각을 조절할 수 없거나 자신의 성격에 잘 맞지 않는 높은 지위를 추구하기 때문에 논리수학지능을 효과적으로 발휘하지 못할 수도 있다. '괴짜 천재'를 성미가 까다롭거나 가학적이라고 생각하는 고정관념이 오랫동안 형성된 이유는 아마도 이와 같은 병목 현상 때문일지 모른다.

병목은 다른 지능들을 압도하는 강한 지능으로부터 기인할 수도 있다. 그런 상황은 레이저형 프로파일에 의해 발생할 가능성이 높다. 전해지는 이야기에 의하면 피카소는 매우 강력한 공간지능으로 인해 숫자를 수량이 아닌 이미지로 간주했고 그 때문에 논리수학지능을 계발하는 데 어려움을 겪었다고 한다. 그는 2를 코로 보았던 것이다(Gardner, 1993).

이와 더불어 병목은 능력을 계발하고 평가하는 데 사용된 문화적 도구로부터 기인할 수 있다. 학교와 직업 현장에서 일어나는 공통의 병목현상은 언어 영역에서 기인한다. 검사는 실제로 측정하려는 능력이나 기술에 관계없이 대부분 언어에 기반한 지필식이다. 그 결과 언어지능이 약한 사람들은 실제 평가되고 있는 영역에 잠재 능력을 가지고 있음에도 불구하고 불리하게 평가받을 수 있다. 반면 특정 영역에 대한 지식이 실제로는 충분하지 않은 경우에도 언어와 논리 능력을 통해 그런 검사들을 심리적으로 분석할 수 있는 사람들은 검사를 양호하게 수행할 수 있다. 지능검사가 타당하려면 각각의 지능이 지능 자체에 대응되는 도구로 평가되어야 한다. 즉 신체운동지능은 동작을 통해 평가되어야 하고, 공간지능은 이미지와 방위(지도)를 통해 평가되어야 한다. 그렇지 않으면 언어지능(검사가 수리에 기초하고 있을 경우에는 논리 수학지능)이 병목으로 작용할 것이다.

보상

보상은 하나의 지능이 또 다른 지능을 보완하는 경우다. 예를 들어 강한 언어지능이나 인간친화지능은 다른 사람의 도움으로 친숙하지 않은 환경에서도 의도했던 방향을 찾을 수 있게 함으로써 공간지능을 보완할 수 있다. 혹은 강한 신체운동지능은 몸짓과 표정을 통해 개인의 의도와 메시지를 전달함으로써 낮은 언어지능을 보상하기도 한다.

보상의 장점은 지능의 여러 상이한 조합을 통해 특정 직무가 어떻게 수행되는지를 입증해줄 수 있다는 점이다. 우리는 보상이 교육 영역에서 작용하는 것을 보았다(이를테면 지능의 다양한 조합을 통해 기하학 과목에서 우수한 성적을 올리는 것). 이는 직업의 세계에도 적용될 수 있다. 즉 어떤 사람은 연설문을 작성하는 언어적 강점을 통해 화술에서 탁월한 능력을 발휘하는 반면, 어떤 사람은 극적인 동작이나 무대에서의 침착성이라는 신체운동적 강점을 통해 화술에서 탁월한 능력을 발휘할 수 있다. 또한 어떤 사람은 목소리나 말의 리듬에 대한 음악적 감수성, 혹은 표정 등을 통해 화술에서 탁월한 능력을 발휘할 수 있다. 어떤 사람은 공식에 대한 논리수학적 강점을 통해 회계에서 탁월한 능력을 보이는 반면, 어떤 사람은 공간적 강점을 통해 회계에서 탁월한 능력을 보이기도 한다.

또한 보상에 의해 약점이 은폐되기도 한다. 이상적으로 우리는 어떤 사람의 잠재 능력을 판단하기 위해 특정 과업의 수행 여부뿐 아니라, 그 수행 방법까지 알고 싶어 한다. 두 유형의 회계사가 전통적인 평가방식으로는 동등하게 평가될지라도, 계산적이고 논리수학적인 회계사는 부기에 있어서는 공간 지향적인 스프레드시트식의 접근법을 취하는 회계사에 비해 불리할 수 있다. 반면에 공간 지향적인 회계사는 계산에서의 오류를 찾아내는 데 불리할 수 있다. 상급자가 평갑전통적인 평가방식으론 동등하게 평가되는 두 사람 중 한 사람을 승진시키려 할 경우 상이한 후보자들의 프로파일을 아는 것이 현명한 결정을 내리는 데 도움이 된다.

촉매

교육 현장에서 반복적으로 나타나는 것처럼 촉매 혹은 '가교' 지능은 다른 지능을 작동시키거나 그 작동 방식을 변경시킨다. 아인슈타인은 매우 강력한 공간지능 덕분에 다른 물리학자들과는 다른 방식으로 문제를 개념화할 수 있었다. 이는 직업의 세계에도 적용된다. 강력한 음악지능을 통해 언어의 운율적 특성을 파악함으로써 더욱 민감하게 언어 관련 업무를 수행할 수 있다. 그러한 촉매적인 상호작용이 유리한 경우는 광고 음악 작곡가, 시인, 강연자 등이고, 불리한 경우는 언론인 등이다. 그런 민감성으로 인해 시간에 맞춰서 보도를 완료하지 못하는 사태가 생길 수도 있기 때문이다. 강력한 공간지능을 가지고 언어와 관련된 직업에 종사하는 사람은 언어적 상징에 보다 민감할 수 있다. 이는 출판 편집자에게는 유리한 반면, 연설문 작성자에게는 불리하다. 강력한 인간친화지능으로 인하여 말이 지니는 뉘앙스에 민감성을 보이는 사람도 있다. 상담사와 치료사에게 유리할 수 있다. 이상과 같은 촉매적인 상호작용을 인식함으로써 각각의 직업에 종사하고 싶어 하는 다양한 지원자들의 잠재 능력을 유용하게 판단할 수 있다.

전체는 부분들의 총합과 같지 않다

다양한 검사 척도들이 가정하는 것처럼 개인의 잠재 능력은 지능들의 총합과 같지는 않다(Martin, 2001; Weller, 1999). 잠재 능력은 병목으로 인해 줄어들 수도 있고, 보상과 촉매에 의해 늘어날 수도 있다.

더구나 전통적인 견해에 따르면 모든 지능이 높은 게 좋다고 하지만 개개인이 과제와 역할을 수행하는 데 있어서는 강점만큼이나 약점도 중요하다. 지능 자체의 높고 낮음만 중요한 것이 아니라 다양한 지능들이 특정 상황에서 어떻게 영향을 주고받는지가 중요한 것이다. 일부 연구 결과에 따르면 어떤 역할의 경우 특정 지능이 과도하게 높으면 오히려 역효과가 나타나기도 했다. 예를 들어 감성지능에 대한 지대한 관심에도 불구하고 인간친화지능 또는 자기성찰지능이 지나치면 경영과 리더십 등이 저해될 수 있다(Feyerhern & Rice, 2002; Kolodinsky, Hochwarter, & Ferris, 2004; Moran & Gardner, 2006). 고용주나 인사 책임자는 지그재그의 레이저형 프로파일을 보유한 사람과 비교적 평평한 서치라이트형 프로파일을 보유한 사람 중 누가 업무를 성공적으로 수행할지를 숙고해야 한다.

능력 있는 인재를 고르는 기준

다중지능 접근방법은 고용, 평가, 승진 절차에서 정밀한 검사를 요구하지 않는다. 오히려 경영자, 팀 동료, 인사 책임자 등 자신들의 업무에 좀더 민감해질 것을 요구한다. 우리는 채용 면접에서 '경력'을 해석하고, '경험에 의한' 평가를 하고, '순간적인' 민감성을 활용해야 한다.

경력의 역할

대부분의 기업들은 경력자를 채용하거나 승진시키려 한다. 그러나 경력이라는 말이 진정으로 의미하는 것은 무엇인가? 종종 경력은 수치를 의미한다. 즉 '개인이 얼마나 오랫동안 특정한 역할이나 분야에 종사했는가?'를 뜻한다. 또한 경력은 개인이 수행한 과업이나 개인이 처했던 상황을 나열한 것일 수도 있다. 그러나 다중지능 접근방법은 경험을 개인이 환경과 상호작용한 방식으로 생각한다. 지능의 강점과 약점을 판정할 뿐만 아니라 상이한 지능을 개발하는 데에도 경험은 중요하다. 이 두 가지는 상호적인 것이다. 일상 속에서 음악을 접할 기회가 없다면 음악지능은 개발될 가능성이 낮다. 음악지능이 잠재되어 있지 않을 경우 사람들이 음악을 만들어낼 가능성은 낮다. 주위에 다른 사람들이 없을 경우 인간친화(그리고 아마도 자기성찰)지능은 개발될 가능성이 낮다. 그 경우 사람들이 예의 바르게 그리고 생산적으로 상호작용할 가능성은 낮다. 채용 면접이나 인사고과를 실시하는 경영자들이 유의미한 경험에 관해 어떻게 알 수 있는가? 그리고 지원자들이나 직원들이 그러한 경험들을 어떻게 전달할 수 있는가? 가장 효과적인 방법 중 하나는 이야기를 통해서다(Bruner 1990; Gardner, 1995a). 이야기 내용과 그 전달 방식 모두 경험을 설명할 수 있다. 면접 지침을 예로 들어 보자.

1. 과거 직업에 관해 이력서에 기술되어 있는 일반적인 설명을 피하라. 대신 사건들에 집중하라. 무엇이 발생했는가? 그 다음에 무엇이 발생했는가? 무엇이 효과가 있었고 무엇이 효과가 없었는가? 그 이유가 무엇이라고 생각하는가? 그 당시 그 사건에 대해 어떻게 생각했는가? 지금 그 사건에 대해 어떻게 생각하는가? 다시 그 사건을 겪게 된다면 무엇에 주의하거나, 무엇을 행할 것인가? 이 사건의 결론이

나 주제는 무엇인가?
2. 무엇을 말하고 있는지뿐만 아니라 어떻게 말하고 있는지도 들어라. 전달하고자 하는 세부사항들이 시각적인지("나는 …을 보았다"), 청각적인지("나는 …을 들었다"), 운동적인지("나는 …을 느꼈다" 혹은 "나는 …을 파악했다"), 논리적인지("나는 …을 생각한다" 혹은 "나는 …을 추론한다") 파악하라. 거기에 존재하는 대상들이나 사람들과 관련하여 공간적으로 얼마나 잘 자신의 위치를 파악하는가? 관심을 가지는 것은 개인적인 의미인가(자기성찰적), 다른 사람에게 미친 결과인가(인간친화적)? 사용되는 언어는 얼마나 정교한가? 이야기는 얼마나 운율이 있는가? 이야기가 논리적으로 진행되는가, 다른 사람의 관점으로부터 진행되는가(인간친화적/공간적), 보다 포괄적인 주제에 따라 진행되는가(실존적)?
3. 진술에 포함된 내용은 주로 신체 언어인가(운동적), 다이어그램인가(공간적 혹은 논리적), 그림 같은 서술에 의한 설명인가(공간적)? 사건이 발생한 이후 사건에 대한 인식이나 평가에 있어서 변화한 것은 무엇인가? 사건의 결론은 무엇인가?

이러한 질문들은 경영자나 팀이 여러 잠재 능력의 강점과 약점을 판정하는 데 도움을 줄 수 있다. 각각의 면접을 기록하는 것이 보다 주의 깊은 연구를 준비하는 데 도움이 될 것이다.

경험에 의한 평가

물론 이야기를 통해 접근할 때에는 언어지능에 의한 병목을 주의해야 한다. 또한 경영자나 팀 동료는 자기 소개서 등이 과장되었을 수도 있음을 기억해야 한다. 지능 프로파일을 평가하기 위한, 보다 덜 언어지향적인 방식은 수행 평가를 필요로 한다. 이러한 유형의 평가는 스펙트럼 프로젝트를 통해 유아들을 대상으로 성공적으로 실시되었다(6장 참조). 아래에 또 다른 면접 과정을 소개한다.

1. 채용 지원자나 직원을 여러 지능에 호소하는 다양한 자료들과 과제들을 갖춘 방에 들여보낸다. 자료로는 언어지능을 위한 책 혹은 오디오 북, 음악지능을 위한 CD 혹은 악기, 자기성찰지능을 위한 자기계발서, 인간친화지능을 위한 공동 작업자(혹은 2명의 지원자), 실존지능을 위한 명상적인 질문, 신체운동지능을 위한 모델 구축 재료, 자연친화지능을 위한 물건들과 이를 담을 통, 공간지능을 위한 그리기 재료 혹은 미로 등이다. 과제에 포함될 수 있는 것은 스토리 작성 혹은 연설, 경제나 수학 문제 풀기, 자료 상자 정리하기, 이미지 해석 및 그리기 등이다. 이러한 목록은 단지 예시일 뿐이다.
2. 그 사람을 한 시간 정도 그 방에 머물게 하고 관찰한다. 그 사람이 자발적으로 관심을 갖는 것은 무엇인가? 그 사람은 서로 다른 자료들과 어떻게 상호작용하는가? 어떤 과제들을 쉽게 혹은 어렵게 완수하는가? 어떤 문제에 관심을 갖는가? 어떤 자료들을 만지작거리는가?
3. 지정된 시간이 경과한 후 주관적인 느낌을 물어보라. 그 대답이 지능과 능력에 관해 추가적인 정보를 제공해준다.

우리는 이러한 가설적인 수행 평가가 실제적인 자료들을 필요로 한다는 사실을 알게 되었다. 컴퓨터 소프트웨어 그리고 가상현실에 의해 훨씬 더 광범위한 환경들을 효율적이고도 경제적으로 갖출 수 있게 되었다. 그러나 사람들이 실제현실과 가상현실에 동일하게 대처할 것이라 가정할 수는 없다.

순간적인 민감성

앞서 설명한 두 가지 기회는 잠재 능력에 대한 특정 시점의 정적인 평가를 제공해주는 것이다. 경영자 혹은 팀 구성원이 서로 다른 지능들의 지표들을 인식하게 되었다면, 이제 그 지표들을 동적으로 포착할 수 있어야 한다. 왜냐하면 그러한 지능들은 업무 중 활용되기 때문이다. 다중지능 접근방법이 면접이나 수행 평가 등에만 적용될 필요는 없다. 다중지능이론은 고용자와 경영자가 순간적으로 보다 더 나은 결정을 내리는 데 도움을 줄 수 있는가?

우선 우리는 지능 '거울 검사'를 수행해야 한다. 우리 자신의 지적 선호와 능력은 무엇인가? 강점이라 할지라도 이를 파악하지 않으면 편향이나 병목으로 인한 부정적인 영향이 나타날 수 있다. 경영자가 자신의 언어적 강점이 어떤 영향을 미칠 수 있는지를 인식하지 못한다면 언어적 강점을 지닌 사람들만 고용될 것이다. 왜냐하면 경영자는 그러한 지원자들을 보다 쉽게 이해할 수 있기 때문이다. 또한 경영자가 면대면으로 직접 의사소통하기를 원할 경우에는 서면 의사소통에 강한 사람의 강점이 과소평가될 수 있다. 예를 들어 대화형 웹사이트를 구성할 경우 이런 방식으로 직원을 선발하면 팀의 불균형이 초래될 수 있다. 언어적 기술뿐만 아니라 논리수학·공간·인간친화지능이 어떠한 방식으로든 나타날 수 있어야 한다. 이러한 의미에서 개인의 강점, 약점, 편향 등을 인식하는 자기성찰지능이 다른 지능들을 뒷받침할 수 있다. 그 때문에 최근 감성지능 모델은 자기 조절 능력을 하위 구성요소로 포함시킨 것이다.

네 가지 가설

다중지능 접근방법은 어떻게 실행될 수 있는가? 여기에 직장에서 공통적으로 발생하는 네 가지 시나리오를 제시한다.

진로 계획

언론학을 전공하는 20세의 대학생 앤드리아는 홍보회사인 하드윅-데이비스 사에서 인턴으로 근무하고 있다. 전통적으로 진로 계획에는 고등학교, 대학교, 대학졸업 이후의 상담이 포함된다. 상담가는 학생들의 관심사에 대해 들어보거나, 마이어스브리그스(Myers-Briggs)형 검사[3] 또는 능력점검표 등을 통해 학생들에게 적합한 직무를 찾아준다. 또한 상담가는 각기 다른 분야에서의 성장 및 기회뿐만 아니라 인턴제 등에 대한 정보도 제공한다(Dagley & Salter, 2004).

다중지능 접근에 따르면 앤드리아는 자기평가를 실시해야 한다. 인턴제도가 경험에 의한 평가 도구가 될 수 있다. 나는 어떤 과업을 보다 신속하게 수행할 수 있고 보다 쉽게 파악할 수 있는가? 나는 어떤 과업을 보다 더 즐기는가? 나는 어떤 사람들(공동작업자 및 감독자)과 작업하기를 선호하고 어떤 사람을 보다 잘 이해할 수 있는가? 그들은 어떻게 말하고 행동하는가? 난관에 봉착할 경우 이를 해결하기 위해 어떤 자원과 수단에 관심을 갖는가? 직무에는 어떤 기술이 요구되는가? 일상적인 임무 중 자동화할 수 있는 것은 무엇이고 사람이 처리해야 할 것은 무엇인가? 예를 들어 보도 자료를 작성하고 배포하는 일은 자동팩스, 전자우편 등을 통해 자동화될 수 있다. 반면 사람들의 관심을 끌 방법을 고안하기 위해서는 창의적이고 사려 깊은 사람이 계속 필요할 것이다.

다중지능 접근방법은 해당 분야에 적응하는 데 유용할 수 있다. 사람들이 각기 다른 방식으로 정보를 처리한다는 사실을 인식한 신참자는 개인적인 비판을 받지 않을 수 있다. 개인적인 비판은 개개인의 프로파일 차이로부터 유래할 수 있기 때문이다. 앤드리아와 같은 사람들을 위한 몇 가지 지침이 있다.

우선 동료들이 과업을 어떤 방식으로 완수하는지 주의를 기울여라. 조직의 규준과 일치하지 않더라도 자신의 지능 프로파일을 계속해서 중시해야 한다. 당신이 구성원이 됨으로써 조직의 강점은 확대된다.

도약점 즉, 힘을 합함으로써 당신 자신이나 동료의 잠재 능력을 촉진시킬 수 있다. 공동으로 사고하는 것이 당신의 경력에 도움이 될 수 있다. 실존지능을 개발하기 위해 전망에 관심을 기울여라. 당신은 자신의 작업이 갖는 개인적 의미를 어디에서 도출하는가? 과업에 따르는 권한과 책임을 당신은 어떻게 처리하는가? 당신은 어떤 과업 혹은 어떤 상황에서 자아감을 느끼는가?(Cohen, 2003)

팀 역학

앤드리아는 조지, 브렌다, 올리비아, 헨리 등과 함께 한 레스토랑의 개업을 알리는 홍보팀에 배치되었다. 이 팀은 서로 다른 팀에서 차출된 작가, 디자이너, 미디어 전문가, 섭외 부장 등으로 구성되었다. 따라서 팀 동료들이 팀의 기능에 대한 모델을 만들고 요구를 표준화하고 홍보 전략을 세우는 과정에는 어느 정도의 갈등이 예상된다.

다중지능 접근방법은 두 가지 추가 사항을 고려할 것을 권고하는데, 기능적인 면을 초월한 능력의 상보성과 갈등 관리에 도움이 될 개인 지능에 대한 인식 제고가 그것이다. 효과적인 팀은 공유를 필요로 하나, 동일성을 필요로 하지는 않는다. 즉 효과적인 팀은 공동 목표를 필요로 하나 동일한 기술을 필요로 하지 않는다. 팀의 장점은 개별적인 구성원의 지그재그형

지능 프로파일들의 상보성을 통해 나타난다. 팀원은 과업에 도입된 상이한 기술과 정보를 공유하여 서로를 자극하고 보충한다(Conner & Plasman, 2003; Ellis 외, 2003; John-Steiner, 2000). 아마도 팀은 서치라이트형 프로파일을 보유한 사람에 의해 주도되어야 할 것이다.

프로파일은 달라도 성과는 동일할 수 있기 때문에 이 팀에는 예를 들어, '언어적인 사람'이 필요하다고 말하는 것은 충분하지 않다. 현재 팀의 프로파일에서 부족한 강력한 공간지능을 보유한 작가를 인턴으로 고용할 것인지, 언어적 · 대인 관계적 · 신체운동적 장점을 보유한 카리스마 넘치는 판매사원을 고용할 것인지를 결정하는 것이 더 도움이 된다.

또한 팀이 구성되면 지능이 서로 중복되거나, 정보를 서로 다르게 처리하는 사람들이 모임으로써 뜻하지 않은 이익을 누릴 수 있다. 지능이 서로 중복됨으로써 의사소통이 원활해질 뿐 아니라 팀 구성원이 아프거나 휴가를 가거나 퇴직할 경우 충격이 완화된다. 또한 작가가 공간적인 디자이너의 시각으로 정보를 볼 수 있을 경우(그 역도 성립한다) 작가와 디자이너가 서로를 이해하지 못하는 경우에 비해 광고, 포스터 등에 공간적 · 언어적 통합성이 나타날 가능성이 높다.

마지막으로 팀 구성원들이 각자의 지능 차이를 인식하는 것이 중요하다. 이러한 인식이 없을 경우 신뢰와 존중이 약화될 것이고 팀의 실적은 악화될 것이다. 팀 구성원들은 규칙을 협상하고 다른 사람과 팀 전체에 대한 360도(다면적인) 평가를 실시하기 때문에 개인적 지능이 점차 중요해지고 있다. 효과적인 팀 구성원들은 스스로를 잘 알고 조절할 수 있으며 자신의 말과 행동이 다른 사람들에게 미치는 영향을 인식한다.

경영/조직 작업

톰은 식당 회계를 맡은 팀들을 관리하는 분과 경영자다. 팀 관리는 부분적인 수준에서 문제 해결, 갈등 관리, 계획(기획) 등을 필요로 하는 반면, 기업 경영은 보다 전체적인 질서 유지, 계획, 예산, 인사 등을 필요로 한다(Kotter, 1990). 기술적인 기능은 경영 수준에서 여전히 중요한 의미를 가진다. 그러나 경영자를 고용하거나 승진시킬 때 후보자들 중 누가 가장 우수한 작가, 디자이너, 기술자인지만 판단하는 것은 현명하지 못하다. 개개인은 레이저형 프로파일을 보유할 수 있고, 그들의 장점은 자신들과 같은 레이저형 프로파일을 보유한 사람들과 균형을 이룰 때 성과를 올릴 수 있다. 반면 서치라이트형 지능을 가진 경영자는 다양한 프로파일을 지닌 사람들과 쉽게 의사소통할 수 있기 때문에 성공 가능성이 좀더 높다.

톰이 한 계단씩 승진함에 따라 그의 개인 지능은 그 자신을 다른 승진 후보자들과 차별화하는 데 훨씬 중요한 역할을 했다. 경영자의 단계에까지 올라간 사람들은 거의 모두가 120 이상의 IQ를 보유하고 있다(Spencer & Spencer, 1993). 톰은 보다 자기성찰적이 되었고 관계 형성에 집중했다. 그는 광범위한 지능 프로파일을 지닌 사람들과 의사소통하고 협상해야 한다. 이에 따라 지능에 대한 메타적인 시각이 필요하다. 그러한 메타적인 시각은 병목, 보상, 촉매에 대한 신속한 인지라 할 수 있다. 즉 톰은 개인의 지능 프로파일들을 효과적인 팀 프로파일과, 훨씬 더 포괄적인 분과 단위 프로파일로 결합하는 최선의 방법을 검토하고 있다. 톰은 자기 자신과 동질적이거나 이질적인 지적 프로파일을 가진 직원들을 차별하지 않도록 주의해야 한다.

또한 다중지능이론은 직무 설계시에 톰에게 도움을 줄 수 있다. 팀원들의 직무를 기계적으로 나열하는 대신 이상적인 최소한의 지능 프로파일을 고려하여 정리할 수 있다. 현재의 팀은 무엇을 할 수 있고 무엇을 할 수 없는가? 결함이 있거나 중첩이 부족하지 않은가? 팀원은 어떤 종류의 정보를 다룰 것인가? 그리고 팀원은 어떤 조건에서 작업할 것인가? 이러한 고려사항들은 공간지능을 지닌 작가를 선택하는 것만큼이나 톰의 고용 성과를 개선시킬 수 있다. 그러나 고용에 대한 톰의 접근방법은 예상치 못한 부분에서 이점을 발휘할 수 있다. 예를 들어 격렬한 운동을 즐기고 넓은 대인관계를 가진 작가를 거부하는 톰의 접근방법은 유익할 수 있다. 왜냐하면 이러한 작가는 컴퓨터를 기반으로 한 가상의 팀에서 일하는 것이 맞지 않기 때문이다(Fisher & Fisher, 1998).

리더십

제인은 하드윅-데이비스 사의 사장이다. 그녀의 경영진은 일상적인 운영 문제에 집중하는 반면 제인은 회사 전체를 이끌어가는 일에 집중한다. 그녀는 장기적인 시각을 유지하고 시장상황을 고려하여 방향을 설정한다(Kotter, 1990). 또한 그녀는 자원들을 확보하여 직원과 고객들을 계속 유인해야 한다.

그 결과 정보 처리에 있어서 제인의 적응성은 톰에 비해 훨씬 클 것이다. 지능, 프로파일, 병목, 보상, 촉매 등을 이해하고 활용하기 위해 그녀는 훨씬 더 광범위하게 현상을 이해해야 한다. 그녀는 경영진뿐 아니라 고객, 주주, 현재의 회사, 그리고 미래의 회사의 프로파일도 고려해야 한다. 그녀는 자신의 기술과 편견을 이해하고 내외부의 다양한 사람들과 효과적으로 작업해야 하기 때문에 인간친화지능을 발휘해야 한다. 보다 중요한 것은 그녀의 실존지능이 크게 부상하고 있다는 것이다. 그녀는 회사의 포괄적인 목표, 끊임없이 변화하는 세계적 조망, 직원들의 필요와 우려라는 관점에서 사고할 수 있어야 한다. 그리고 현실을 포착하여 자신에게 의지하는 사람들에게 그 의미를 전달함으로써 그들의 사업에 대해 설득력 있는 이론적 설명을 제공해야 한다(Fisher & Fisher, 1998; Gardner 1995a, 1999a). 센지가 주장한 것처럼 지도자의 핵심 과업은 "미래를 창출하는 능력을 지속적으로 확대하는 것"이다(Senge, 1992).

　리더십의 성공을 위한 핵심 전략은 극적인 이야기의 창출이다(Gardner, 1995a, 2004b). 이야기들은 분명 언어에 기반한다. 그러나 이야기는 다른 지능들에 의해 처리될 수 있는 정보가 포함될 수 있는 구조를 지니고 있다. 여기에서 여러 지능들이라 함은 실존적 주제, 신체적 행동, 대인 관계적 대화, 자기성찰적 반성, 공간적 환경, 논리적 진행, 음악적 리듬 등을 의미한다. 영상 매체에 익숙해진 덕분에 우리는 이야기를 수많은 수단과 매체를 통해 전달할 수 있게 되었다.

인적 자원의 효과적 운용

　다중지능이론은 교육 이외의 영역에도 효과적으로 확대될 수 있다. 다중지능이론을 통해 개인, 팀, 조직은 훨씬 더 복잡한 환경에서 보다 효과적으로 인적 자원을 사용할 수 있다. 우선 서로 다른 직무로 인해 상이한 지적 강점, 지적 프로파일, 동료와의 협력 등이 요구된다. 이러한 정보는 일반 근로자나 관리자 모두에게 중요하다. 병목, 보상, 촉매 같은 다양한 지능의 상호작용에 대한, 보다 명시적인 인식과 이해가 직원의 생산성과 만족도를 증가시키는 데 도움이 될 수 있다. 자기성찰 지능 즉, 우리 자신의 강점, 약점, 편향성 등을 인식하는 것은 거의 모든 직무에 수반되는 핵심적인 것으로 시간의 경과에 따라 성공적인 경력을 쌓는 데에도 핵심적인 역할을 한다.

　또한 지능 프로파일은 팀과 조직 수준에서 서로가 서로를 어떻게 제한하고, 보상하고, 촉진하는지를 알려준다. 일상적인 팀워크 과정에서 모두가 다른 프로파일을 보유하고 있다는 인식이 긴장을 완화시키고 학습에 도움을 줄 수 있다. 예를 들어 하나의 아이디어가 서로 다른 지능 프로파일을 가진 사람들에게 어떻게 해석되는지를 안다면 효과적인 상호협력이 가능할 것이다. 그러나 서로의 정보 처리 방식이 다르다는 사실을 이해하지 못하면 비참한 결과를 초래할 수 있다. 경영자들과 지도자들은 이러한 사실을 이해해야 한다. 그들이 자신의 지적 경향, 시대의 필요, 자신들이 관리하는 사람들을 고무시키는 방식 등을 철저하게 이해한다면 긍정적인 효과가 극대화될 것이다.

마지막으로 하나의 문화권에서 이용가능하고 기대되는 업무 유형을 창출하고 계획함으로써 지능의 계발과 배치에 관해 좀더 장기적인 시각을 갖게 될 것이다. 현재 우리의 학교는 다른 것들을 모두 배제한 채 언어지능과 논리수학지능만을 강조하고 있기 때문에, 직무에서 요구되는 특정 기술들만이 과대생산되고 있다. 우리는 어떤 사회를 원하는가? 어떤 지능이 어떻게 조합되어 그러한 사회를 창출할 수 있을까? 한 개인의 생애에 걸쳐 그리고 한 세대로부터 다음 세대에까지 우리는 어떻게 그러한 지능들을 계발할 수 있을까? 이러한 질문들에 대답을 찾다 보면 지능의 생물심리학적 잠재 능력도 바람직한 사회역사적 방향으로 유도될 것이다.

Chapter 13

다중지능이론의 전망

최근 나는 인간의 능력이 어떻게 사용되는지를 주로 연구하고 있다. 미래 사회의 과제는 단순히 지적인 혹은 더욱 지적인 사람을 양산하는 것이 아니다. 오히려 지적 능력(간단히 말해 지능)을 도덕적 책임감과 조화시켜 인간적인 것으로 만들어야 한다. 나는 언제나 전문가로서의 삶을 지켜왔고 그것은 내 연구가 지향하는 바이기도 하다.

하나의 사건을 조망하기 위해서는 그 사건 이후 무슨 일이 벌어졌는지를 확인하고, 그 영향력을 조사하며, 그 사건을 회고해보아야 한다. 다중지능이론의 경우 2030년이나 2040년의 모습을 예측하는 것은 1980년부터 2005년까지 벌어진 일을 살펴보는 것만큼이나 힘겨운 과제다. 그럼에도 여기서 제시할 제안들은 앞으로 이 이론을 활용할 연구자와 실천가에게 길잡이가 되어줄 것이다.

나는 지금까지 진행되어온 지능 연구의 개요를 제시하는 것으로 마지막 장을 시작하고자 한다. 그 다음에는 다중지능에 관심을 지니고 있는 전 세계 독자들의 이야기를 소개할 것이고 마지막으로는 다중지능이론을 기반으로 미래에 수행될 일련의 연구에 대해 설명할 것이다.

지능 연구의 여덟 가지 국면

1. 기본 개념

1900년대까지 보통사람들은 지능이라는 용어를 자기 자신과 다른 사람들의 정신 능력을 설명하는 데 사용했다. 그만큼 '지적인', '현명한', '영리한'이라는 용어는 무분별하게 사용되었다. 이에 따라 서구에서는, 재치가 있거나 기억력이 좋은 사람을 영리하다고 생각했다. 그 외 지역에서는 '지적인'이라는 단어가 다른 사람의 말을 경청하고, 순종적이고, 도덕적이고, 슬기롭다는 의미로 사용되었다. 그러나 한 개인이나 집단에 의해 '영리하다'고 판단된 사람이 그 외 다른 사람들에게도 그렇게 여겨지는지는 공식적으로 확인된 적이 없다.

2. 과학적 변화

앞서 설명했듯이 20세기 초에 벌어진 한 사건이 지능 연구에 결정적인 영향을 미쳤다. 프랑스의 심리학자 비네는 파리시 당국으로부터 학교에서 특히 주의를 기울여야 할 학생들을 예측할 수 있는 도구를 개발해달라는 요구를 받았다. 사실 비네는 IQ 개념과 연관된 최초의 지능검사를 개발한 셈이다. 비네의 연구는 유럽, 특히 영국과 독일에서 실시된 유사한 연구에 의해 지지를 받았고, 곧 미국에도 소개되어 표준화된 지능검사로 널리 활용되었다. 1920년대에 지능검사는 미국을 비롯한 수많은 국가의 교육 환경에 안착했다. 비네의 이론에 깔려 있는 기본적인 전제에 따르면 지능은 단일하고 유전적인 영향을 받으며 간단하게 측정 가능하다고 한다.

이러한 전통적인 지능 개념을 수용하는 사람들과 그것을 비판하는 사람들은 오늘날까지도 정신을 측정하는 도구에 대한 연구를 계속하고 있다. 예전에 지필식 검사를 개발하려던 노력은 이제 신경과학이나 유전학 또는 컴퓨터 과학의 도움으로 지능을 측정하려는 시도로까지 확장되었다. 그러나 이러한 인간지능이론의 진보는 전통적인 관점을 선호하는 사람들에게는 별 주목을 받지 못한다.

3. 지능의 다원화

비네는 지능의 수나 유형에 대해 뚜렷한 입장을 취하지는 않았다. 그러나 그의 동료와 후배들은 지능이 간단한 검사에 의해 측정될 수 있는 단일 요인이라고 생각했다. 인간이 개별적인 측정에 의해 파악될 수 있는, 다수의 지능을 지니고 있다는 생각을 품는 것은 소수의 연구자들뿐이었다. 이들은 검사에서 어떤 항목을 묶어야 하는지, 어떤 차이를 고려해야 하는지를 제시하는 상관분석적이고, 요인분석적인 통계 기법에 기반을 두었다. 이러한 다중지능적 관점을 수용한 연구자로는 서스톤(1938)과 길포드(Guilford, 1967)가 있다. 찰스 스피어만(Charles Spearman, 1904)을 필두로 한 다른 연구자들은 지능에 대해 위계적 관점을 취했다. 이 견해에 따르면 일반 요인이 가장 중요한 위치를 차지하고 특수 요인은 종속적 위치에 놓인다(Carroll, 1993; Thomson, 1939; Vernon, 1971).

앞서 언급했듯이 다중지능이론은 이러한 심리측정학적 노력과는 다르다. 나는 일련의 문항을 만들고 그것을 요인분석하기보다는 진보하고 있는 생물학, 신경과학, 인류학, 심리학의 문헌들을 연구하고 종합하여 이론을 구축했다. 그리하여 지능을 적어도 하나의 문화권에서 가치 있게 여기는 산물을 만들어내거나 문제를 해결하는 정보 처리 능력으로 정의했다. 나는 무엇을 지능으로 생각해야 할지 준거를 제시했고, 다양한 후보 능력에 그것을 적용했다. 현재까지 나는 인간이 8, 9개의 분리된 지능을 가지고 있고 각각의 지능은 하위능력들로 구성되어 있다고 생각한다.

심리학계는 내가 전통적인 연구에서 벗어난 방식으로 연구를 진행했다며 다중지능이론을 거세게 비판했다. 만약 내가 각 지능에 대한 측정 도구를 만들거나 지능의 심리측정학적 독립성을 증명했다면 그러한 비판은 누그러졌을 것이다. 각 지능이 독립적이라는 증거는 산발적으로 존재할 뿐 다중지능에 대한 과학적 연구는 여전히 진행 중이다.

4. 지능의 맥락화

나를 포함한 대부분의 심리학자들은 지능을 개인의 마음 즉, 개인의 두뇌에 기반을 두는 것으로 생각한다. 이러한 입장은 지능을 발휘하는 마음 혹은 두뇌의 독립성으로 인간의 지능을 이해하기 때문에 장점이 있다.

그러나 최근 연구자들은 개인과는 무관한 것으로 여겨지는, 지능의 또 다른 측면에 관심을 보이고 있다. 이들은 지능의 맥락화에 주목한다. 비록 인간의 지적 능력은 게놈에 포함되어 있다 할지라도, 그것이 표현되는 방식이나 표현되는 범위는 각 개인이 소속된 문화와 각 개인이 축적한 경험에 의존한다.

20세기의 천재 체스 선수인 바비 피셔(Bobby Fischer)가 그 사례다. 확실히 피셔는 체스 선수로서 뛰어난 자질을 지니고 있었다. 물론 다른 사람들도 그런 능력을 가질 수는 있다. 그러나 피셔의 경우 특정 시기에 미국에서 태어나 어린 시절부터 체스를 배울 기회를 잡았다는 것이 결정적인 역할을 했다. 그가 어린 나이에 거장이 될 수 있었던 것은 어느 정도 이런 충분한 시간과 자원 덕분이었다. 피셔가 다른 게임에서나 정치, 경제, 물리와 같은 다른 분야에서 재능을 보였는지는 확실하지 않다. 사실 체스 챔피언으로 세계적인 명성을 얻은 후 피셔의 삶은 부적응자의 그것이었다. 11장에서 살펴보았듯이 지능은 생물학적 성향과 문화적인 학습기회 사이의 상호작용이라 할 수 있다.

이러한 관점은 "여성은 과학적인 자질이 부족하다"와 같은 최근의 논쟁들을 고찰하는 데 유용하다. 실제로 여성보다는 남성 중에 과학자가 많다 (순전히 문화적 범주에서). 과학자가 되기 위한 특별한 능력은 없는 것 같지만, 공간적 추론이나 논리적 추론에는 어느 정도 숙달되어야 할 것이다. 평균적으로 여성이 추론에 덜 숙달된 모습을 보이지만, 그것을 여성의 유전적인 한계로 해석하고 이 때문에 여성이 과학자가 될 수 없다고 말하는 것은 지나친 비약이다. 여성의 경우 과학 분야에서 역할 모델을 찾기 어렵고, 때로 뜻하지 않은 장애물에 부딪히기도 한다. 과학자가 되려는 여성은 수많은 요인에 의해 좌절한다. 우리가 완전히 색맹인 사회에서 살지 않는 한 인종차별이 있는지를 판단할 수 없는 것처럼 관련 요인들이 통제되지 않는다면 여성의 과학적 자질을 판단할 수 없다.

5. 분산된 지능

지능을 맥락화된 것으로 보는 견해는 지능을 분산된 것으로 보는 것과 관련이 있다. '분산(distribute)'이라는 용어는 지능을 개인을 넘어 확장된 것으로 생각하는 것이다. 개인의 지능은 개인이 혼자 획득하고 이용할 수 있는 생각이나 기술이 아니다. 오히려 개인의 지적 능력은 다양한 자원과 재원에 의존한다.

가까운 곳에서부터 시작해보자. 만약 나처럼 지능에 대한 책을 쓰고 있는 사람이 있다고 가정하자. 내가 인정받는 작가라면 사고나 기술 자체는 그 누구의 것도 아닌 나의 것이다. 그러나 내 생각을 완전하게 보존하려면 한편으로는 노트, 연필, 컴퓨터 등과 같은 물적 자원에 의존하고, 다른 한편으로는 나의 유능한 조교인 린제이 페팅일(Lindsay Pettingill)과 뛰어난 학생인 시애나 모런은 물론 다양한 전문가들에게 도움을 청해야 한다. 그리고 일단 원고가 케임브리지 출판사로 보내지면, 책을 출간하고 판매하기 위해 수많은 사람들이 협력해야 한다.

프로젝트 제로를 통해 지능이 맥락적이고 분산적이라는 사실이 드러났다. 이에 따라 스펙트럼 프로젝트(6장)는 풍부한 환경을 제공함으로써 아동의 몇 가지 지능을 발달시킬 수 있음을 증명해냈다. 핵심 학습 공동체(7장 참조)의 프로젝트 평가와 아트 프로펠(9장 참조)의 포트폴리오를 통해 우리는 복잡한 프로젝트를 완성시키는 미술 작업과 비디오 녹화 장치 같은 물적 자원과 교사와 동료 같은 인적 자원의 역할을 확인할 수 있었다.

6. 지능의 개별화

지능에 대한 일원화된 관점(모든 사람을 단일한 종형 곡선상의 한 점으로 나타낼 수 있다는 주장)에서 벗어나면 각 개인이 독특한 지능 조합을 가졌다는 사실이 더욱 명확해진다. 사실 신경 영상 덕분에 일란성쌍둥이조차도 동일 문제를 해결할 때 각기 다른 두뇌(정신적) 자원을 사용한다는 것이 알려졌다. 우리가 서로 다르게 보고, 각기 다른 성격과 기질을 가지고 있는 것과 마찬가지로 우리는 서로 다른 마음을 가지고 있다(Levine, 2002).

각각의 지능이 지닌 독특함은 관찰자에게는 흥미롭지만 교사와 부모에게는 힘겨운 과제다. 독특하고 다양한 개개인의 지능이 인간이라는 종이 번성하는 데 밑거름이 되었다는 사실을 감안하면 삶이란 정말 흥미로운 것이다(Gould, 1989). 그러나 그런 독특함은 교육과 양육을 담당하는 사람에게는 힘겨운 도전이 된다. 우리는 개개인의 독특한 지능을 측정하는 데 얼마나 많은 노력을 기울여야 할지, 그러한 정보를 어떻게 활용할지 결정해야 한다. 전체주의 사회에서 차이는 간과되거나 비난받기 때문에, 거의 모든 사람들이 서로의 복사본이 되기 위해 노력한다. 주요 기관은 전체 맥락을 통제한다. 그러나 민주주의 사회에서는 그런 일이 불가능할 뿐 아니라 허용되어서도 안 된다.

7. 지능의 교육

지금까지 소개된 지능에 대한 설명은 일반적인 것이었다. 그러나 일단 개인차에 대해 언급하기 시작하면 문제는 달라진다. 개인차를 계발해야 하는가, 묵인해야 하는가? 아니면 전체주의 사회처럼 이러한 차이를 없애고, 복제 유형에 따라 상하관계가 결정되는 '멋진 신세계'를 만들어야 하는가?

이 책에서 나는 지능 교육에 대해 강경한 입장을 취했는데, 이는 분명 진보적인 것이다. 이런 관점에서 볼 때 심리학자들은 개개인을 측정하는 데만 너무 많은 시간을 소비하고 정작 개인의 재능을 계발하는 데에는 충분한 시간을 갖지 못했다. 지난 50년간 전 세계의 교육정책은 엄청난 변화를 겪었다. 이제 교육의 목적은 지적인 학생을 선발하여 고등교육을 제공하는 것이 아니다. 오히려 현재의 교육목표는 모든 사람들을 교육하여 능력을 낭비시키지 않는 것이다.

그리하여 다양한 사람들을 어떻게 교육시켜야 하는지에 대한 의문이 제기되었다. 우리는 개인차를 최소화하려 노력해왔다. 이는 주목할 만한 성공을 거둔 동아시아 사회의 선례를 따른 것이다. 그러나 나는 개인중심 교육이라는 상반된 접근법을 제시하고자 한다. 이 접근법은 개개인이 서로 다른 능력 프로파일을 지니고 있고, 개개인의 고유한 성향은 간과되거나 축소되기보다 오히려 존중되어야 한다는 가정을 깔고 있다.

개개인을 어떻게 교육시켜야 능력을 발달시킬 수 있는지는 여전히 미스터리다(흥미롭게도 다중지능이론에 대한 나의 초기 연구를 지원했던 버나드 반 리어 기금은 인간 잠재력의 한계를 밝히기 위해 나를 지원한 것이었다). 앞서 소개했던 방법들이 개개인의 능력 계발에 유용하기를 바랄 뿐이다.

8. 지능의 인간화

지금까지 소개된 바에 따르면 몇 가지 인간 능력은 분리된 컴퓨터나 근육으로 생각할 수 있다. 따라서 이러한 컴퓨터를 어떻게 사용할지, 이러한 근육을 어떻게 계발할지가 중요한 문제다. 컴퓨터는 미사일의 타깃을 계산하거나 질병 박멸을 위한 홍보 문구를 만드는 데 이용될 수 있다. 또한 근육은 물에 빠진 사람을 구조하거나 논쟁에서 누군가를 공격하는 데 사용된다. 지능을 연구하는 학생들과 마찬가지로 나의 일은 이러한 지능들이 어떻게 작동하는지를 이해하는 것이다.

최근 나는 인간의 능력이 어떻게 사용되는지를 주로 연구하고 있다. 이를 위해 가까운 동료인 칙센트미하이, 윌리엄 데이먼(William Damon), 그리고 몇몇 대학의 교수들과 함께 질적으로 우수하고, 사회적으로도 책임감 있는 사람들의 '작품'의 본질을 탐구했다. 기술의 진보로 모든 것이 빠르게 변하고, 시장의 힘이 막강해져 이에 대항할 힘이 거의 없는 이 시점에 윤리적이면서 유능하기까지 한 사람들이 어떻게 자신의 일을 수행해나가는지 이해하기 위해 우리는 노력하고 있다(Gardner, Csikszentmihalyi, & Damon, 2001; goodworkproject.org).

이 책의 앞부분(2장)에서 나는 도덕지능의 존재에 의문을 제기했다. 나는 본래 지능이 도덕적이거나 비도덕적이라고는 생각하지 않는다. 도덕이나 비도덕은 지능들이 어떤 목적에 이용되느냐에 따라 판단되는 것이다. 그렇지만 나는 여전히 이것이 일례가 될 수 있음을 믿는다. 미래 사회의 과제는 단순히 지적인 혹은 더욱 지적인 사람을 양산하는 것이 아니다. 오히려 지적 능력(간단히 말해 지능)을 도덕적 책임감과 조화시켜 인간적인 것으로 만들어야 한다. 나는 언제나 전문가로서의 삶을 지켜왔고 그것은 내 연구가 지향하는 바이기도 하다.

다중지능이론의 지지자들

　1980년 초 400페이지에 달하는, 상당히 전문적인 도서인 『마음의 틀』을 집필하면서 나는 심리학자들이 이 책에 흥미를 가질 것이라고 생각했다. 정말로 나는 나의 독자가 주로 발달심리학자들, 그리고 좁게는 신경심리학자와 인지심리학자가 될 것이라고 생각했다. 그러나 흥미를 보인 것은 그들 중 일부, 그것도 나와 개인적인 친분이 있는 동료들뿐이었다. 실제로 이 책을 읽은 심리학자들은 많지 않았다. 앞서 언급했듯이 이 책은 새로운 생각을 담고 있었기 때문에 심리측정학자들에게는 오히려 반감을 일으켰다. 기본적으로 지능에 대해 단일 혹은 위계 모형을 주장했던 심리측정학자들은 인간이 몇 개의 독립적 지능을 가지고 있다는 나의 주장을 믿지 못했다. 그들은 개개인마다 지능이 다르다는 이야기를 좋아하지 않았다. 그들은 다른 학문의 성과를 종합한 다중지능이론을 반기지 않았다. 그들은 "지능은 검사로 측정되는 것이다"라고 믿고 있었고 당연히 나의 '숙고'를 반박하거나 지지할 심리측정학적 근거를 찾곤 했다.

　그러나 두뇌 과학이나 컴퓨터 과학 분야는 다중지능이론을 반대하지 않았다. 전통적 시각을 지닌 연구자들은 다중지능이론에 수긍할 수 없지만 흥미롭다고 했다(Damasio, 2003; Posner, 2004). 그러다가 두뇌에 대한 개별화, 모듈화 관점이 설득력을 얻으면서 다중지능이론이 서서히 수용되었다(Geary, 2005; Pinker, 1997; Tooby & Cosmides, 1990).

　교육자가 다중지능이론의 주요 지지층이 되어 교실에 직접 그 기본원리를 적용할 것이라고는 생각하지도 못했다(이 이론은 미국에서부터 전 세계로 전파되었다). 그래서 다중지능이론에 대한 전 세계 교육자들의 지지에 나는 놀랐고 지금도 놀라고 있다. 왜 이런 현상이 나타났는지 차근차근 파헤쳐 보도록 하자(Gardner, 2004a).

우선 이 현상과 관련된 세 집단을 살펴보자. 첫 번째는 학교에서 비주류 아이들을 다루는 특수 교육자들이다. 때때로 그들은 학습 능력에 문제가 있는 학생들을 가르친다. 대체로 이런 학생들은 읽기, 셈하기 같은 영역에서 문제를 보인다. 특수 교육자들은 학생의 불균등한 지능 프로파일을 직접 관찰하고, 이 학생들이 학교를 끝까지 마칠 수 있을지에 대해 의문을 갖는다. 다중지능이론은 그들에게 그 해답을 제시한다.

교육 스펙트럼의 다른 쪽 끝에는 영재아나 재능 있는 아동을 위한 교육이 위치한다. 영재아나 재능아에 대한 포괄적인 정의를 요청하는 사람들(Marland, 1972; Renzulli; 1988)은 다중지능이론이 복합적인 재능을 설명해주고 비학문적 능력을 인식하게 해준다는 사실을 깨달았다. 이에 따라 초기에는 일반지능에 속하지 않는 능력들을 평가하는 데 노력이 집중되었다(Kornhaber, 1997; Maker & Nielson, 1996). 한편 심리측정자들 중에는 여전히 다중지능이론에 대해 거부감을 나타내는 사람들이 있다. 더 많은 영재아를 가려내기 위해 IQ는 신성불가침한 것이었다. 높은 IQ는 멘사 회원이 될 수 있는 허가장이었으며 그것이 곧 고귀한 명성을 얻는 것이라고 생각되었다. 그러므로 IQ에 대한 도전은 제거되어야 할 위협이었다. 그리고 초기에 다중지능이론에 관심을 보였던 사람들 중 일부는 다중지능이론을 없애고자 하는 사람들이었다.

다중지능이론에 관심을 가졌던 두 번째 집단은 사립학교 교사와 행정가들이었다. 이러한 흡입력은 세 가지 요인에서 나오는 것이다. 첫째, 그들은 새로운 연구에 쉽게 접하고, 신간 소개를 읽으며, 스스로를 '권위자'라 생각한다(다른 나라에 갔을 때, 공립학교보다 국제학교 혹은 사립학교가 나를 더 많이 초대했다). 둘째, 사립학교는 정부의 통제로부터 비교적 자유롭기 때문에 다중지능이론에 기반을 둔 실험을 자유롭게 할 수 있다. 셋째, 사립학교에는 좀더 개별적인 관심을 필요로 하는 아이들이 입학한다. 그들은 특별한 재능이나 문제를 가지고 있고, 그 아이들의 부모는 학급의 규모가 작을수록 교사가 개별 아동에게 더 많은 관심을 쏟을 것으로 기대한다. 다중지능이론은 30~40명 이상의 학생으로 구성된 학급보다 10~15명 정도로 구성된 학급에 적용될 때 더 효과적이다.

다중지능이론을 선호했던 세 번째 집단은 초등학교 저학년이나 유치원 아이들을 맡은 사람들이었다. 이 연령의 아이들은 아직은 본격적인 교육과정을 접하지 않는다. 적어도 1980년에는 그랬다. 이 아이들을 가르치는 교사가 발달에 관심을 갖게 되면 놀이와 탐구를 중요하게 생각하고 교실환경을 시공간적으로 어떻게 조성할지에 관심을 갖는다. 학습이나 놀이 공간으로 조성된 교실(어린이 박물관 형태)은 이미 많다. 그들은 이미 다중지능이론에 맞는 교육을 수행하고 있다.

다중지능이론에 대해 초기에 관심을 가졌던 사람들은 이렇게 세 집단이었지만 이론에 대한 관심은 곧 넓게 확산되었다. 다중지능이론은 처음에는 사립학교의 교육자들에게 관심의 대상이었지만, 곧 이 관심은 공립학교 교사들에게까지 확대되었다. 그리고 다중지능이론은 처음에는 유아를 가르치는 교사들에게 관심의 대상이었지만, 점차 고학년을 가르치는 교사들에게로 확산되었다.

이것은 '트리클업(trickle-up)'[4] 현상이라고 할 수 있다. 정확한 특징을 제시할 수는 없지만 어느 정도의 경향성에 대해서는 이야기할 수 있다. 처음 다중지능에 관심을 가졌던 사람들은 유치원이나 초등학교 저학년을 가르치는 교사들이었고, 그 다음은 중학교, 그 다음은 고등학교와 단과 대학으로 확대되었다. 1990년대까지 나는 중학교와 대학교로부터 다중지능이론에 대한 많은 질문을 받았다(Coreil, 2003; Diaz-Lefebrre 외, 1998; Weber, 2005). 다양한 질문들 중에는 다인종 학교에서 온 것들이 꽤 있었고, 다양한 학습 문제를 담고 있는 것도 눈에 띄었다. 그런 학교들은 다중지능이론이 어려움을 겪는 사람들에게 도움을 줄 것이라 생각했다. 또한 성인 교육을 받고 있는 사람들, 특히 공식교육을 거의 받지 못했던 사람들은 다중지능이론에서 학습의 출발점과 방법을 찾곤 했다(Kallenbach & Viens, 2004).

그 후 나는 다중지능이론에 관심을 보이는 교육기관을 확인할 수 있었다. 그곳들은 학생들을 엄격하게 선발했기 때문에 우수한 학생들이 많았다. 그리고 그곳은 표준화된 학문적 교육과정을 따랐다. 따라서 그들이 "긁어 부스럼 만들지 말라"고 말하는 것은 당연한 일이었다. 내가 몸담고 있는 하버드 대학교도 그런 학교 중 한곳이다. 하버드 대학교는 IQ와 SAT에 중점을 두었고, 이것은 오늘날에도 마찬가지다. 그럼에도 하버드 대학교의 입학 담당자는 다중지능이론을 언급한다(위선적으로 그러는 것은 아닐 것이다). 하버드 대학교는 지적으로, 문화적으로 다양한 학생을 선발하고 싶어 했고, 입학관리부는 다양한 분야(지능)에서 두각을 나타내는 학생을 찾았다.

교육기관 이외의 어떤 기관이 다중지능에 관심을 갖는가? 다중지능이론은 박물관 등 문화 기관에서 쉽게 받아들여졌다. 이러한 기관들은 다양한 관객을 유인할 활동과 전시를 제공하는 데 관심을 갖는다. 특히 아이들을 대상으로 하는 전 세계의 체험 박물관이 다중지능이론에 관심을 가졌고, 그중 많은 곳에서 다중지능과 관련된 전시를 했다. 미술관도 동일한 대상에 대해 다른 진입점을 제시하는 다중지능이론에 흥미를 갖는다(8장 참조). 미술관에 적합한 모델은 나의 동료인 제시카 데이비스가 개발했다(Jessica Davis, 1996).

한편 다중지능이론은 지난 10년간 기업체 관리자의 관심도 얻게 되었다. 기업체 관리자는 골먼의 저서(1995, 1998) 덕분에 감성지능에 광범위한 관심을 갖기 시작했다. 이러한 관심은 여러 사원들을 유인하고 후원하며 개발해야 할 필요성에서 시작된 것으로 지능에 대한 표준적인 모형을 따르지 않는다. 그러나 복합적인 형식으로 핵심적인 아이디어에 대한 포트폴리오와 프레젠테이션을 활용하는 다중지능이론은 미국 등에서 기업가의 관심을 끌며 기업에도 적용되었다.

마지막으로 다중지능이론과 관련된 책과 논문에 대한 관심이 전 세계적으로 꾸준히 나타나고 있다. 나의 이름이 인터넷 검색 엔진에 꾸준히 누적되고 있는 것으로 알고 있다. 작가는 그 아이디어가 '책 밖에서까지' 언급될 경우 특히 유명해진다. 다중지능이론은 리처드 파워스(Richard Powers)의 소설, 텔레비전 프로그램인 ER, 「뉴욕 타임스(New York Times)」의 크로스워드퍼즐, 제인 스마일리가 실시한 말의 지력 진단, 인기 있는 보드 게임 크레니움(Cranium)에도 적용되고 있다.

다중지능의 세계화

나는 다중지능이론의 덕을 많이 보았다. 이론의 창안자로서 수많은 사람들의 질문에 답변해주면서 미국은 물론 전 세계를 여행할 기회를 얻었다. 그 과정에서 이론에 대한 해석과 이를 응용한 활동들을 보게 되는 것은 매우 기분 좋은 일이었다. 이 책을 준비하면서 내가 방문한 나라들에서 겪은 흥미로운 일들을 2004년 5월부터 2005년 11월까지 1년 반 동안 기록했다.

서로 다른 메시지

나는 2004년 중국을 방문하기 전까지는 다중지능이론이 얼마나 대중화되었는지 몰랐다. 2002년 베이징에서는 중국의 9개 지역과 대만을 포함한 7개국의 교육자 2500여 명이 참가한 다중지능 학회가 열렸다. 교육자들이 준비한 7개의 정식 발표가 있었고 발표와 관련된 187편의 논문이 제출되었다. 나의 동료인 질롱 셴(Zhilong Shen)은 중국에서 다중지능이론과 관련된 책이 100권 이상 출판되었다고 추정했다.

상하이에서 나는 한 언론인에게 다중지능이론이 중국에서 인기를 끄는 이유를 설명해달라고 했다. 그러자 그녀는 이렇게 설명했다. "그건 매우 간단합니다. 다중지능이론에 대해 들은 후 미국인들은 자기 자녀의 특별한 재능에 대해 생각했겠지만 중국인들은 그렇지 않습니다. 우리들은 만약 8개의 분리된 지능이 있다면 자신의 자녀가 유능해져야 할 분야가 8개라고 생각합니다."

건강한 출발

마카오에 있던 나는 미스터 U의 초대를 받았다. 다음날 아침 그는 나를 태우러 왔다. "제 아내가 어제 식료품 가게에서 사온 것들 좀 보세요." 그가 광고지를 보여주며 말했다. 광고지는 여러 칸으로 나뉘어 있고 그 안에는 개별 지능들이 소개되어 있었다. 그림과 표와 도식으로 채워진 광고지는 우유회사의 광고였다. 소비자는 "이 우유를 마시면 각기 다른 지능을 계발할 수 있다"고 한다. 나는 다중지능이론이 우유 판매에 사용되리라고는 생각해본 적이 없었다.

낯선 동지

미스터 U는 내가 마카오를 떠난 후 바로 북한을 여행했다고 한다. 그는 평양의 한 도서관을 방문했고 거기서 영어책이라고는 단 두 권밖에 발견하지 못했다고 한다. 한 권은 사회비평서인 마이클 무어(Michael Moore)의 『어리석은 백인들(Stupid White Men)』[5]이고, 다른 한 권은 나의 책인 『마음의 틀』이었다고 한다.

프로젝트 제로

내가 거의 40년간 특별한 관계를 맺어왔던 연구 집단인 프로젝트 제로는 이해를 위한 교육에 초점을 맞추어왔다. 프로젝트 연구의 일부는 학생의 이해를 증진시키기 위한 다중지능 교육과정 및 측정 도구를 활용하는 것과 관련이 있었다. 그리고 그러한 연구 성과는 롱아일랜드의 로스 스쿨과 애리조나 주 글렌데일의 글렌데일 칼리지 등 미국의 여러 학교에 응용되었다.

다른 나라에서도 유사한 성과가 나타났다. 스페인 바르셀로나의 몬세라트 스쿨과 필리핀의 MI 국제 재단설립학교는 이해를 위한 교육이라는 목표하에 다중지능이론을 응용한 교육을 실시한다. 또한 아일랜드 국립대학의 학장인 조이스 오코너(Joyce O' Connor)는 교육에서 소외되어 있던 계층을 대상으로 이해라는 교육목표를 달성하기 위해 프로젝트 제로에서 개발된 대안적 측정 도구를 도입했다.

다중지능과 굿 워크

나의 연구는 유능하면서 윤리적인 '굿 워크'에 초점이 맞추어져 있었다. 처음에는 유능성과 윤리라는 두 가지 주제어는 별개의 연구 주제였다. 그러나 최근 여행을 하면서 이 주제들이 인상적으로 조합된 것을 보게 되었다.

태국 방콕의 콘코디언 국제학교에서 아이들은 세 개의 언어(태국어, 중국어, 영어)로 수업을 받는다. 그것은 힘겨운 도전이다. 또한 이 학교는 몇 가지 지능을 계발하고 책임감, 성실, 신뢰와 같은 덕목을 가르치는 데 역점을 두었다. 태국의 기업인 그리고 관료와 대화를 나누어본 후 세계주의, 다원화, 윤리가 국가의 관심사이고 다중지능이론이 이러한 목표를 추구하는 데 촉매가 되고 있음을 확신했다.

필리핀에서는 MI 국제 재단설립학교 교장인 메리 조 아바퀸과 일주일을 보냈다. 그녀는 아시아 태평양 지역의 교육자들을 초대하여 다중지능 학회를 개최했다. 그녀는 학회가 끝날 무렵 8명의 탁월한 필리핀 시민에게 상을 수여했다. 그들은 하나의 지능이 뛰어난 사람들로 그 지능을 윤리적이고 인도적인 방식으로 사용했다(빈민 아동에게 음악을 가르치는 음악가, 환경보호를 위해 애쓰는 자연주의자 등). 인간친화 분야의 수상자는 현재 교육재단을 운영하고 있는 '민중의 힘(People Power)'의 코라손 아키노(Corazon Aquino)였다. 나는 다중지능과 굿 워크를 하나로 통합시키기 위한 선구적인 노력에 감동을 받았다.

뜨거운 쟁점

덴마크의 교육자들이 다중지능에 관심이 있다는 것은 몇 년 전부터 알고 있었다. 그러나 다중지능이론이 교실에 소개되는 것이 적합한지에 대해 열띤 논쟁이 있었다는 사실은 모르고 있었다. 그들은 결국 내게 도움을 청했다. 4장에서 언급한 것처럼 영국 교육부는 교사가 아동의 다중지능에 대해 인식하게 된 것이 성적 상승의 주요 요인이라고 인정했다. 이것은 전문가들 사이에서 상당한 논란을 야기했다. 그러나 프랑스에서는 다중지능이론에 대한 반응이 느렸다. 그래서 주요 신문인 「르 몽드(Le Monde)」는 "왜 다중지능이론이 프랑스에서는 영향력을 갖지 못하는가?"라는 기사를 싣기도 했다.

기업의 세계

앞에서 언급했듯이 다중지능이론은 기업에서도 사용된다. 콜롬비아의 재정관리회사인 스캔디아 인터내셔널의 CEO인 제라도 곤잘레스(Gerardo Gonzales)는 기업 문화에 인지 분석이 어떤 영향을 미쳤는지 이야기했다.

그는 다양한 국적의 고용인들을 관리하는 데 다중지능이론을 활용했다. 그에 따르면 8장에서 설명한 '다양한 도입 방법'을 사용하여 가능한 많은 매체와 형식으로 문화의 바람직한 변화를 제시해야 한다.

권고, 규제, 법률

정책입안자들이 다중지능에 대한 논의조차 꺼리는 국가에서 돌아온 나는 다중지능이라는 용어가 정부 보고서나 권고안, 심지어 법률에까지 실린 것을 알고 깜짝 놀랐다. 실제 문서를 본 적은 없지만 신뢰할 만한 자료에 따르면 오스트레일리아, 방글라데시, 캐나다, 중국, 덴마크, 아일랜드, 네덜란드 등 여러 국가에서 다중지능이라는 단어를 공문서에 사용하고 있다고 한다. 유럽 연합이 채택한 다중지능이론 프로젝트는 레오나르도 프로젝트(Leonardo Project)라고 불린다.

다중지능 공원

2005년 8월 나는 덴마크 남서부의 손더버그 근처에서 단포스 유니버스(Danfoss Universe)라는 과학 공원을 방문했다. 그 공원에는 그 공원을 설립한 가문을 기리는 전통적인 박물관, 2000년 국제박람회의 아이슬란드 전시관, 회의센터, 실제로 조작해볼 수 있는 실물 크기의 전시물, 날씨가 좋을 때 온 가족이 산책을 즐길 수 있는 넓은 정원 등이 갖추어져 있다.

단포스 유니버스에서 가장 관심 있는 곳은 익스플로라마(Explorama)다. 이 박물관은 약 50개의 정교한 전시물을 수용할 수 있는 크기다. 각각은 하나 이상의 특정 지능을 활용할 수 있도록 설계되었다. 예를 들면, 언어 전시물은 일본어 학습과 관련되어 있다. 방문객들은 들려오는 단어나 구절을 따라하고, 그 소리에 대한 시각적 표현을 볼 수 있다. 이런 시각적 표현은 방문객들이 정확하게 발음을 따라했는지 확인할 수 있도록 원어민의 정확한 발음과 함께 제시된다. 또 다른 전시물은 방문객이 손을 움직여 소리를 만들 수 있는 테레민(전자악기)이다. 또 어떤 전시물은 신체능력(혼자 혹은 타인과 균형을 맞추는 신체 움직임), 공간능력, 협동능력을 확인할 수 있게 해준다. 가장 독창적인 전시물은 팀봇(Teambot)과 마인드볼(Mindball)이다. 팀봇은 참가자들이 협력하여 로봇이 잡고 있는 물체를 한 지점에서 다른 지점으로 옮기는 활동이고, 마인드볼은 전극 장치가 붙어 있는 머리띠를 착용한 두 참가자가 스트레스 수준을 낮추어 컴퓨터에 특정 뇌파를 보냄으로써 탁구공을 옮기는 활동이다.

익스플로라마는 내가 보았던 것 중 가장 실제적인 다중지능 전시관이었다. 이곳에서는 누구든 나이에 상관없이 자기 자신의 마음이 어떻게 작동하는지, 다른 사람의 마음은 어떻게 작동하는지에 대해 새로운 통찰을 얻게 된다. 또한 관람객들은 자신의 자아성찰지능을 확인할 놀라운 기회를 갖는다. 그들은 전시물을 관람하기 전에 자신의 지능 프로파일을 설명하는 질문을 만든다. 시설을 둘러본 후 그들은 그 질문을 다시 살펴보고, 자신의 다양한 활동을 되새기며 질문을 완성한다.

많은 사람들이 다중지능 검사를 고안하려 했다. 그들의 노력이 결코 헛된 것은 아니었고 익스플로라마야말로 그 결정판이라 할 수 있다. 나는 다중지능이론에 관심을 갖는 모든 사람이 익스플로라마를 방문하기를 바란다. 그러나 익스플로라마가 어디에든 조성되고, 그에 대한 의견이 온라인에서 활발하게 오간다면 굳이 모든 사람이 그곳을 방문하지 않아도 될 것이다.

다중지능 도서관

세인트루이스의 뉴시티스쿨은 다중지능이론에 기반을 둔 최고의 학교이자 다중지능 개념을 최초로 적용한 학교 중 한곳이다(거의 20년 전 일이다). 2005년 12월 나는 그 학교에 문을 연 세계 최초의 다중지능 도서관 개관식에 참석했다. 처음에는 도서관의 책이 한두 가지 지능에만 맞추어져 있어 다중지능 도서관이라는 이름이 모순처럼 들렸다. 물론 그 다중지능 도서관에는 아동, 학부모, 관심있는 성인을 위한 도서도 풍부하게 소장되어 있었다. 도서들은 관련된 지능에 따라 분류되었다. 그러나 그 도서관을 다른 도서관과 구분 짓는 것은 아이들이 다양한 지능을 표현하고 개발할 수 있게 도와주는, 다양한 학습 공간이다. 그러한 공간에는 구상을 위한 구역과 3차원의 구조물, 영화와 디지털 미디어를 위한 공간, 연극을 위한 공간, 음악적 탐색을 위한 공간, 집단 작업을 위한 공간뿐 아니라 부모가 커피를 마시며 혼자 혹은 아이들과 함께 책을 읽을 수 있는 편의시설까지도 갖추어져 있었다. 도서관은 지역주민이 이용할 수 있도록 주말에도 개방된다. 도서관 개관식에서 나는 뉴시티스쿨 도서관이 세계 유일의 다중지능 도서관이 아니라고 말했던 노르웨이인과 알래스카 사람을 만났다.

최초의 다중지능 학교

25년 동안 나는 북이탈리아의 레지오에밀리아에 있는 유치원들(5장)을 아주 열렬하게 지지해왔다. 레지오에밀리아의 교육자들과 프로젝트 제로 팀은 아이디어와 교육 내용을 서로 교환하며 수년 동안 교류해왔다. 1996년 우리는 레지오 에밀리아의 유치원에 소속된 아이들을 대상으로 집단학습 및 학습의 증거에 대한 대규모 공동연구를 수행했다. 이 공동연구는 "학습의 가시화 : 개인 및 집단 학습자로서의 개인"으로 완결되었다 (Guidici, Rinaldi, & Krechersky, 2001). 레지오에밀리아측은 "아이들의 수백 가지 언어"를 슬로건으로 사용했다. 레지오에밀리아의 유치원들은 다중지능이론에 익숙해지기 전에 이미 다중지능적인 교육을 실천하고 있었다. 프로젝트 제로의 공로는 레지오에밀리아의 33개 유치원에 이론적 근거를 제공한 것이었다.

최초의 다중지능 아이디어

이러한 직접적인 관찰과 더불어 나는 서신교환을 통해서도 도움을 얻었다. 아일랜드의 브라이언 매케너리(Brian McEnery)는 초기 켈트의 역사에 나타나는 지능의 40가지 양식인 두카스(duchas)에 대해 알려주었다. 인도의 바산티 티아가라얀(Vasanthi Thiagarajan)은 레이반(Ravan)[6]의 10개의 머리에 대해서 알려주었다. 첫 번째 머리부터 아홉 번째 머리까지는 내가 제안했던 지능들과 결합될 수 있고 열 번째 머리는 '지능을 넘어서 존재하지 않는 지능'이라는 지능이었다.

미래의 다중지능 연구

다중지능의 확인과 기술

일단 다중지능이라는 개념이 명료해지자 마치 『아라비안나이트』의 지니가 주전자에서 튀어나온 것처럼 수많은 일들이 벌어졌다. 수많은 저자들과 실천가들은 금융지능, 도덕지능, 영성지능, 감성지능, 성적 지능 등 잡다한 지능을 제안했다. 나는 그렇게 지능을 확장해가는 것을 문제 삼지 않는다. 다만 짚고 넘어갈 것은 무엇인가를 지능으로 내세우려면 그만한 준거가 필요하다(그렇지 않으면 무엇이든 지능이 될 수 있다)는 것과 그 지능이 어떻게 활용되는지에 대한 독립적인 설명이 필요하다(그렇지 않으면 설명은 처방과 혼동된다)는 것이다.

이러한 노력에 가장 큰 도움을 준 것은 생물학이었다. 두뇌의 발달과 기능에 대해 더 많은 사실을 알게 됨에 따라 비교적 유동적이고, 개발가능하며, 민감한 것뿐 아니라 신경체계에 이미 회로화된 능력도 명확히 구별할 수 있게 되었다. 또한 특별한 재능과 프로파일을 나타내는 사람의 신경학적 구조와 기능이 어떻게 다른지도 알 수 있게 되었다. 마찬가지로 우리가 다양한 유전자와 유전자 복합체의 역할을 알게 된다면 그 관점에서 인간의 능력을 설명할 수도 있을 것이다. 유전학적 연구는 한 개인이 음악지능이나 공간지능 같은 특정 지능에서 보이는 강점이 특정 유전자나 유전자 복합체에서 유래된 것임을 밝혀낼 것이다. 함께 양육되었거나 따로 양육된 일란성·이란성쌍둥이의 연구는 어떤 지능 프로파일이 유전적이고 어떤 지능 프로파일이 변경 가능한지를 이해할 수 있게 해줄 것이다.

지금부터 25년 후면 지능의 본질과 한계에 대한 생각은 지금과는 완전히 달라질 것이다. 생물학의 발전은 상식이 아닌 생물학 자체의 방식으로 진행된다. 그러나 나는 다중지능은 살아남을 것으로 확신한다. 일반지능을 지지하는 어떤 증거가 나타나더라도 우리는 여전히 개인차, 강점과 약점을 설명해야 하기 때문이다. 이러한 현상은 다중지능이라는 표현으로만 설명될 수 있다. 게다가 그때쯤에는 측두엽 깊이 독립된 실존지능이 존재하는지를 알 수 있을 것이다.

'웻웨어(wetware)' 즉, 인간의 두뇌 작용에 대한 이야기는 이쯤에서 끝내자. 지능은 계산 기제다. '드라이웨어(dryware)' 즉, 컴퓨터 분야의 성과도 우리의 이해를 증진시키는 것처럼 보인다. 인간에게 실험(예를 들면 우리가 고마움을 느끼는 상태)을 실시할 수는 없지만 대신 지면과 컴퓨터 시뮬레이션을 활용하여 다양한 지적 능력을 모형화하는 것이 가능하고, 그러한 모형을 통해 어떤 과제가 하나의 메커니즘으로 수행되는지, 여러 메커니즘이 결합되어 수행되는지, 새로운 메커니즘으로 수행되는지를 결정할 수 있다. 그러한 시뮬레이션은 마음의 조직화에 대한 또 다른 중요한 관점을 제공해줄 것이다. 특히 정신 모듈의 다양성을 통해 최고의 모델화가 될 수 있는 범위와 이러한 모듈을 설명하는 최상의 방식을 제공할 것이다.

지능 계발과 교육

컴퓨터를 활용한 연구와 생물학은 인간 지능의 정의와 모형화를 제한하지는 않을 것이다. 그들은 다양한 방식으로 지능의 정의와 모형을 확대할 것이다. 컴퓨터는 다양한 방법으로 교육에 활용될 수 있다. 그것은 한 개인의 능력을 향상시키는 인공 보조물이 될 수 있다. 예를 들면 컴퓨터는 신체적으로 장애를 가진 사람들의 신체운동능력을 향상시킬 수 있고 공간능력이 부족한 사람들을 위해 기하학적 이미지를 보여주고 조작할 수 있게 한다. 또한 컴퓨터는 시공간 속을 탐험할 수 있게 하는 등 교실에서 행하기에는 너무 어렵거나 비용이 많이 드는 경험을 가능한 것으로 바꾸어준다.

단순한 자료를 재치있게 활용하는 교육자들이야말로 최고의 교육자들이다. 유명한 수학 교사인 로버트 모지스(Robert Moses)는 보스턴의 대중교통체계를 활용하여 7학년과 8학년 학생들에게 대수학을 가르쳤다. 교육자 애닉 위노커(Annick Winokur)는 농구공이 튀는 모습을 보며 어떻게 수학적, 공간적 추론을 가르쳤는지 설명하면서 스포츠 측정학(sportsometry)이라는 용어를 썼다(Garriga, 2004). 하버포드의 물리학 교수인 월터 스미스(Walter Smith)는 대학생들에게 물리학적 개념을 가르치기 위해 음악적 요소들을 활용했고 이를 웹사이트(www.physicssongs.org)에 소개했다.

아이디어의 힘

다중지능에 대한 나의 첫 번째 책, 『마음의 틀』의 원제는 '다중지능이라는 아이디어(The Idea of Multiple Intelligences)'였다. 완성되지 않고, 자극적이며, 심지어 과격하지만 겉으로는 단순해 보이는 다중지능은 기본적으로 아이디어이기 때문에, 나는 아직도 이 제목을 좋아한다. 25년이 흐른 지금까지도 단일지능이라는 지배적 개념 완전히 받아들이는 것도, 거부하는 것도 여전히 어렵다. 21세기가 시작될 무렵, 단일의 1차원적인 지능이라는 개념이 적어도 서구 사회 대부분을 지배하고 있었다. 이런 현상에 대해 다중지능을 비판하는 사람들은 단일 관점이 본질적으로 정확하기 때문이라고 말하겠지만, 나는 언어와 사고로 굳어진 개념을 변화시키는 것이 어렵기 때문이라고 말할 것이다.

위대한 경제학자인 존 메이너드 케인스(John Maynard Keynes)는 이런 현상을 잘 이해하고 있었다. 그는 "경제학자와 정치학자의 아이디어는 옳고 그름에 관계없이 영향력이 크다. 사실 세상은 다른 것에 의해서는 지배되지 않는다. 스스로 그 어떤 지적 영향력으로부터도 제외되어 있다고 생각하는 실용적인 사람들조차도 이미 이 세상 사람이 아닌 경제학자의 노예다"라고 말했다. 또한 케인스는 "변화하는 기업이 겪는 진짜 문제는 새로운 생각의 발달에 있는 것이 아니라 기존 생각으로부터의 벗어나는 것에 있다"라고 말했다(Keynes, 1935).

마음의 변화를 시도한다면 학자(혹은 실천가)는 유용한 방법들을 많이 가지고 있어야 한다(Gardner, 2004b). 방법에는 논리 및 연구 같은 학자의 도구, 상벌을 조정하는 권력자의 능력, 실생활을 활용하여 반향이나 호감을 이끌어내는 교사의 능력 등이 포함된다. 그러나 만일 새로운 아이디어가 직면하게 될 여러 저항들을 인식하고 이에 맞서지 않으면 마음을 변화시키는 일은 요원할 것이다. 케인스의 말대로 낡은 생각이 폐기되기는 어렵다.

다중지능이론이 대중화되기를 바라면서 나는 다양한 방법들을 활용했지만 주된 것은 논거와 연구였다. 이러한 방법은 지능에 대한 전통적 관점에 의문을 제기했지만 그뿐이었다(Gladwell, 2000). 사람들은 더 개인적인 경험—자신이나 사랑하는 누군가를 새로운 방식으로 생각하게 되거나,

새로운 교수법을 고안하거나, 다른 사람이 실패한 영역에서 성공하는 법을 배우는 등—에 근거하여 다중지능이론을 받아들였다. 그러나 기존의 아이디어나 이론은 완전히 사라지지 않았다. 새로운 아이디어는 낡은 생각에 의해 흔들리지 않고, 새로운 생각이 더 자연스러운 것임을 아는 다음 세대에 의해 수용될 것이다. 역사학자인 토머스 쿤(Thomas Kuhn)은 이를 "패러다임의 전환"이라고 명명했다.

나는 지능에 대한 기존의 관점과 새로운 관점이 일으키는 이러한 고투를 자주 본다. 언젠가 버지니아 주의 한 죄수가 1998년에 58이었던 IQ가 2005년에 74로 향상되는 바람에 처형되었다는 기사를 신문에서 읽었다 (Liptals, 2005). 나는 이를 어떻게 생각해야 할지 고민했다. 또 하루는 오하이오 주에서 디젤 기술을 가르치는 중학교 교사가 교육평가원의 필기시험에서는 떨어졌음에도 불구하고 교사로 채용되었다는 기사를 읽었다. 현명하게도 오하이오 주정부는 직업학교 교사에 대한 필기시험 실시를 연기하기로 했다(Winerip, 2005). 그것은 진일보한 것이다. 나는 어깨를 으쓱했다. 이 책으로 독자 여러분이 지능에 대해 좀더 차별화되고 좀더 다채로운 관점을 향해 몇 걸음 더 내딛기를 바란다. 그리고 스스로 혹은 다른 사람들과 활기찬 논의를 나누기 바란다.

주

1부 다중지능이론

1) live를 vile로 바꾸는 것.
2) Shall she sell seashells on the seashore? 등 혀가 잘 돌아가지 않는 어구.
3) 필리핀 동쪽의 서태평양 제도.
4) 원인을 알 수 없는 뚜렷한 뇌 위축으로 기억력과 지남력이 감퇴하는 병. 노인성 치매와 거의 같은 뜻으로 쓴다.
5) 1892년 체코의 아놀드 픽(Arnold Pich)에 의해 보고된 치매의 한 유형. 미국의 경우 치매 환자의 10~15%가 이 병의 특징을 갖고 있는 것으로 알려져 있다.
6) 감정의 흥분성 장애로 여러 가지 기질적 뇌질환으로 나타나는 경우가 많다.
7) 야스퍼거증후군은 나치스의 소년 운동을 연구했던 비엔나의 소아정신과 의사 한스 야스퍼거의 이름을 딴 정신질환으로 1940년대에 처음 알려졌다. 이 장애를 가진 사람들은 공감능력이 매우 부족하여 다른 사람의 감정을 상상하거나 느끼는 것이 불가능하다.
8) 캐나다의 유명 피아니스트.
9) 존 에버렛 밀레이(1829~1896): 영국의 화가. 라파엘 전파(前派)를 형성하여 라파엘로 이후 대가(大家)의 모방에서 탈피, 회화예술에 자연주의의 정신적 내용의 부활을 주장했다. 그러나 정밀한 세부묘사와 화려한 색채에 의한 문학적, 종교적 작품은 통속적, 감상적 표현에 치중해 있었다. 주요 작품으로는 〈목수작업장의 그리스도〉(1850) 〈오필리아〉(1852) 〈눈먼 소녀〉(1856) 등이 있다.
10) 밈은 생물학자인 도킨스(Richard Dawkins)가 1976년 출간한 저서 『이기적 유전자 The Selfish Gene』에서 만들어낸 용어다. 도킨스에 따르면, 문화의 전달은 유전자(gene)의 전달처럼 진화의 형태를 취한다고 한다. 그러나 언어, 의복, 관습, 의식, 건축 등과 같은 문화요소의 진화는 유전자의 진화방식과는 다르다. 따라서 문화가 전

달되기 위해서는 유전자가 복제되는 것과 같은 복제기능이 있어야 한다. 즉 바이러스가 숙주 세포에 기생하는 것과 같이 문화의 전달에도 복제자 역할을 하는 중간 매개물 즉, 중간 숙주가 필요하며 이 역할을 하는 정보의 단위, 양식, 유형, 요소가 바로 밈이다.
11) 랜드 협회:제2차 세계대전 후 발생한 현안들을 해결하기 위해 창설된 기구로 1960년대부터 미국 내 정책뿐 아니라 전 세계적인 이슈들을 해결하는 데도 앞장서고 있다. 주요 연구 분야는 국방, 교육, 건강, 범죄, 공익, 노동, 과학과 기술, 국제관계 등이다.

2부 다중지능 교육

1) 이 부분에 제시된 생각들은 나의 오래된 동료인 티나 블라이스와의 대화를 통해 수년간 발전시킨 것이다.
2) 한 집단에 속한 각각의 학생이 서로 다른 고유의 역할을 가지고 집단의 성취에 기여하는 학습 형태.
3) 라일 데이비드슨(Lyle Davidson), 래리 스크립(Larry Scripp), 스티브 시델(Steve Seidel), 엘렌 위너(Ellen Winner)와 데니 울프(Dennie Wolf)를 포함한 많은 연구자들이 아트 프로펠에 참여했다. 특히 이 책에서 아이디어를 발전시키는 데 도움을 준 리네크 제졸스(Reineke Zessoules)에게 감사한다.
4) 정부에 공개적인 회합을 요구하는 법안으로 1976년 '정보자유법(Freedom of Information Act)'을 토대로 활성화되었다.

3부 새로운 전망

1) 계약제 학교(Charter School)란 교사, 학부모, 지역 인사들의 합의하에 구체적인 교육목표와 교수방법을 명시한 학교헌장(Charter)을 제정해 관할 교육 당국의 허가를 얻어 학교를 운영하고 그 결과에 책임을 지는 공립학교를 의미한다.
2) 이용권 제도(Voucher)는 공립학교 교육에 만족하지 못하는 저소득층 학부모들이 자식들을 사립학교에 보낼 경우 정부가 수업료를 지원해주는 프로그램이다. 이는 학부모 및 학생들에게 교육에 대한 선택권을 최대한 보장하는 제도다.
3) MBTI(Myers-Briggs Type Indicator) 검사는 융(C.G.Jung)의 심리유형론을 근거로 하여 캐서린 쿡 브리그스(Katharine Cook Briggs)와 이자벨 브리그스 마이어스

(Isabel Briggs Myers)가 보다 쉽고 일상생활에 유용하게 활용할 수 있도록 고안한 자기보고식 성격유형지표이다.
4) 트리클업은 어떤 현상이 낮은 혹은 소수의 계층 집단에서 시작되어 높은 사회적 지위를 갖는 집단으로 보편화되는 것을 의미하며 반대 현상은 트리클다운이라고 한다.
5) 2002년 『어리석은 백인들(Stupid White Men and Other Sorry Excuses for the State of the Nation)』이라는 제목으로 출판되었고 발간되자마자 모든 서점 판매 순위 1위와 아마존 판매 순위 1위를 기록하는 등 폭발적인 판매고를 기록했다. 이 책은 미국 대통령 부정선거 시비의 자세한 내막과 부시 행정부를 구성하고 있는 인물들의 면면을 적나라하게 보여줄 뿐 아니라 부시를 배후에서 조종하고 있는 측근들의 성향과 그들의 과거 행적 및 정경유착, 대기업으로 인한 환경파괴, 백인들에 의한 인권유린, 팔레스타인 문제, 공립학교의 부조리, 남성 중심 사회에서 피해를 당하는 여성 등 거의 모든 사회 문제를 유쾌하고 날카롭게 비판하고 있다.
6) 수천 년 전 스리랑카에 살았던 악마의 우두머리로 힘이 세고 머리가 10개나 달려 있었다고 한다. 각각의 머리들이 서로 부추겨서 더욱 못된 짓을 했다고 한다.

부록

부록 1 다중지능이론 관련 주요 자료
부록 2 참고문헌

부록 1 다중지능이론 관련 주요 자료

다중지능이론에 대해서는 수백 권의 책, 논문, 그리고 방송 자료들이 있다. 그리고 누구도 (나를 포함해서) 그것들이 얼마나 많은지 알 수 없다. 우선 여기에는 다중지능이론과 관련한 나의 주요 논저, 다른 연구자들의 다중지능이론에 대한 주요 논저 등의 자료를 함께 정리했다. 더욱 상세한 자료 목록은 나의 홈페이지(www.howardgardner.com)에서 확인할 수 있을 것이다.

다중지능에 대한 하워드 가드너의 주요 저서

Gardner, H. (1983). *Frames of mind: The theory of multiple intelligences*. New York: Basic Books. Tenth Anniversary Edition with new introduction. New York: Basic Boos, 1993. Twentieth Anniversary Edition with new introduction. New York: Basic Books, 2004.

Gardner, H. (1993). *Multiple intelligences: The theory in practice*. New York: Basic Books.

Gardner, H. (1999). *Intelligence reframed: multiple intelligences for the 21st century*. New York: Basic Books.

Gardner, H. (2006). *The development and education of the mind: The collected works of Howard Gardner*. London: Taylor and Francis.

다중지능이론에 대한 하워드 가드너의 주요 저서

저서

Gardner, H. (1984). The development of competence in culturally-defined domains. In R. Shweder & R. Levine (Eds.), *Culture theory: Essays on mind, self, and emotion*. New York: Cambridge University Press.

Gardner, H. (1985). On discerning new ideas in psychology. *New Ideas in Psychology, 3*, 101-104.

Gardner, H. (1985). Towards a theory of dramatic intelligence. In J. Kase-Polisini (Ed.), *Creative drama in a developmental context*. Lanham, MD: University Press of America.

Gardner, H. (1987). The assessment of intelligences: A neuropsychological perspective. In M. Meier, A. Benton & L. Diller (Eds.), *Neuropsychological rehabilitation*. London: Churchill Publishers.

Gardner, H. (1987). The theory of multiple intelligences. *Annals of Dyslexia, 37*, 10-35.

Gardner, H. (1988). Beyond a modular view of mind. In W. Damon (Ed.), *Child development today and tomorrow* (pp. 222-239). San Francisco: Jossey-Bass. Also in W. Damon (Ed.) (1987), New directions for child development, Tenth Anniversary Edition.

Gardner, H. (1988). Challenges for museums: Howard Gardner's theory of multiple intelligences. *Hand to Hand, 2* (4), 1-7. Salt Lake City, UT: Children's Museum Network.

Gardner, H. (1988). Multiple intelligence in today's schools. *Human Intelligence Newsletter, 9* (2), 1-2.

Gardner, H. (1988). The theory of multiple intelligences: Educational implications. In *Language and the world of work in the 21st century*. Boston: Bureau of Transitional Bilingual Education, Massachusetts Department of Education.

Gardner, H. (1989). Intelligences. In K. Jervis and A. Tobler (Eds.), *Education for democracy: Proceedings from the Cambridge School conference on progressive education*. Weston, MA: The Cambridge School. Reprinted in Putney Post, Winter 1992, 16-20, 30.

Gardner, H. (1989). *To open minds: Chinese clues to the dilemma of contemporary education*. (Especially chapters 1-4). New York: Basic Books.

Gardner, H. (1990). Building on the range of human strengths. Churchill Forum, 12(1), 1,2,7.

Gardner, H. (1990). Intelligence in seven steps. In D. Dickinson (Ed.), *Creating the future*. Aston Clinic, England: Accelerated Learning Systems, Inc., pp. 68-75. Also published in *Intelligent connections, 1* (1), Fall 1991, pp. 1,3,7,8; in Harvard Graduate School of Education Alumni Bulletin, 36 (1), Fall 1991, 17-19.

Reprinted in *Provoking Thoughts, 4* (2), 1992.

Gardner, H. (1991). Cognition: A Western perspective. In D. Goleman and R.A.F. Thurman (Eds.), *MindScience: An East-West dialogue* (pp. 75-87). Boston: Wisdom Publications. Based on a paper delivered at *Symposium on Mind Science: The Dialogue Between East and West*, conducted at the Massachusetts Institute of Technology, Cambridge, MA, March 1991.

Gardner, H. (1991). The nature of intelligence. In A. Lewin (Ed.), *How we think and learn* (pp. 41-46). Washington, DC: National Learning Center.

Gardner, H. (1992). From intelligence to intelligences and beyond. Synapsia: *The International Brain Club Journal, 3* (3), 5-8. Paper presented at the Young Presidents' Organization, Boston, 1991.

Gardner, H. (1992). A new edition of *Frames of mind*. In Developing *Human Intelligence. New Horizons for Learning*, 13 (1), 10-11.

Gardner, H. (1993). "Choice Points" as multiple intelligences enter the school. *Intelligence Connections*, 3 (1).

Gardner, H. (1993). Intelligence and intelligences: Universal principles and individual differences. [An essay on "Diagnosis of Mental Operations and Theory of the Intelligence."] Prepared for festschrift in honor of the 80th birthday of Professor Barbel Inhelder. *Archives de psychologie, 61* (238), 169-172.

Gardner, H. (1993). The "intelligence-giftedness" complex. In H. Rosselli and G. MacLauchlan (Eds.), *Blueprinting for the future*. Proceedings from the *Edyth Bush Symposium on Intelligence*, University of South Florida, Tampa.

Gardner, H. (1993). Les dimensions de l'intelligence spatiale. *MScope revue, 6*, 45-53.

Gardner, H. (1993). Music as Intelligence. *Kodaly Envoy, 20*(1), 14-21.

Gardner, H. (1993). Opening minds. *Demos*, (1), 1-5. Reprinted in: G. Mulgan (Ed.), *Life after politics: New thinking for the twenty-first century* (pp. 101-110). London: Fontana Press, 1997.

Gardner, H. (1993). The relationship between early giftedness and later achievement. *Ciba Conference*, No. 178, pp. 175-186. Chichester, England: John Wiley and Sons. Paper presented at *The Origins and Development of High Ability*, CIBA, London.

Gardner, H. (1993, Winter). The school and the work place of the future. *Synapsia: The International Brain Club Journal*, 22-26.

Gardner, H. (1993). The unschooled mind: Why even the best students in the best schools do not understand. *International Schools Journal, 26*, 29-33. Originally presented as the Alec Peterson Lecture to the International Baccalaureate Conference, Geneva, December 1992. See also *IB World Magazine*, 1993.

Gardner, H. (1994). Are intelligence tests intelligent? In R.H. Ettinger, R.L.Crooks, and J. Stein (Eds.), *Psychology: Science, behavior, and life*, 3rd ed. (pp. 214-221). Fort Worth, TX: Harcourt Brace College Publishers.

Gardner, H. (1994). Entry on multiple intelligences theory. In R. Sternberg (Ed.-in-Chief), *Encyclopedia of human intelligence*, vol. 2 (pp. 740-742). New York: Macmillan.

Gardner, H. (1994). On intelligence. In R.H. Ettinger, R.L. Crooks, and J. Stein (Eds.) *Psychology: Science, behavior, and life* (pp. 515-521). Fort Worth, TX: Harcourt Brace College Publishers.

Gardner, H. (1994). Multiple intelligences. *Quest*. Published by Kumon Institute of Education, Seoul, Korea.

Gardner, H. (1994). Multiple intelligences: A view from the arts. *Issues 1994*, 5-22. Based on a talk delivered to a conference of the Art Educators of New Jersey, October 1993.

Gardner, H. (1995). *ECT* interview of the month. *Early Childhood Today*, 10(1), 30-32.

Gardner, H. (1995). Limited visions, limited means: Two obstacles to meaningful educational reform. *Daedalus, 124*(4), 101-105.

Gardner, H. (1995, Dec 26). The meaning of multiple intelligence [sic]. *Post-Dispatch* (St. Louis, MO), p. 15B.

Gardner, H. (1995, Dec). "Multiple intelligences" as a catalyst. *English Journal*, 84(8), 16-18.

Gardner, H. (1995). Perennial antinomies and perpetual redrawings: Is there progress in the study of mind? In R. Solso and D.Massaro (Eds.), *Science of the mind: 2001 and beyond* (pp. 65-78). New York: Oxford University Press.

Gardner, H. (1995, Sept). Why would anyone become an expert? [Critique of A. Ericsson and N. Charness, Expert performance: Its structure and acquisition]. *American Psychologist, 50*(9), 802-804.

Gardner, H. (1996). Probing more deeply into the theory of multiple intelligences. *NASSP Bulletin*, 1-7.

Gardner, H. (1996). Zur Entwicklung des Spektrums der menschlichen Intelligenzen. *Beitrage zur Lehrerbildung*, 14(2), 198-209.

Gardner, H. (1997). Developmental views of multiple intelligence [sic]. In G.O. Mazur (Ed.), *Twenty year commemoration to the life of A.R. Luria (1902-1977)* (pp. 61-79). New York: Semenenko Foundation.

Gardner, H. (1997). Fostering diversity through personalized education: implications of a new understanding of Human intelligence. [Journal of UNESCO's International Bureau of Education], *Prospects, 27* (3), 347-363. Translated and Reprinted: French, *Perspectives, 27*(3), 369-387; Spanish, *Perspectivas, 27*(3), 371-389; Russian; Chinese; Arabic.

Gardner, H. (1997). Is musical intelligence special? In V. Brummett (Ed.), *Ithaca Conference '96: Music as intelligence: A sourcebook*. Ithaca, NY: Ithaca College. Based on a conference keynote, Ithaca College, September 1996.

Gardner, H. (1997). Multiple intelligences as a partner in school improvement. *Educational Leadership, 55*(1), 20-21.

Gardner, H. (1997, March 1). Our many intelligences: Kinds of minds. *The Mini Page*. A children's supplement to local newspapers, edited by Betty Debnam, © Universal Press Syndicate.

Gardner, H. (1998). Extraordinary cognitive achievements: A symbols systems approach. In W. Damon (Ed.-in-Chief), *Handbook of child psychology*, 5thed., vol. 1, *Theoretical models of human development* (pp. 415-466). New York: Wiley.

Gardner, H. (1998, March 19). An intelligent way. (London) Independent, Education Supplement, pp. 4,5 [A response to John White, *Do Howard Gardner's multiple intelligences add up?* London: Institute of Education University of London, 1988].

Gardner, H. (1998, Nov 9). Letter to the editor in reply to Collins "Seven Kinds of smart" (Oct 19, 1988). *Time*.

Gardner, H. (1998). A multiplicity of intelligences. *Scientific American presents: Exploring intelligence* (a special issue of Scientific American), pp. 19-23.

Gardner, H. (1999). Are there additional intelligences? The case for naturalist, spiritual, and existential intelligences. In J. Kane (Ed.), *Education, information, and transformation* (pp. 111-131). Upper Saddle River, NJ: Prentice-Hall. Reprinted in

Gifted Education Press Quarterly, 11 (2), Spring 1997, pp. 2-5.

Gardner, H. (1999, Dec 5). Getting smart about intelligence. *Philadelphia In-quirer*, P. D7. Reprinted: Rethinking the concept of intelligence, *Boston Globe*, 1 Jan 2000, p. A23.

Gardner, H. (1999). Howard Gardner debates James Traub on multiple intelligences. *Cerebrum: The Dana Forum on Brain Science*, 1 (2).

Gardner, H. (1999). Intelligence. Entry in the *Fontana/Norton dictionary of modern thought*.

Gardner, H. (1999). Multiple approaches to understanding. In C.M. Reigeluth (Ed.), *Instructional-design theories and models: A new paradigm of instructional theory*. Mahwah, NJ: Erlbaum Associates.

Gardner, H. (1999, Feb). *Who owns intelligence?* Atlantic, 67-76.

Gardner, H. (2000). The case against spiritual intelligence [Response to R. Emmons, The psychology of ultimate concern: Personality, spirituality, and intelligence, *International Journal for the Psychology of Religion, 10* (1), 27-34.

Gardner, H. (2000). Let's get past the bell curve. *Cerebrum, 2* (4), 7-9 [letter to the editor in response to L. Gottfredson, Pretending that intelligence doesn't matter, *Cerebrum*, Summer 2000].

Gardner, H. (2000). Using multiple intelligences to improve negotiation theory and practice. *Negotiation Journal, 16* (4), 321-324. Based on remarks made March 10, 2000, at Harvard University Law School.

Gardner, H. (2001). Creators: Multiple intelligences. In K. Pfenninger and V. Shubik (Eds.), *The origins of creativity* (pp. 117-143). New York: Oxford University Press. Based on a presentation to the Given Biomedical Conference, Aspen, CO, 1993.

Gardner, H. (2001). [Interview.] La conception standard de l'intelligence est fausse. In Jean-Claude Ruano-Barbalan (Ed.), *Sciences Humaines, 2*, 165-172.

Gardner, H. (2002). The three faces of intelligence. *Daedalus*, 139-142. Translated into German in *Gluck*, 391-99.

Gardner, H. (2003). Multiple intelligences after twenty years. Paper presented at the annual meeting of the American Educational Research Association, Chicago, April 21, 2003. Available at www.howardgardner.com.

Gardner, H. (2003). Three distinct meanings of intelligence. In R. Sternberg, J. Lautrey, and T. Lubart (Eds.), *Models of intelligence: International perspectives*, pp. 43-54. Washington, DC: American Psychological Association.

Gardner, H. (2004). Letter to the editor Re: Intelligence. *Wilson quarterly*, Fall issue.

Gardner, H. (2006, in press). A blessing of influences. In J. Schaler (Ed.), *Gardner under fire*. Chicago: Open Court.

공저

Baker, L., Gardner, H., et al. (1993). Intelligence and its inheritance: A diversity of views. In T. Bouchard and P. Propping (Eds.), *Twins as a tool of behavioral genetics* (pp. 85-108). Chichester, England: Wiley.

Baum, S., Viens, J., & Slatin, B., in consultation with H. Gardner. (In preparation). *Pathways to multiple intelligences: A guide to implementation*.

Blythe, T., White, N., & Gardner, H. (1995). Teaching practical intelligence. *What research tells us* [series of booklets]. West Lafayette, IN: Kappa Delta Pi.

Cicerone, P.E., with Gardner, H. (2000, Oct). Tanti individui, tante intelligenze. Interview in *Le Scienze*, (386), 12-13.

Delacampagne, C., with Gardner, H. (2000, Dec). Howard Gardner: l'intelligence au pluriel. *La recherche*, (337), 109-111.

Gardner, H., & Checkley, K. (1997, Sept). [Interview] The first seven...and the eighth: A conversation with Howard Gardner. *Educational Leadership*, 55 (1), 8-13.

Gardner H., Hatch, T., & Torff, B. (1997). A third perspective: The symbol systems approach. In R. Sternberg and E. Grigerenko (Eds.), *Intelligence, heredity, and environment* (pp. 243-268). New York: Cambridge University Press.

Gardner, H., & Schmidt, R. (1992, Fall). [Interview with Howard Gardner]. *Learning 2001*, 3(3), 4-6

Gardner, H., & Shores, E.F. (1995, Summer). [Interview] Howard Gardner on the eighth intelligence: Seeing the natural world. *Dimensions of Early Childhood*, 5-7.

Gardner, H., & Viens, J. (1990). Multiple intelligences and styles: Partners in effective education. *Clearinghouse Bulletin: Learning/Teaching Styles and Brain Behavior, 4* (2), 4-5. Seattle, Washington: Association for Supervision and Curriculum Development.

Gardner, H., & Walters, J. (1988). Managing intelligences (Tech. Rep. No. 33). Cambridge, MA: Harvard University Graduate School of Education, Project Zero.

Gardner, H., & Walters, J., & Hatch, T. (1992). If teaching had looked beyond the classroom: The development and education of intelligences. *Innotech Journal, 16* (1),

18-36.

Goldman, J., & Gardner, H. (1998). Multiple paths to educational effectiveness. In D.K. Lipsky and A. Gartner (Eds.), *Beyond separate education: quality education for all students* (pp. 121-140). Baltimore: Brookes.

Granott, N., & Gardner, H. (1994). When minds meet: Interactions, coincidence, and development in domains of ability. In R.J. Sternberg and R.K. Wagner (Eds.), *Mind in context: Interactionist perspectives on human intelligence* (pp. 171-201). New York: Cambridge University Press.

Hatch, T., & Gardner, H. (1990). If Binet had looked beyond the classroom: The assessment of multiple intelligences. *International Journal of Educational Research* (pp. 415-429). Reprinted (abridged): Innotech Journal, 16(1), 1992, 18-36. Reprinted in: *NAMTA Journal, 21* (2), 1996, 5-28; and B. Torff (Ed.), *Multiple intelligences and assessment*, Arlington Heights, IL: IRI Skylight, 1997.

Kornhaber, M., & Gardner, H. (IN press). Multiple intelligences: Developments in implementation and theory. In R.J. Sternberg and M. Constas (Eds.), *Translating education theory and research into practice*.

Kornhaber, M., & Gardner, H. (1993). Varieties of excellence and conditions for their achievement. Paper prepared for Commission on Varieties of Excellence in the Schools, New York State. New York: National Center for Restructuring Education, Schools, and Teaching.

Kornhaber, M., & Gardner, H. (1995). Solving for g and beyond. *Triumph of discovery: A chronicle of great adventures in science* (pp. 121-123). New York: Henry Holt and Scientific American.

Krechevsky, M., & Gardner, H. (1990). Multiple intelligences, multiple chances. In D. Inbar (Ed.), *Second chance in education: An interdisciplinary and international perspective* (pp. 69-88). London: Falmer Press.

Krechevsky, M., & Gardner, H. (1994). Multiple intelligences in multiple contexts. In D.K. Detterman (Ed.), *Current topics in human intelligence, vol. 4*, Theories of intelligence (pp. 285-305). Norwood, NJ: Ablex.

Krechevsky, M., Hoerr, T., & Gardner, H. (1995). Complementary energies: Implementins MI theory from the laboratory and from the field. In J. Oakes and K.H. Quartz (Eds.), *Creating new educational communities* (pp. 166-186). Ninety-fourth Yearbook of the National Society for the Study of Education (Part I). Chicago: University of Chicago Press.

Ramos-Ford, V., Feldman, D.H., & Gardner, H. (1988, Spring). A new look at Intelligence through Project Spectrum. *New Horizons in Learning*, pp. 6,7,15.

Ramos-Ford, V., & Gardner, H. (1991). Giftedness from a multiple intelligences perspective. In N. Colangelo and G. Davis (Eds.), *The handbook of gifted education* (pp. 55-64). Boston: Allyn and Bacon.

Solomon, B., Powell, K., & Gardner, H. (1999). Multiple intelligences and creativity. In M. Runco and S. Pritzker (Eds.-in-Chief), *Encyclopedia of creativity*. San Diego: Academic Press.

Torff, B., & Gardner, H. (1999). The vertical mind: The case for multiple intelligences. In M. Anderson (Ed.), *The development of intelligence* (pp. 139-159). London: University College London Press.

Veeneman, S., & Gardner, H. (1996, Nov/Dec). Multimedia and multiple intelligences. *American Prospect*, pp. 69-75. Based on a presentation at the Massachusetts Institute of Technology, Cambridge, MA, June 4, 1996.

Viens, J., Chen, J-Q., & Gardner, H. (1997). Theories of intelligence and critiques. In J.L. Paul, et al. (Eds.), *Foundations of Special Education* (pp. 122-141). Pacific Grove, CA: Brooks-Cole.

von K_rolyi, C., Ramos-Ford, V., & Gardner, H. (2003). Multiple intelligences: A perspective on giftedness. In N. Colangelo and G. Davis (Eds.), *Handbook of gifted education*, 3rd ed. (pp. 100-112). Boston: Allyn and Bacon.

Walters, J., Krechevsky, M., & Gardner, H. (1985). Development of musical, mathematical, and scientific talents in normal and gifted children (Tech. Rep. No. 31). Cambridge, MA: Harvard University Graduate School of Education, Project Zero.

Wexler-Sherman, C., Gardner, H., & Feldman, D. (1988). A pluralistic view of early assessment: The Project Spectrum approach. *Theory into Practice, 27*, 77-83.

White, N., Blythe, T., & Gardner, H. (1992). Multiple intelligence theory: Creating the thoughtful classroom. In A. Costa, J. Bellanca, and R. Fogarty (Eds.), *If mind matters: A foreword to the future, 2* (pp. 127-134). Palatine, IL: Skylight Publishers.

Williams, W., Blythe, T., White, N., Li, Jin, Gardner, H., & Sternberg, R. (2002). Practical intelligence for school: Developing metacognitive sources of achievement in adolescence. *Developmental Review, 22*(2), 162-210.

다중지능이론에 대한 주요 논저

저서

Armstrong, T. (2003). *The multiple intelligences of reading and writing: Making the words come alive.* Alexandria, VA: Association for Supervision and Curriculum Development.

Armstrong, T. (2003). *You're smarter than you think: A kids guide to multiple intelligences.* Minneapolis: Free Spirit.

Arnold, E. (2001). MI strategies for kids: Brilliant brain selects spelling strategies. Tucson, AZ: Zephyr Press.

Arnold, E. (2001). *MI strategies for kids: Magnificent mind magnifies meaning when reading.* Tucson, AZ: Zephyr press.

Boggeman, S., Hoerr, T.R., & Wallich, C. (1996). *Succeeding through multiple intelligences.* St. Louis: New City School.

Borba, M. (2002). *Building moral intelligence: The seven essential virtues that teach kids to do the right thing.* Tucson, AZ: Zephyr Press.

Brunner, I., & Rottensteiner, E. (2002). *Eine Entdeckungsreise ins Reich der Multiplen Intelligenzen: Auf die schillernd bunte Welt der Begabungen.* Baltmannsweiler, Germany: Schneider Verlag Hohengehren.

Chamberlain, V. (1996). *Starting out on MI way: A guide to multiple intelligences in the primary school.* Bolton, England: Centre for the Promotion of Holistic Education.

Champion, Pei Pei (2002). *Champion BoPoMo & Hanyu Pinyin: A new multi-intelligence and multi-media approach in teaching and learning Chinese.* Taiwan: Cheng Chung Book Co.

DeAmicis, B. (2001). *Multiple intelligences made easy: Strategies for your curriculum.* Tucson, AZ: Zephyr Press.

Ellison, L. (2001). *The personal intelligences.* Thousand Oaks, CA: Corwin.

EUC Sjaelland Denmark. (2004). *AMPVOC: Assessing multiple intelligence performance in vocational students.* (8 Work packages). EU Leonardo da vinci Project. (www.eucsj.dk)

Filograsso, N. (2002). *Fuga dal centro: Appunti per una pedagogia della persona.* Urbino: Quattro Venti.

FinVoc Project Team. (2003). *MI resource book for teachers.* FinVoc pilot project on multiple intelligences. EU Leonardo da Vinci Project.

Fogarty, R., and Bellanca, J. (Eds.) (1995). *Multiple intelligences: A collection.* Pallantine, IL: IRI/Skylight.

Forest, L. (2001). *Crafting creative community: Combining cooperative learning, multiple intelligences and wisdom.* San Clemente, CA: Kagan Publishing.

Gaffney, K. (2004). *Chrysalis: Professional development for artists in education.* New York: Black Bear Books.

Glasgow, J. (2001). *Using young adult literature: Thematic activities based on Gardner's multiple intelligences.* Norwood, MA: Christopher-Gordon Publishers.

Glock, J., et al. (1999). Discovering the naturalist intelligence. Tucson, AZ: Zephyr Press.

Griss, S. (1998). *Minds in motion: A kinesthetic approach to teaching elementary curriculum.* Portsmouth, NH: Heinemann.

Jack, B. (1996). *Moving on MI way: A guide to multiple intelligences in the secondary school.* Bolton, England: Centre for the Promotion of Holistic Education.

Kagan, L. (2000). *Multiple intelligences: Structures and activities.* San Clemente, CA: Kagan Publishing.

Kagan, S. (2000). *Multiple intelligences: Evaluating the theory, validating the wisdom.*

Kagan, S., & Kangan, M. (2002). *Multiple intelligences: The complete MI book.* San Clemente, CA: Kagan Publishing.

Lawall, G. (Ed.). (2000). *Teachers guide, Ecce Romani 1: A Latin reading program.* Upper Saddle River, NJ: Prentice-Hall.

Lazear, D. (2003). *Eight ways of teaching: The artistry of teaching with multiple intelligences*, 4th ed. Tucson, AZ: Zephyr Press.

Lazear, D. (2003). *Higher-order thinking the multiple intelligences way.* Tucson, AZ: Zephyr Press.

Lazear, D. (2003). *Outsmart yourself: Sixteen proven strategies for becoming smarter than you think you are.* Tucson, AZ: Zephyr Press.

Lazear, D., & Costa, A. (2001). *Pathways of learning: Teaching students and parents about multiple intelligences*, 2nd ed. Tucson, AZ: Zephyr Press.

Loh, W.I., & Jacobs, G. (2003). *Nurturing the naturalist intelligence.* San Clemente, CA: Kagan Publishing.

Santoianni, F. (1996). *Didattica configuarzionale: Modelli multipli a coordinate modulari*. Naples, Italy: Edizioni Scientifiche Italiane.

Serrano, A.M. (2003). *Inteligencias multiples y estimulacion temprana*. Mexico: Editorial Trillas.

Smyth, P. (2004). *"Charlotte's Web" write ideas*. United Kingdom: Bromley Education Services.

Stankard, B. (2003). *How each child learns: Using multiple intelligence in faith formation*. Mystic, CT: Twenty-Third Publications.

Stefanakis, E. (2002). *Multiple intelligences and portfolios: A window into the learner's mind*. Portsmouth, NH: Heinemann.

Svedberg, L., & Zaar, M. (1998). *Boken om pedagogerna*. Stockholm: Liber.

Teele, Sue (2004). *Overcoming barricades to reading: A multiple intelligences approach*. Thousand Oaks, CA: Corwin Press.

Torff, B. (Ed.). (1997). *Multiple intelligences and assessment: A collection of articles*. Arlington Heights, IL: IRI/Skylight Training & Publishing, Incorpora.

논문

AERA Conference (2003). Sixteen papers on multiple intelligences presented at the Annual Meeting of the American Educational Research Association, Chicago, April 21-25.

Davies, R. (2005). MI in the teaching and learning of history. University of Hull, England.

International Conference on Pushing Forward the National Education and Improving Students' Quality. (2002). Seven keynote speeches and 187 papers on multiple intelligences: Research on the development and assessment of multiple intelligence. Beijing, August 16-18.

Ena, A. (2001). H. Gardner e la pedagogia modulare. Tesi di laurea in pedagogia, Universita Degli Studi di Bari (Italy)

Haley, M. (2003). Learner-centered instruction and the theory of multiple intelligences with second language learners. Powerpoint presentation.

Jones, J. (2003). A Multi-cultural comparison of the factor structure of the MIDAS for adults/college students. Paper presented at the Annual Meeting of the American Educational Research Association, Chicago, April 21, 2003.

Kallenbach, S., & Viens, J. (Eds.) (2001). Multiple intelligences in practice. Teacher research reports for the Adult Multiple Intelligences Study. NCSALL

Occasional Paper. Cambridge, MA: National Center for the Study of Adult Learning and Literacy, Harvard Graduate School of Education.

Kallenbach, S., & Viens, J. (2002). Open to interpretation: Multiple intelligences theory in adult literacy education. (NCSALL Report No. 21). Cambridge, MA: National Center for the Study of Adult Learning and Literacy, Harvard Graduate School of Education.

Keirl, S. (2002). Hedgehogs, foxes, crows, and other "intelligent" beings: Explorations of the relationship between multiple intelligence theory and esign and technology. Conference paper delivered to Learning in Technology: Challenges for the 21st Century, Gold Coast, Australia, December 5-7, 2002.

Kornhaber, M. (2003). What educators report are benefits of MI to student learning. Paper presented at the Annual Meeting of the American Educational Research Association, Chicago, April 21-25, 2003.

McCarthy, K.E. (2004). A study of Howard Gardner's theories of multiple intelligences and their implications in the collegiate oboe studio. Unpublished dissertation, Indiana University, Indiana.

Menchaca, M. (2004). Optimizing distributed learning delivery models: An asset class approach to distance learning. Paper delivered at ED-MEDIA, Switzerland.

Meng, W. (2003, Nov). Multiple intelligences and teaching according to students' traits. Presented at National Natural Science Funding Forum, Beijing.

Neville, A. (2000). Native American students' self-perceptions regarding Gardner's multiple intelligences. University of South Dakota.

Noble, T. (2003). Integrating the revised Bloom's taxonomy with multiple intelligences: A planning tool for curriculum differentiation. Paper presented at the Annual Meeting of the American Educational Research Association, Chicago, April 21, 2003.

Posner, M. (2003). Neural systems and individual differences: A commentary on *Frames of mind: The theory of multiple intelligences*. Paper presented at the Annual Meeting of the American Educational Research Association, Chicago, April 21, 2003.

Savas, P. (2003). Multiple intelligences and second language acquisition: Connections. Unpublished paper; contact author at perihans@ufl.edu.

Salsberry, T., & Miller, S. (1999). Female superintendents: Perceptions of their use of multiple intelligences. Presented at the American Educational Research Association's annual meeting in Montreal, Quebec, April 22, 1999.

Viens, J., & Kallenbach S. (2001). Multiple intelligences resources for the adulf basic education practitioner: An annotated bibliography. NCSALL Occasional Paper. Cambridge, MA: National Center for the Study of Adult Learning and Literacy, Harvard Graduate School of Education.

Wang, W.K. (2004). Implementing multiple intelligence theory in Taiwan. Unpublished paper; contact author at wkwang@mail.cyut.edu.tw.

Wang, W.K. (2002). Multiple intelligences approaches to assessment. *A tribune for elementary Education*, 148, 94-104.

Wang, W.K. (2001). Multiple intelligence for early education. *Taiwan Education Review*, 606, 10-20.

Wang, W.K. (2001). Child's multiple intelligence and 6-15 articulated curriculum. *Early Education Information*, 126, 8-14.

Wang, W.K. (2001). Understand child's multiple intelligence. *Early Education Information*, 125, 14-15.

Wang, W.K. (2000). The multiple intelligence school. *Practice Teachers Quarterly*, 5(4), 88-91.

Wexler, D. (2004). Understanding multiple intelligences. Unpublished paper. Northridge: California State University, Northridge.

하워드 가드너, 다중지능이론에 대한 자료들

Allis, S. (1999, July). The master of unartificial intelligence. *Boston Globe*, D1, 5.

Armstrong, T. (1993). *Seven kinds of smarts: Identifying and developing your multiple intelligences*. New York: Penguin Books.

Baum, S., Viens, J., & Slatin, B. (2005). *Multiple intelligences in the elementary classroom: Pathways to thoughtful practice*. New York: Teachers College Press.

Bolanos, P.J. (1994, Jan). From theory to practice: Indianapolis Key School applies Howard Gardner's multiple intelligences theory to the classroom. *School Administrator, 51* (1), 30-31.

Bruner, J.S. (1983). State of the child. Review of Frames of mind. *New York Review of Books*, October 27, 1983.

Campbell, L., Campbell, B., & Dickinson, D. (2003). *Teaching and learning through multiple intelligences*, 3rd ed. Boston: Allyn and Bacon.

Coreil, C. (Ed.). (2003). *Multiple intelligences, Howard Gardner, and new meth-*

ods in college teaching. Papers from the fifth annual Urban Conference: Pedagogical Innovations in Higher Education. Jersey City: New Jersey City University.

Feldman, D. (2003). The creation of multiple intelligences theory: A study in high-level thinking. In R. K. Sawyer et al., *Creativity and development* (pp. 139-185). New York: Oxford University Press.

Fogarty, R., & Bellanca, J. (Eds.). (1995). *Multiple intelligences: A collection*. Pallantine, IL: IRI/Skylight.

Healy, Y. (1995, Jan). Playing mind games. *Irish Times*.

Hoerr, T. (1996, Winter). Education: One size does not fit all. *Private School Administrator*.

Hyland, A. (2000). *Multiple intelligences: Curriculum and assessment project*. Cork: University of Cork.

Koff, S. (2003). Special issue: The theory of multiple intelligences. *Journal of Dance Education 3*, 1, 2003.

Kornhaber, M. (2001). Howard Gardner. In J. Palmer (Ed.), *Fifty modern thinkers on education: From Piaget to the present* (pp. 272-279). New York: Routledge.

Kornhaber, M. Fierros E., & Veenema, S. (2004). *Multiple intelligences: Best ideas from research and practice*. Boston: Pearson Education.

Kornhaber, M. (2004, Aug). Psychometric superiority? Check the facts_Again. Op-ed. EdNext.

Lazear, D. (1991. Seven ways of knowing: Teaching to the multiple intelligences. Palatine, IL: Skylight Publishing.

Martin, J. (2004). *Profiting from multiple intelligences in the workplace*. Aldershot, England: Gower Press.

Olson, L. (1988, Jan 27). Children flourish here: Eight teachers and a theory changed a school World. *Education Week, 7* (8), 1, 18-19.

Puchta, H., & Rinvolucri, M. (2005). Multiple intelligences in *EFL: Exercises for secondary and adult students*. Hiebling Languages.

Shen, Z. (2004). *Howard Gardner, arts, and multiple intelligences*. Beijing.

Torff, B. (Ed.). (1997). *Multiple intelligences and assessment: A collection of articles*. Arlington Heights, IL: IRI/Skylight Training & Publishing, Incorpora.

Viadero, D. (2003). Staying power. *Education Week*, June 4, 24-27.

Viens, J., & Kallenbach, S. (2004) *Multiple intelligences and adult literacy: A sourcebook for practitioners*. New York: Teachers College Press.

Weber, E. (2005). *MI strategies in the classroom and beyond: Using roundtable learning*. Boston: Alyn & Bacon.

Winner, E. (2004). Howard Gardner: A biography. In R. Lerner & C. Fisher (Eds.), *Applied developmental science encyclopedia*.

Weinreich-Haste, H. (1985). The varieties of intelligence: An interview with Howard Gardner. *New Ideas in Psychology* 3/4, 47-65.

기타 자료들

비디오

Gardner, H. (Writer), & DiNozzi, R. (Producer/Director). (1996). *MI: Intelligence, Understanding, and the Mind* [Motion picture]. Los Angeles: Into the Classroom Media.

Gardner, H. (Writer), & DiNozzi, R. (Producer/Director). *Creativity and Leadership: Making the Mind Extraordinary*. (1998) R. DiNozzi, Producer. Los Angeles: Into the Classroom Media.

웹사이트

MIapp Project: http://www.miapp.net

Project Zero: http://www.pz.harvard.edu

WIDE World: http://www.wideworld.pz.harvard.edu

부록 2 참고문헌

Albert, K., & Runco, M. (1986). The achievement of eminence: A model based on a longitudinal study of exceptionally gifted boys and their families. In R. Sternberg & J. Davidson (Eds.), *Conceptions of giftedness* (pp. 332-357). New York: Cambridge University Press.

Amabile, T.(1983). *The social psychology of creativity*. New York:Springer-Verlag.

Anderson, M. (1987). Inspection time and the development of intelligence. Paper delivered to British Psychological Society Conference, Sussex University, England.

Arnheim, R. (1969). *Visual thinking*. Berkeley: University of California Press.

Arts, Education, and the Americans. (1977). Coming to our senses. New York: McGraw-Hill.

Ascher, C. (1988). Improving the school-home connection for poor and minority urban students. *Urban Review*, 20, 10923.

Bailyn, B. (1960). *Education in the forming of American society*. Chapel Hill: University of North Carolina Press.

Bamberger, J. (1982a). Growing up prodigies: The midlife crisis. In D. Feldman (Ed.), *Developmental approaches to giftedness and creativity*: New directions for child development, vol. 17, pp. 61-78). San Francisco: Jossey-Bass.

Bamberger, J. (1982b). Revisiting children's drawings of simple rhythms: A function reflection-in-action. In S. Strauss (Ed.), *U-shaped behavioral growth*. New York: Academic Press.

Barron, F. (1969). *Creative person and creative process*. New York: Holt, Rinehart and Winston.

Bennis, W., & Biederman, P.W. (1997). *Organizing genius: The secrets of creative collaboration*. Reading, MA: Addison-Wesley.

Bereiter, C. (1985). *The changing face of educational disadvantagement*. Phi Delta Kappan, 66, 538-541.

Berger, R. (1991). Building a school culture of high standards: A teacher's perspective. In V. Perrone (Ed.), *Expanding student assessment* (pp. 32-39). Alexandria, VA: Association for Supervision and Curriculum Development.

Bijou, S., & Baer, D. (1965). *Child development*. New York: Appleton-Century-Crofts.

Binet, A., & Simon, T. (1905). Methodes nouvelles pour le diagnostique du niveaux intellectual des anormaux [New methods for the diagnosis of the intellectual level of the abnormal]. *L'annee psychologique*, 11, 236-245.

Brainerd, C. (1978). The stage question in cognitive-developmental theory. *Behavioral and Brain Sciences*, 2, 1213-1273.

Bransford, J.D., Franks, J.J., Vye, N.J., & Sherwood, R.D. (1989). New approaches to instruction: Because wisdom can't be told. In S. Vosniadou & A. Ortony (Eds.), *Similarity and analogical reasoning* (pp. 470-497). New York: Cambridge University Press.

Brembeck, C. (1978). Formal education, non-formal education, and expanded conceptions of development. Occasional paper No. 1. East Lansing, MI: Non-formal Education Information Center, Institute for International Studies in Education, Michigan State University.

Brookover, W.B. (1985). Can we make schools effective for minority students? *Journal of Negro Education*, 54, 257-268.

Brown, J.S., Collins, A., & Duguid, P. (1989). Situated cognition and the culture of learning. *Educational Researcher*, 18 (1), 32-42.

Brown, N. (1987 Aug). Pivotal points in artistic growth. Presentation at the 1987 Arts PROPEL summer workshop, Pittsburgh, PA.

Brown, R., & Herrnstein, R. (1975). *Psychology*. Boston: Little, Brown.

Bruner, J.S. (1990). *Acts of meaning*. Cambridge: Harvard University Press.

Buros, O.K. (Ed.). (1938). *The 1938 mental measurements yearbook*. Highland Park, NJ: Gryphon Press.

Burton, J., Lederman, A., & London, P. (Eds.). (1988). *Beyond DBAE: The case for multiple visions of art education*. Dartmouth, MA: University Council on Art Education.

Callahan, R. (1962). *Education and the cult of efficiency*. Chicago: University of Chicago Press.

Carroll, J.B. (1993). *Human cognitive abilities: A survey of factor analytic techniques*. New York: Cambridge University Press.

Carson, A.D. (1988). The relation of self-reported abilities to aptitude test scores: A replication and extension. *Journal of Vocational Behavior*, 53, 353-371.

Cascio, W.F. (1995). Whither industrial and organizational psychology in a changing world of work? *American Psychologist*, 50, 928-939.

Case, R. (1985). *Intellectual development: Birth to adolescence*. New York: Academic Press.

Ceci, S.J. (1990). *On intelligence. . . more or less: A bio-ecological theory of intellectual development*. Englewood Cliffs, NJ: Prentice-Hall.

Chen, J.-Q., & Gardner, H. (2005). Assessment based on multiple intelligences theory. In D. Flanagan & P. Harrison (Eds.), *Contemporary intellectual assessment: Theories, tests, and issues*, 2nd ed. New York: Guilford Press.

Chideya, F. (1991, Dec 2). Surely for the spirit, but also for the mind. *Newsweek*, p. 61.

Chubb, J.E. (1988). Why the current wave of school reform will fail. *Public Interest*, 90, 29-49.

Cochran, M. (1987). The parental empowerment process: Building on family strengths. *Equity and Choice*, 4 (1), 9-23.

Cohen, B.N. (2003). Applying existential theory and intervention to career decision-making. *Journal of Career Development*, 29 (3), 195-210.

Collins, A., & Brown, J.S. (1988, April). Cognitive apprenticeship and social interaction. Paper presented at the American Educational Research Association, New Orleans.

Collins, A., Brown, J.S., & Newman, S.E. (1989). Cognitive apprenticeship: Teaching the craft of reading, writing, and mathematics, In L. Resnick (Ed.), *Cognition and instruction: Issues and agendas*. Hillsdale, NJ: Lawrence Erlbaum.

Comer, J. (1980). *School power*. New York: Free Press.

Comer, J. (1984). Home-school relationships as they affect the academic success of children. *Education and Urban Society*, 16, 323-337.

Comer, J. (1988a, Aug). The social factor. *New York Times*, "Education Life," 27-31.

Comer, J. (1988b). Educating poor minority children. *Scientific American*, 259 (5), 42-

48.

Connell, M.W., Sheridan, K., & Gardner, H. (2003). On abilities and domains. In R.J. Sternberg & E. Grigorenko (Eds.), *Perspectives on the psychology of abilities, competencies, and expertise* (pp. 126-155). New York: Cambridge University Press.

Conner, J., & Plasman, J. (2003). Gaining the advantages of team intelligence. HR, *Human Resources Planning*, 26 (3), 8.

Coreil, C. (Ed.). (2003). *Multiple intelligences, Howard Gardner, and new methods in collge teaching*. Papers from the fifth annual Urban Conference: Pedagogical Innovations in Higher Education. Jersey City: New Jersey City University.

Coren, S. (1994). *The intelligence of dogs: Canine consciousness and capabilities*. New York: Free Press.

Coy, P. (2004, March 22). The future of work: Flexible, creative, and good with people? You should do fine in tomorrow's job market. *Business Week*, 50-52.

Cronbach, L. (1984). *Essentials of psychological testing*. New York: Harper and Row.

Cronbach, L., & Snow, R. (1977). *Aptitudes and instructional methods*. New York: Irvington.

Cross, K.P., & Angelo, T. (1988). *Classroom assessment techniques: A handbook for faculty*. Ann Arbor, MI: National Center for Research to Improve Postsecondary Teaching and Learning (NCRIPTL).

Csikszentmihalyi, M. (1988a). Society, culture, and person: A systems view of creativity. In R.J. Sternberg (Ed.), *The nature of creativity* (pp. 325-339). New York: Cambridge University Press.

Csikszentmihalyi, M. (1988b). Motivation and creativity : Towards a synthesis of structural and energistic approaches to cognition. *New Ideas in Psychology*, 6 (2), 159-176.

Csikszentmihalyi, M. (1990a). Literacy and intrinsic motivation. *Daedalus, 119* (2), 115-140.

Csikszentmihalyi, M. (1990b). *Flow*. New York: HarperCollins.

Csikszentmihalyi, M. (1996). *Creativity*. New York: HarperCollins.

Csikszentmihalyi, M., & Robinson, R. (1986). Culture, time, and the development of talent. In R. Sternberg (Ed.), *Conceptions of giftedness* (pp. 264-284). New York: Cambridge University Press.

Csikszentmihalyi, M., Rathunde, K., & Whalen, S. (1993). *Talented teenagers*: The *roots of success and failure*. New York: Cambridge University Press.

Dagley, J.C., & Salter, S.K. (2004). Practice and research in career counseling and development—2003. *Career Development Quarterly*, 53 (2), 157-998.

Damasio, A. (2003). Panelist on "Does evidence from the neurosciences support the theory of multiple intelligences?" Annual Meeting of the American Educational Research Association, Chicago, April 21, 2003.

Damon, W. (1990). Reconciling the literacies of generations. *Daedalus*, 119 (2), 33-53.

Darwin, C. (1859). *On the origin of species*. London: John Murray.

Davis, J. (1996). *The MUSE book*. Cambridge, MA: Harvard University Graduate School of Education, Project Zero.

Davis, J. (2005). *Framing education as art*. New York: Teachers College Press.

Dawis, R.V. (1996). Vocational psychology, vocational adjustment, and the workplace. *Psychology, Public Policy, and Law, 2* (2), 229-248.

Dewey, J. (1938). *Experience and education*. New York: Collier.

Dewey, J. (1959). *Art as experience*. New York: Capricorn.

Diaz-Lefebvre, R., et al. (1998, Jan). What if they learn differently: Applying multiple intelligences theory in the community college. *Leadership Abstracts*, 11 (1). Available from the League for Innovation in the Community College, 26522 La Alameida, Ste. 370, Mission Viejo, CA 92691.

Dobbs, S. (Ed.). (1988). *Research readings for discipline-based art education: A journey beyond creating*. Reston, VA: National Art Education Association.

Edmonds, R. (Ed.). *A discussion of the literature and issues related to effective schooling*. Cambridge, MA: Harvard University, unpublished manuscript.

Eisner, E. (1987). *The role of discipline-based art education in America's schools*. Los Angeles: Getty Center for Education in the Arts.

Ellis, A. P.J., Hollenbeck, J.R., Ilgen, D.R., Porter, C.O.L.H., West, B.J., & Moon, H. (2003). Team learning: Collectively connecting the dots. *Journal of Applied Psychology, 88* (5), 821-835.

Ewens, T. (1988). Flawed understandings: On Getty, Eisner, and DBAE. In J. Burton, A. Lederman, & P. London (Eds.), *Beyond DBAE: The case for multiple visions of art education* (pp. 5-25). North Dartmouth, MA: University Council on Art Education.

Eysenck, H.J. (1967). Intelligence assessment: A theoretical and experimental approach. *British Journal of Educational Psychology, 37*, 81-98.

Eysenck, H.J. (1979). *The nature and measurement of intelligence.* New York: Springer-Verlag.

Feldman, D.H. (1980). *Beyond universals in cognitive development.* Norwood, NJ: Ablex.

Feldman, D.H. (with Goldsmith, L.). (1986). *Nature's gambit.* New York: Basic Books.

Feldman, D.H., & Gardner, H. (1989). *Project Spectrum: July 1987-June 1989* (Final Annual Report to the Spencer Foundation).

Feyerhern, A.E., & Rice, C.L. (2002). Emotional intelligence and team performance: The good, the bad and the ugly. *International Journal of Organization Analysis, 10* (4), 343-363.

Fischer, K.W. (1980). A theory of cognitive development. *Psychological Review*, 87, 477-531.

Fisher, K., & Fisher, M.D. (1998). *The distributed mind: Achieving high performance through the collective intelligence of knowledge work teams.* New York: AMACOM.

Fodor, J. (1983). *Modularity of mind.* Cambridge, MA: MIT Bradford Press.

Fordham, S., & Ogbu, J. (1986). Black students' school success: Coping with the "burden of acting white." *Urban Review, 18*, 176-206.

Fredericksen, J.R., & Collins, A. (1989). A systems theory of educational testing. *Educational Researcher, 18* (9), 27-32.

Gallwey, T. (1976). *Inner tennis.* New York: Random House.

Gardner, H. (1973). *The arts and human development.* New York: Wiley.

Gardner, H. (1975). *The shattered mind.* New York: Vintage.

Gardner, H. (1980). *Artful scribbles.* New York: Basic Books.

Gardner, H. (1982). *Art, mind, and brain.* New York: Basic Books.

Gardner, H. (1983a). Artistic intelligences. In S. Dobbs (Eb.), Art and the mind [special issue]. *Art Education*, 36 (2), 47-49.

Gardner, H. (1983b). *Frames of mind: The theory of multiple intelligences.* New York: Basic Books.

Gardner, H. (1985). *The mind's new science.* New York: Basic Books.

Gardner, H. (1986a). Notes on cognitive development: Recent trends, future prospects. In S. Friedman, K. Klivington, & R. Peterson (Eds.), *The brain, cognition, and education*. New York: Academic Press.

Gardner, H. (1986b). The development of symbolic literacy. In M. Wrolstad & D. Fisher (Eds.), *Toward a greater understanding of literacy*. New York: Praeger.

Gardner, H. (1988a). Creative lives and creative works: A synthetic scientific approach. In R.J. Steinberg (Ed.), *The nature of creativity* (pp. 298-321). New York: Cambridge University Press.

Gardner, H. (1988b). Creativity: An interdisciplinary perspective. *Creativity Research Journal*, 1, 8-26.

Gardner, H. (1989a). Balancing specialized and comprehensive knowledge: The growing educational challenge. In T.J. Sergiovanni & J.H. Moore (Eds.), *Schooling for tomorrow: Directing reforms to issues that count* (pp. 148-165). Boston: Allyn & Bacon.

Gardner, H. (1989b). *To open minds: Chinese clues to the dilemma of contemporary education*. New York: Basic Books.

Gardner, H. (1989c). The school of the future. In J. Brockman (Ed.), *Ways of knowing: The reality club #3*. Englewood Cliffs, NJ: Prentice-Hall.

Gardner, H. (1989d). Zero-based arts education: An introduction to Arts PROPEL. *Studies in Art Education, 30* (2), 71-83.

Gardner, H. (1990a). *Arts education and human development*. Los Angeles: Getty Center for Education in the Arts.

Gardner, H. (1990b). The assessment of student learning in the arts. Paper presented at the conference on assessment in arts education, Holland, December 1990.

Gardner, H. (1991a). Assessment in context: The alternative to standardized testing. In B.R. Gifford & M.C. O'Connor (Eds.), *Changing assessments: Alternative views of aptitude, achievement, and instruction* (pp. 77-120). Boston: Kluwer.

Gardner, H. (1991b). Intelligence in seven phases. Paper delivered at the Centennial of the Harvard Graduate School of Education, September 1991.

Gardner, H. (1991c). *The unschooled mind: How children learn, and how schools should teach*. New York: Basic Books.

Gardner, H. (1993.). *Creating minds: An anatomy of creativity seen through the lives of Freud, Einstein, Picasso, Stravinsky, Eliot, Graham, and Gandhi*. New York: Basic Books.

Gardner, H. (1995a). *Leading minds*. New York: Basic Books.

Gardner, H. (1995b, Nov). Reflections on multiple intelligences: Myths and messages.

Phi Delta Kappan, 77 (3), 200-209.

Gardner, H. (1997). *Extraordinary minds*. New York: Basic Books.

Gardner, H. (1999a). *Intelligence reframed: Multiple intelligences for the 21st century*. New York: Basic Books.

Gardner, H. (1999b). *The disciplined mind*. New York: Simon and Schuster.

Gardner, H. (2000). Project Zero: Nelson Goodman's legacy in arts education. *Journal of Aesthetics and Art Criticism, 58* (3), 245-249.

Gardner, H. (2004a). Audiences for the theory of multiple intelligences. *Teachers College Record, 106* (111), 212-219.

Gardner, H. (2004b). *Changing minds*. Boston: Harvard Business School Press.

Gardner, H., Csikszentmihalyi, M., & Damon, W. (2001). *Good work: When Excellence and ethics meet*. New York: Basic Books.

Gardner, H., Feldman, D., & Krechevsky, M. (Eds.) (1998). *Project Spectrum: Frameworks for early childhood education*. New York: Teachers College Press.

Gardner, H., & Hatch, T. (1989). Multiple intelligences go to school. *Educational Researcher*, 18, 4-10.

Gardner, H., Howard, V., & Perkings, D. (1974). Symbol systems: A philosophical, psychological, and educational investigation. In D. Olson (Ed.), *Media and Symbols*. Chicago: University of Chicago Press.

Gardner, H., Kornhaber, M., & Wake, W. (1996). *Intelligence: Multiple perspectives*. Fort Worth, TX: Harcourt, Brace.

Gardner, H., & Perking, D. (Eds.). (1988). Art, mind, and education. *Journal of Aesthetic Education* [special issue on Project Zero], 22 (1).

Gardner, H., & Winner, E. (1982). First intimations of artistry. In S. Strauss (Ed.), *U-shaped behavioral growth*. New York: Wiley.

Gardner, H., & Wolf, C. (1988). The fruits of asynchrony : Creativity from a psychological point of view. *Adolescent Psychiatry, 15*, 106-123.

Garriga, M. (2004, March 20). Shaping skills. *New Haven Registry*,p. B1.

Geary, D.C. (2005). *The origin of mind: Evolution of brain, cognition, and general intelligence*. Washington, DC: American Psychological Association.

Gelman, R. (1978). Cognitive development. *Annual Review of Psychology, 29*, 297-332.

Getty Center for Education in the Arts. (1986). *Beyond creating: The place for art in American School*. Los Angeles: J. Paul Getty Trust.

Getzels, J.W., & Csikszentmihalyi, M. (1976). *The creative vision: A longitudinal study of problem finding in art*. New York: John Wiley and Sons.

Gilligan, C. (1982). *In a different voice: Psychological theory and women's development*. Cambridge, MA: Harvard University Press.

Gladwell, M. (2000). *The tipping poing: How little things can make a big difference*. Boston: little, Brown.

Gladwin, T. (1970). *East is a big bird: Navigation and logic on a Puluway atoll*. Cambridge, MA: Harvard University Press.

Goleman, D. (1995). *Emotional intelligence*. New York: Bantam Books.

Goleman, D. (1998). *Working with emotional intelligence*. New York: Bantam Books.

Goodman, N. (1968). *Languages of art*. Indianapolis: Bobbs-Merrill.

Goodman, N., Perking, D., & Gardner, H. (1972). *Summary report*, Harvard Project Zero. Available as Technical Report from Harvard Project Zero. Cambridge, MA: Harvard Graduate School of Education.

Gottfredson, L.S. (1986). Occupational aptitude patterns map: Development and implications for a theory of job aptitude requirements. *Journal of Vocational Behavior*, 29, 254-291.

Gould, S.J. (1981). *The mismeasure of man*. New York: Norton.

Gould, S.J. (1989). *Wonderful life: The Burgess shale and the nature of history*. New York: Norton.

Gruber, H. (1981). *Darwin on man*, 2nd ed. Chicago: University of Chicago Press.

Gruber, H. (1985). Giftedness and moral responsibility: Creative thinking and human survival. In F. Horowitz & M. O'Brien (Eds.), *The gifted and talented: developmental perspectives*. Washington, DC: American Psychological Association.

Guidici, C., Rinaldi, C., & Krechevsky, M. (Eds.). (2001). *Making learning visible: Children as individual and group learners*. Cambridge, MA: Harvard Graduate School of Education, Project Zero.

Guilford, J.P. (1950). Creativity. *American Psychologist, 5*, 444-454.

Guilford, J.P. (1967). *The nature of human intelligence*. New York: McGraw-Hill.

Halberstam, Dj. (1972). *The best and the brightest. Greenwich*, CT: Fawcett Publications.

Heath, S.B. (1983). *Ways with words*. New York: Cambridge University Press.

Haley, M.H. (2004). Learner-centered instruction and the theory of multiple intelligences with second language learners. *Teachers College Record, 106* (1), 163-

180.

Henderson, A. (1987). *The evidence continues to grow: Parent involvement improves student achievement*. Columbia, MD: National Committee for Citizens in Education.

Herrnstein, R., & Murray, C. (1994). *The bell curve: Intelligence and class structure in American life*. New York: Free Press.

Heubert, J. (1982). *Minimum competency testing and racial discrimination: A legal analysis, policy summary, and program review for education lawyers*. Cambridge, MA: Harvard Graduate School of Education, unpublished manuscript.

Hoerr, T.R. (2000). *Becoming a multiple intelligences school*. Alexandria, VA: Association for Supervision and Curriculum Development.

Hoffmann, B. (1962). *The tyranny of testing*. New York: Crowd-Collier Press.

Hofstadter, R. (1963). *Anti-intellectualism in American life*. New York: Knopf.

Holland, J. (1997). *Making vocational choices: A theory of vocational personalities and work environments*, 3rd ed. Englewood Cliffs, NJ: Prentice-Hall.

Houdé, O. (2004). *La psychologie de l'enfant*. Paris: Presses Universitaires de France.

Houdé, O., & Tzourio-Mazoyer, N. (2003). Neural foundations of logical and mathematical cognition. *Nature Reviews Neuroscience, 4* (6), 507-515.

Hunter, J.E. (1986). Cognitive ability, cognitive aptitudes, job knowledge, and job performance. *Journal of Vocational Behavior, 29*, 340-362.

Jackson, C. (1996). Managing and developing a boundaryless career: Lessons from dance and drama. *European Journal of Work and Organizational Psychology, 5* (4), 617-628.

Jackson, P. (1987). Mainstreaming art: An essay on discipline based arts education. *Educational Researcher, 16*, 39-43.

Jacques, E. (1989). *Requisite organization*. Arlington, VA: Cason Hall.

Jensen, A.R. (1980). *Bias in mental testing*. New York: Free Press.

Jensen, A.R. (1987). Individual differences in the Hick paradigm. In P. Vernon (Ed.), *Speed of information processing and intelligence*. Norwood, NJ: Ablex.

Johnson-Laird, P.N. (1983). *Mental models*. Cambridge, MA: Harvard University Press.

John-Steiner, V. (2000). *Creative collaboration*. New York: Oxford University Press.

Kagan, J., & Kogan, N. (1970). Individual variation in cognitive processing. In P. Mussen (Ed.), *Handbook of child psychology*. New York: Wiley.

Kallenbach, S., & Viens, J. (2004). Open to interpretation: MI theory in adult literacy education. *Teachers College Record, 106* (1), 58-66.

Kammeyer-Mueller, J.D., & Wanberg, C.R. (2003). Unwrapping the organizational entry process: Disentangling multiple antecedents and their pathways to adjustment. *Journal of Applied Psychology, 88* (5), 779-794.

Kaplan, E. (1983). Process and achievement revisited. In S. Wapner & B. Kaplan (Eds.), *Toward a holistic developmental psychology.* Hillsdale, NJ: Lawrence Erlbaum.

Kaplan, J.A., & Gardner, H. (1989). Artistry after unilateral brain disease. In F. Boller & J. Graffman (Eds.), *Handbook of neuropsychology*, vol. 2. New York: Elsevier Science Publishers.

Keating, D. (1984). The emperor's new clothes: The "new look" in intelligence research. In R. Sternberg (Ed.), *Advances in the psychology of human intelligence*, vol. 2 (pp. 1-45). Hillsdale, NJ: Lawrence Erlbaum.

Keller, E. (1983). *A feeling for the organism.* San Francisco: Freeman.

Kelso, G.I. (1977). The relation of school grade to ages and stages in vocational development. *Journal of Vocational Behavior, 10*(3), 287-301.

Keynes, J.M. (1935). *The general theory of employment, interest, and money.* New York: Harcourt, Brace.

Klitgaard, R. (1985). *Choosing elites.* New York: Basic Books.

Kobayashi, T. (1976). *Society, schools, and progress in Japan.* Oxford, England: Pergamon.

Kolodinsky, R.W., Hochwarter, W.A., & Ferris, G.R. (2004). Nonlinearity in the relationship between political skill and work outcomes: Convergent evidence from three studies. *Journal of Vocational Behavior, 65*, 294-308.

Kornhaber, M. (1997). *Seeking strengths: Equitable identification for gifted education and the theory of multiple intelligences.* Doctorl dissertation, Harvard Graduate School of Education.

Kornhaber, M. (2004). How many intelligences? *Education Next, 4* (4), 6.

Kornhaber, M.L., Fierros, E.G., & Veenema, S.A. (2004). *Multiple intelligences: Best ideas from research and practice.* Boston: Pearson/Allyn and Bacon.

Kotter, J.P. (1990). *A force for change: How leadership differs from management.* New York: Free Press.

Krechevsky, M., & Seidel, S. (1998). Minds at work: Applying multiple intelligences in the classroom. In R.J. Sternberg & W.M. Williams (Eds.), *Intelligence, Instruction, and assessment: Theory into practice* (pp. 17-42). Mahwah, NJ: Lawrence Erlbaum Associates.

Kuhn, T. (1962). *The structure of scientific revolutions.* Chicago: University of Chicago Press.

Laboratory of Comparative Human Cognition. (1982). Culture and intelligence. In R. Sternberg (Ed.), *Handbook of human intelligence* (pp. 642-719). New York: Cambridge University Press.

Lash, J. (1980). *Helen and teacher: The story of Helen Keller and Anne Sullivan Macy.* New York: Delacorte.

Lave, J. (1977). Tailor-made experiments and evaluating the intellectual consequences of apprenticeship training. *Quarterly Newsletter of the Institute for Comparative Human Development, 1,* 1-3.

Lave, J. (1980). What's special about experiments as contexts for thiking? *Quarterly Newsletter of the Laboratory of Comparative Human Cognition, 2,* 86-91.

Leler, H. (1983). Parent education and involvement in relation to the schools and to parents of school-aged children. In R. Haskins & D. Adams (Eds.), *Parent education and public policy* (pp. 141-180). Norwood, NJ: Ablex.

Levine, M. (2002). *A mind at a time.* New York: Simon and Schuster.

LeVine, R.A., & White, M.I. (1986). *Human conditions: The cultural basis of educational development.* New York: Routledge & Kegan Paul.

Lewin-Benham, A. (2006). *Possible schools.* New York: Teachers College Press.

Levy, F., & Murnane, R.J. (2004). *The new division of labor: How computers are creating the next job market.* Princeton, NJ: Princeton University Press.

Lewis, M. (Ed.) (1976). *Origins of intelligence.* New York: Plenum Press.

Lipman, M., Sharp, A.M., & Oscanyan, F. (1990). *Philosophy in the classroom.* Philadelphia: Temple University Press.

Liptak, A. (2005, Feb 6). Inmate's rising IQ score could mean his death. *New York Times,* P. 11.

Lowenfeld, V. (1947). *Creative and mental growth.* New York: Macmillan.

MacKinnon, D. (1961). Creativity in architects. In D.W. MacKinnon (Ed.), *The creative person* (pp. 291-320). Berkeley, CA: Institute for Personality Assessment Research.

Maker, C., & Nielson, A. (1994 Fall). *Teaching/learning models of education of the gifted*. Austin, TX: Pro-Ed.

Malkus, U., Feldman, D., & Gardner, H. (1988). Dimensions of mind in early childhood. In A.D. Pelligrini (Ed.), *The psychological bases of early childhood* (pp. 25-38). Chichester, England: Wiley.

Marland, S.P., Jr. (1972). Our gifted and talented children: A priceless national resource. *Intellect, 101*, 6-9.

Martin, J. (2001). *Profiting from multiple intelligences in the workplace*. Hampshire, England: Gower Publishing.

Mayer, J.D., & Salovey, P. (1977). What is emotional intelligence? In P. Salovey & D.J. Sluyter (Eds.), *Emotional development and emotional intelligence: Educational implications* (pp. 3-31). New York: Basic Books.

Menuhin Y. (1977). *Unfinished journey*. New York: Knopf.

Messick, S. (1988). Validity. In R. Linn (Ed.), *Educational measurement*, 3rd ed. New York: Macmillan.

Moore, M. (2004). *Stupid white men: And other sorry excuses for the state of the nation!* New York: Reagan Books.

Maran, S., & Gardner, H. (2006). Extraordinary achievements: A developmental and systems analysis. In W. Damon (Series Ed.), *The handbook of child psychology*, 6th ed., vol. 2, D. Kuhn & R. Siegler (Eds.), Cognition, perception and language. New York: Wiley.

Moran, S., & Gardner, H. (2007, in preparation). Do we need a "central intelligence agency"? In L. Meltzer (ED.), *Understanding executive function: Implications and opportunities for the classroom*. New York: Guilford Press.

Morgeson, F.P., Delaney-Klinger, K., Mayfield, M.S., Ferrara, P., & Campion, M.A. (2004). Self-presentation processes in job analysis: A field experiment investigating inflation in abilities, tasks, and competencies. *Journal of Applied Psychology*, 89 (4), 674-686.

Moses, R. (2001). *Radical equations*: Math literacy and civil rights. Boston: Beacon Press.

Neill, D.M., & Medina, N.J. (1989). Standardized testing: Harmful to educational health. *Phi Delta Kappan, 70*, 688-697.

Neisser, U. (1983). Components of intelligence or steps in routine procedures? *Cognition, 15*, 189-197.

Newell, A., & Simon, K.A. (1972). *Human problem-solving*. Englewood Cliffs, NJ:

Prentice-Hall.
Oakes, J. (1986a). Keeping track, part I: The policy and practice of curriculum inequality. *Phi Delta Kappan*, 68, 12-17.
Oakes, J. (1986b). Keeping track, part 2: Curriculum inequality and school reform. *Phi Delta Kappan*, 68, 148-154.
Ogbu, J. (1978). *Minority education and caste: The American system in cross-cultural perspective*. New York: Academic Press.
Olson, D. (1996). Towards a psychology of literacy: On the relations between speech and writing. *Cognition, 60* (1), 83-104.
Olson, L. (1988, Jan 27). Children flourish here: Eight teachers and a theory changed a school world. *Education Week, 7* (18), 1, 18-19.
Peirce, C.S. (1940). *Philosophical writings of Peirce* (J. Buchler, Ed.). London: Routledge and Kegan Paul.
Perkins, D.N. (1981). *The mind's best work*. Cambridge, MA: Harvard University Press.
Perking, D.N., & Leondar, B. (Eds.). (1977). *The arts and cognition*. Baltimore: Johns Hopkins University Press.
Piaget, J. (1950). *The psychology of intelligence*. San Diego: Harcourt Brace Jovanovich.
Piaget, J. (1983). Piaget's theory. In P. Mussen (Ed.), *Handbook of child psychology*, vol. 1. New York: Wiley.
Pinker, S. (1997). *How the mind works*. New York: Norton.
Polanyi, M. (1958). *Personal knowledge*. Chicago: University of Chicago Press.
Posner, M.I. (2004). Neural systems and individual differences. *Teachers College Record, 106* (1), 24-30.
Powell, A.G., Farrar, E., & Cohen, D.K. (1985). *The shopping mall high school: Winners and losers in the educational marketplace*. Boston: Houghton Mifflin.
Prati, L.M., Douglas, C., Ferris, G.R., Ammeter, A.O., & Buckley, M.R. (2003). Emotional intelligence, leadership effectiveness, and team outcomes. *International Journal of Organizational Analysis, 11* (1), 21-41.
Prediger, D.J. (1999). Basic structure of work-relevant abilities. *Journal of Counseling Psychology, 46* (2), 173-184.
Ramos-Ford, V., Feldman, D.H., & Gardner, H. (1988). A new look at intelligence through Project Spectrum. *New Horizons for Learning, 8* (3), 6-7, 15.

Ravitch, D., & Finn, C. (1987). *What do our seventeen-year-olds know?* New York: Harper and Row.

Renninger, A.K. (1988). Do individual interests make a difference? *In Essays by the Spencer Fellows 1987-1988*. Cambridge, MA: National Academy of Education.

Renzulli, J.S. (1988). A decade of dialogue on the three-ring conception of giftedness. *Roeper Review, 11* (1), 18-25.

Resnick, L. (1987). The 1987 presidential address: Learning ion school and out. *Educational Researcher, 16* (9), 13-20.

Resnick, L., & Neches, R. (1984). Factors affecting individual differences in learning ability. In R. Sternberg (Ed.), *Advances in the psychology of human intelligence*, vol. 2 (pp. 275-323). Hillsdale, NJ: Lawrence Erlbaum.

Rogoff, B. (1982). Integrating context and cognitive development. In M. Lamb & A. Brown (Eds.), *Advances in developmental psychology*, vol. 2. Hillsdale, NJ: Lawrence Erlbaum.

Ruth, B. (1948). *The Babe Ruth story as told to Bob Considine*. New York: American Books-Stratford Press.

Salomon, G. (1979). *Interaction of media, cognition, and learning*. San Francisco: Jossey-Bass.

Sarason, S. (1983). *Schooling in America: Scapegoat or salvation*. New York: Free Press.

Sattler, J.M. (1988). *Assessment of children*, 3rd ed. San Diego: Sattler.

Scarr, S. (1981). Testing for children. *American Psychologist, 36*, 1159-1166.

Schaler, J. (Ed.). (2006, In press). *Gardner under fire*. Chicago: Open Court.

Schon, D. (1984). *The reflective practitioner*. New York: Basic Books.

Scribner, S. (1986). Thinking in action: Some characteristics of practical thought. In R. Sternberg & R.K. Wagner (Eds.), *Practial intelligence: Nature and origins of competence in the everyday world*. New York: Cambridge University Press.

Seidel, S., & Walters, J. (1991). *Five dimensions of portfolio assessment*. Cambridge, MA: Harvard Graduate School of Education, Project Zero.

Seidel, S., Walters, J., Kirby, E., Olff, N. Powell, K., Scripp, L., & Veenema, S. (1997). *Portfolio practies: Thinking through assessment of children's work*. Washington, DC: National Education Association.

Selfe, L. (1977). *Nadia: A case of extraordinary drawing ability in an autistic child*. New York: Academic Press.

Senge, P.M. (1992). *The fifth discipline: The art and practice of the learning organization*. New York: Random House.

Shimizu, H. (1988). *Hito no tsunagari ["Interpersonal continuity"] as a Japanese children's cultural context for learning and achievement motivation: A literature review*. Cambridge, MA: Harvard Graduate School of Education, unpublished manuscript.

Sizer, T. (1984). *Horace's compromise*. Boston: Houghton Mifflin.

Smiley, J. (2004). *A year at the races: Reflections on horses, human, love, money, and luck*. New York: Knopf.

Snow, C.E., & Ferguson, C.A.(1977). *Talking to children: Language input and acquisition*. Cambridge, England: Cambridge University Press.

Soldo, J. (1982). Jovial Juvenilia: T.S. Eliot's first magazine: *Biography, 5*, 25-37.

Spearman, C. (1904). "General intelligence," objectively determined and measured. *American Journal of Psychology, 15* (2), 201-293.

Spencer, L.M., Jr., & Spencer, S.M. (1993). *Competence at work: Models for superior performance*. New York: John Wiley and Sons.

Squire, L. (1986). Mechanisms of memory. *Science, 232*, 1612-1619.

Sternberg, R. (1977). *Intelligence, information processing, and analogical reasoning*. Hillsdale, NJ: Lawrence Erlbaum.

Sternberg, R. (1985). *Beyond IQ*. New York: Cambridge University Press.

Sternberg, R. (1988a). A three-facet model of creativity. In R.J. Sternberg (Ed.), *The nature of creativity* (pp. 125-147). New York: Cambridge University Press.

Sternberg, R.J. (1988b). *The triarchic mind*. New York: Viking.

Sternberg, R.J. (1996). *Successful intelligence: How practical and creative intelligence determine success in life*. New York: Simon & Schuster.

Strauss. S. (1982). *U-shaped behavioral growth*. New York: Academic Press.

Thomson G. (1939). *The factorial analysis of human ability*. London: University of London Press.

Thurstone, L. (1938). *Primary mental abilities*. Chicago: University of Chicago Press.

Tooby, J., & Cosmides, L. (1990). On the universality of human nature and the uniqueness of the individual: The role of genetics and adaptation. *Journal of Personality, 58* (1), 17-67.

Uzgiris, I., & Hunt, J.M. (1966). *An instrument for assessing infant intellectual development*. Urbana: University of Illinois Press.

Vernon, P.E. (1971). *The structure of human abilities*. London: Methuen.

Vygotsky, L.S. (1978). *Mind in society: The development of higher psychological processes*. Cambridge, MA: Harvard University Press.

Wallach, M. (1971). *The intelligence/creativity distinction*. Morristown, NJ: General Learning Press.

Wallach, M. (1985). Creativity testing and giftedness. In F. Horowitz & M. O'Brien (Eds.), *The gifted and talented: Developmental perspectives*. Washington, DC: American Psychological Association.

Walters, J., & Gardner, H. (1986). The crystallizing experience: Discovering an intellectual gift. In R. Sternberg & J. Davidson (Eds.), *Conceptions of giftedness* (pp. 306-331). New York: Cambridge University Press.

Weber, E. (2005). *MI strategies in the classroom and beyond: Using roundtable learning*. Boston: Allyn & Bacon.

Weller, L.D. (1999). Application of the multiple intelligences theory in quality organizations. *Team Performance Management, 5* (4), 136-142.

White, M. (1987). *The Japanese educational challenge: A commitment to children*. New York: Free Press.

Wilson, K.S. (1988). The Palenque Design: Children's discovery learning experiences in an interactive multimedia environment. Doctoral dissertation, Harvard Garduate School of Education.

Winerip, M. (2005, April 20). Test reprieve keeps top teacher on job. *New York Times*, p. A23.

Winn, M. (1990, April 29). New views of human intelligence. *New York Times*, The Good Health Magazine.

Winner, E. (1982). *Invented worlds*. Cambridge, MA: Harvard University Press.

Winner, E. (Series Ed.). (1991-1993). *Arts PROPEL Handbooks*. Cambridge. MA: Educational Testing Service and Project Zero.

Winner, E., Blank, P., Massey, C., & Gardner, H. (1983). Children's sensitivity to aesthetic properties of line drawings. In D.R. Rogers & J.A. Sloboda (Eds.), *The acquisition of symbolic skills*. London: Plenum Press.

Winner, E., & Hetland, L. (2000). The arts and academic achievement: Evaluating the evidence for a causal link. *Journal of Aesthetic Education, 34* (3-4), 3-10.

Winner, E., Rosenblatt, E., Windmueller, G., Davidson, L., & Gardner, H. (1986). Children's perceptions of "aesthetic" properties of the arts: Domain specific or pan artistic? *British Journal of Developmental Psychology, 4*, 159-160.

Wolf, D. (1988a). Opening up assessment. *Educational Leadership, 45* (4), 24-29.

Wolf, D. (1988b). Artistic learning: What and where is it? *Journal of Aesthetic Education, 22* (1), 144-155.

Wolf, D. (1989). Artistic learning as conversation. In D. Hargreaves (Ed.), *Children and the arts*. Philadelphia: Open University Press.

Wolf, D., Davidson, L., Davis, M., Walters, J., Hodges, M., & Scripp, L. (1988). Beyond A, B, and C: A broader and deeper view of literacy. In A. Pelligrini (Ed.), *Psychological bases of early education*. Chichester, England: Wiley.

Wolf, D., & Gardner, H. (1980). Beyond playing or polishing: The development of artistry. In J. Hausman (Ed.), *The arts and the schools*. New York: McGraw-Hill.

Wolf, D., & Gardner, H. (1981). On the structure of early symbolization. In R. Schiefelbusch & D. Bricker (Eds.), *Early language: Acquisition and intervention*. Baltimore: University Park Press.

Wolf, D., & Gardner, H. (Eds.). (1988). *The making of meaning*. Unpublished manuscript. Available as Harvard Project Zero Technical Report. Cambridge, MA: Harvard Graduate School of Education, Project Zero.

Woolf, V. (1976). *Moments of being*. Sussex, England: University Press.

Zessoules, R., Wolf, D.P., & Gardner, H. (1988). A better balance: Arts PROPEL as an alternative to discipline-based arts education. In J. Burton, A. Lederman, & P. London (Eds.), *Beyond DBAE: The case for multiple visions of art education* (pp. 117-129). Dartmouth, MA: University Council on Art Education.

Zigler, E., & Weiss, H. (1985). Family support systems: An ecological approach to child development. In R. Rapoport (Ed.), *Children, youth, and families* (pp. 166-205). Cambridge, England: Cambridge University Press.

Credits

CHAPTER 1: Gardner, H. (1987, May). Developing the spectrum of human intelligences. Harvard Educational Review, 57 (2), 187-193.
Copyright © 1987 by the President and Fellows of Harvard College. All rights reserved. The article was based on an informal talk given on Harvard University's 350th anniversary, September 5, 1986.

CHAPTER 2: Walters, J., & Gardner, H. (1985). The development and education of intelligences. In F. Link (Ed.), Essays on the intellect (pp. 1-21). Washington, DC: Curriculum Development Associates. Copyright © 1985 by the Association for Supervision and Curriculum Development. All rights reserved.

CHAPTER 3: Gardner, H. (2000). The giftedness matrix: A developmental perspective. In R. Friedman & B. Shore (Eds.), Talents unfolding: Cognition and development (pp. 77-88). Washington, DC: American Psychological Association. Based on a paper presented at the Symposium on Giftedness, University of Kansas, Lawrence, KS, February 1992.

CHAPTER 5: Walters, J., & Gardner, H. (1986). The theory of multiple intelligences: Some issues and answers. In R. Sternberg & R. Wagner (Eds.), Practical intelligences (pp. 163-181). New York: Cambridge University Press.

CHAPTER 6: Krechevsky, M., & Gardner, H. (1990). The emergence and nurturance of multiple intelligences: The Project Spectrum approach. In M.J.A. Howe (Ed.), Encouraging the development of exceptional skills and talents (pp. 221-244).

Leicester, England: British Psychological Society.

CHAPTER 7: Gardner, H. (1991). The unschooled mind: How children learn, and how schools should teach (pp. 214-219). New York: Basic Books.

CHAPTER 9: Gardner, H. (1996). The assessment of student learning in the arts. In D. Boughton, E. Eisner, & J. Ligtvoet (Eds.), International perspectives on assessment and evaluation in art education; and Gardner, H. (1989). Zero-based arts education: An introduction to Arts PROPEL. Studies in Art Education, 30 (2), 71-83.

CHAPTER 10: Gardner, H. (1991). Assessment in context: the alternative to standardized testing. In B.R. Gifford & M.C. O'Connor (Eds.), Changing assessment: Alternative views of aptitude, achievement, and instruction (pp. 77-120). Boston: Kluwer.

CHAPTER 11: Kornhaber, M., Krechevsky, M., & Gardner, H. (1990). Engaging Intelligence. Educational Psychologist, 25 (3-4), 177-199.

■ 이 책에서 다루고 있는 다중지능이론 관련 작업들에 많은 도움을 준 다음의 단체, 개인에게 감사의 마음을 전한다.

Atlantic Philanthropies, Carnegie Corporation, William T. Grant Foundation, Lilly Endowment, Markle Foundation, James S. McDonnell Foundation, Rockefeller Brothers Fund, Rockefeller Foundation, Spencer Foundation, Bernard Van Leer Foundation, Tina Blythe, Educational Testing Service, Drew Gitomer, Patricia Graham, Harvard Project Zero, Christian Hassold, Tom Hatch, **Mindy Kornhaber**, Mara Krechevsky, Jonathan Levy, Kenneth Marantz, Seana Moran, Lindsay Pettingill, Pittsburgh Public School System, Joseph Walters, **Margaux Wexberg**, Dennie Wolf, Reineke Zessoules

찾아보기

가
감성지능 59, 275
개인 중심 교육 83
경험적인 접근(experiential approach) 181
공간지능(Spatial Intelligence) 33, 59, 60, 127
『교육받지 않은 마음(The Unschooled Mind)』 162, 163
구술식 도입방법(narrational entry point) 179
굿 워크 프로젝트(Good Work Project) 50, 82, 297
근원적인(실존적인) 도입방법(foundational/existential entry point) 180

나
논리수학지능(Logical-Mathematical Intelligence) 31, 60, 105
논리적인 도입방법(logical entry point) 180
뉴시티스쿨(New City School) 80, 117, 300, 301

다
다중지능 48, 57, 82, 218, 260, 263, 276, 277, 297, 300, 304
다중지능 공원 299
다중지능 교실 84, 86
다중지능 도서관 300
다중지능 학교 152
다중지능이론 24, 25, 48, 53, 58, 81, 82, 84, 87~89, 92, 179, 184, 260, 279, 281, 283, 285, 291~294, 298, 300, 305
다중지능이론을 활용하는 학교(SUMIT) 115
대뇌피질 33
도제교육 211, 212, 255
도제제도 232, 253, 256
두카스(duchas) 302
드라이웨어(dryware) 303

라
레이반(Ravan) 302
레이저형 지능 프로파일 60, 61, 267
레지오에밀리아 301
로샤 검사 79

마

『마음의 틀(Frames of Mind)』 26, 47, 49, 79, 97, 151, 291, 296, 304
마인드볼(Mindball) 300
멘토 제도 232
명제적 기억 106
몰입(flow) 41
미래의 법학 교수의 마음 23
미학적인 접근(aesthetic approach) 180
밈(meme) 80

바

발달의 도식(developmental scheme) 76
발산적 사고 220
병목 268, 281
보상 269, 271, 281
브로카(Broca) 영역 33
비계설정(scaffolded) 157

사

「사범 대학 리코드(Teacher College Record)」 118
삽화적 기억 106
서구 지향주의(Westist) 45
서치라이트형 지능 프로파일 60, 61, 267
선샤인 레지슬레이션(sunshine legislation) 228
수량적인 도입 방법(quantitative entry point) 180
스텐퍼드-비네 지능검사 123, 124, 139, 140, 141, 143, 212
스펙트럼 검사 124, 128, 137, 138, 140, 141~144
스펙트럼 보고서 128
스펙트럼 프로젝트 123, 125, 126, 129, 131, 134, 146, 147, 150, 273, 288
스펙트럼 프로파일 137, 139, 144
스포츠 측정학(sportsometry) 304
시험 지향주의(Testist) 45
신체운동지능(Bodily-Kinesthetic Intelligence) 29, 127
실어증(aphasics) 38
실존지능 42, 263

아

아미 알파 212
아트 프로펠
아트 프로펠(Arts PROPEL) 187, 197, 199, 202, 203, 209. 257, 288
알츠하이머병 36
야스퍼거 증후군(Asperger's syndrome) 54, 61
언어지능(Linguistic Intelligence) 33, 37, 176
『열린 마음(To Open Minds)』 165
영재성 행렬(giftedness matrix) 64, 65, 67, 68
운동 피질 29
웨슬러 지능검사 212
웻웨어(wetware) 303
유전자 칩(gene chip) 22
유전자자리(gene locus) 22
음악지능(Musical Intelligence) 27, 43, 60
의미론적 기억 106
이전분야(pre-field) 71
이전영역(pre-domain) 71
익스플로라마(Explorama) 299, 300
인간 게놈 프로젝트(Human Genome

Project) 53
인간친화지능(Interpersonal Intelligence) 34

자
자기성찰지능(Intrapersonal Intelligence) 36~38
자성예언(self-fulfilling prophecy) 144
자연친화지능(naturalist intelligence) 39, 40
전두엽 38
절차적 기억 106
『정신능력 측정 연감(Mental Measurements Yearbooks)』 213, 251
『종형 곡선(The Bell Curve)』 85
중앙 지능 대리인(central intelligence agency) 107
지능 프로젝트(Project Intelligence) 85
지능 프로파일 59, 261, 279, 281, 282, 303
지능검사 69
지능지수(intelligence quotient) 21
직소(jigsaw) 활동 181

차
촉매 270, 271, 281
최고 지향주의(Bestist) 45

카
캐피털 어린이 박물관 149
크레니움(Cranium) 295
키스쿨(Key School) 80, 152

타
트리클업(trickle-up) 현상 293
팀봇(Teambot) 300

파
파드(pod) 153, 232
프로세스폴리오(processfolio) 202~204, 207, 230, 232
프로젝트 제로(Project Zero) 188, 193, 194, 231, 288, 297
프로젝트 평가 288
피크병 36

하
학교의 예술가(Artists-in-the-Schools) 프로그램 192
학부모 매뉴얼 128
학업적성검사(Scholastic Aptitude Test) 23
학업평가검사(Scholastic Assessment Test) 23
핵심 학습 공동체 152, 153, 158, 257, 288
협력적인 접근(collaborative approach) 181
훈련된 마음(disciplined mind) 86
『훈련된 마음(The Disciplined Mind)』 118
훈련받은 이해(disciplinary understanding) 161, 178

다중지능

초판 1쇄 발행 2007년 9월 3일
초판 41쇄 발행 2025년 2월 24일

지은이 하워드 가드너 옮긴이 문용린 유경재

발행인 이봉주 단행본사업본부장 신동해
편집장 김경림 표지디자인 오필민 교정 윤정숙
마케팅 최혜진 이은미 홍보 반여진 허지호 송임선
국제업무 김은정 김지민 제작 정석훈

브랜드 웅진지식하우스 주소 경기도 파주시 회동길20
문의전화 031-956-7430(편집) 02-3670-1123(마케팅)
홈페이지 www.wjbooks.co.kr
인스타그램 www.instagram.com/woongjin_readers
페이스북 https://www.facebook.com/woongjinreaders
블로그 blog.naver.com/wj_booking

발행처 ㈜웅진씽크빅 출판신고 1980년 3월 29일 제406-2007-000046호

한국어판 출판권 © ㈜웅진씽크빅, 2007
ISBN 978-89-01-07027-8 03370

웅진지식하우스는 ㈜웅진씽크빅 단행본사업본부의 브랜드입니다.
이 책의 한국어판 저작권은 듀란킴 에이전시를 통해 Perseus Books Group과 독점 계약한 ㈜웅진씽크빅에 있습니다.
저작권법에 의해 한국 내에서 보호를 받는 저작물이므로 무단전재와 무단복제를 금합니다.
이 책 내용의 전부 또는 일부를 이용하려면 반드시 저작권자와 ㈜웅진씽크빅의 서면동의를 받아야 합니다.

- 책값은 뒤표지에 있습니다.
- 잘못된 책은 구입하신 곳에서 바꾸어드립니다.